金融惠农：
金融支持农业企业理论与实践

邹新月 著

复旦大学出版社

图书在版编目(CIP)数据

金融惠农:金融支持农业企业理论与实践/邹新月著. -- 上海:复旦大学出版社,2024.12. -- ISBN 978-7-309-17762-6

Ⅰ.F324

中国国家版本馆 CIP 数据核字第 2024CQ1567 号

金融惠农:金融支持农业企业理论与实践
邹新月　著
责任编辑/姜作达

复旦大学出版社有限公司出版发行
上海市国权路 579 号　邮编:200433
网址:fupnet@fudanpress.com　http://www.fudanpress.com
门市零售:86-21-65102580　团体订购:86-21-65104505
出版部电话:86-21-65642845
苏州市古得堡数码印刷有限公司

开本 787 毫米×1092 毫米　1/16　印张 17.5　字数 305 千字
2024 年 12 月第 1 版
2024 年 12 月第 1 版第 1 次印刷

ISBN 978-7-309-17762-6/F·3079
定价:88.00 元

如有印装质量问题,请向复旦大学出版社有限公司出版部调换。
版权所有　侵权必究

国家社科基金后期资助项目
出版说明

后期资助项目是国家社科基金设立的一类重要项目,旨在鼓励广大社科研究者潜心治学,支持基础研究多出优秀成果。它是经过严格评审,从接近完成的科研成果中遴选立项的。为扩大后期资助项目的影响,更好地推动学术发展,促进成果转化,全国哲学社会科学工作办公室按照"统一设计、统一标识、统一版式、形成系列"的总体要求,组织出版国家社科基金后期资助项目成果。

全国哲学社会科学工作办公室

前　言

本书立足中国"三农"经济宏观视角,从金融支农角度对拓宽农业企业投融资渠道进行分析研究,研究数字金融如何从理论与实践角度拓展农业企业投融资渠道,产融结合如何为我国农业产业振兴提供融资新途径。本书聚焦广东省"三农"经济客观实际,深入剖析广东省农业企业发展现状及投融资问题,探讨金融支农风险转移新模式,提出金融支农具体政策。

本书内容分为11章,与同类书籍比较,研究内容更为具体,研究特点或创新之处有如下几点:(1)建立了数字普惠金融与农村产业融合关系理论分析框架,利用动态面板模型进行实证研究,探究了数字普惠金融如何影响农村产业融合的路径;(2)实证研究了金融发展信息化建设与乡村农业产业振兴之间的影响程度;(3)利用源于精准扶贫阶段的证据,论证企业投资农业产业振兴亦具有同群效应;(4)实证分析了乡村振兴和金融发展之间耦合协调关系及空间溢出效应;(5)基于农业企业不同角度定量测算融资缺口,剖析农业企业融资困境深层次原因;(6)研究农产品价格风险分散及转移"保险+期货"新模式,拓展农业企业融资新措施。

本书为广东财经大学邹新月教授主持的国家社会科学后期资助项目《金融支持农业企业理论与实践》(项目批准号为:22FJYA001)的最终同名研究成果,该项目前期阶段性研究成果《关于完善农业投融资渠道设立"广东农业专板"的建议》(《南方智库专报》第365期)获广东省委常委、广州市委书记领导批示,并被广东省农业农村厅采纳转化为政策实施,于2020年12月25日在广东省股权交易中心举行了"广东农业专板"开板仪式,2021年11月将"广东省农业高质量发展板"更名为"广东乡村振兴板",研究成果有力促进了广东省农业企业的高质量发展,在全国资政乡村振兴开创崭新篇章。

项目课题组主要成员由孟令国教授(博士)、王旺(博士)、胡凡副教授(博士)、李扬(硕士)、张锦鸿(博士)等组成。课题组成员孟令国教授(博士)、王旺(博士)不仅多次参与课题调研、讨论,而且还负责调研资料整理及研究报告撰写工作，勤勤恳恳、兢兢业业，付出了许多辛勤汗水；课题组成员胡凡副教授（博士）、李扬（硕士）、张锦鸿（博士）积极参与课题研究，勤勉撰写部分初稿。此外，项目研究过程中还要感谢广东省委财经办的耐心指导，感谢广东省农业农村厅计财处的大力协助，感谢广东省各地市相关政府部门的积极支持，他们不仅为课题组的深入调研工作提供了方便，而且提供了丰富的一手材料和数据资料，为项目研究的顺利开展打下了坚实的基础。总之，作者常怀感恩之心，对所有参与课题研究工作的同事及指导帮助项目顺利开展的朋友，在此一并深表衷心谢意。

2024 年 12 月

目 录
Contents

第一章 绪论 ··· 1
  第一节 研究背景及意义 ··· 1
  第二节 研究方法及思路 ··· 4
  第三节 研究内容及框架 ··· 6
  第四节 研究创新与不足 ··· 7

第二章 文献综述与理论基础 ·· 10
  第一节 文献综述 ·· 10
  第二节 理论基础 ·· 19

第三章 金融支农经典模式 ··· 40
  第一节 金融支农国外模式 ··· 40
  第二节 金融支农国内模式 ··· 45

第四章 金融支农政策梳理 ··· 51
  第一节 中央金融支农政策 ··· 51
  第二节 广东省金融支农政策 ·· 61

第五章 金融支农体系 ·· 65
  第一节 涉农金融机构变迁 ··· 65
  第二节 政策性金融 ··· 67
  第三节 商业性金融 ··· 73

第六章 数字金融与投融资渠道 ··· 77
  第一节 数字金融概况 ·· 77
  第二节 数字金融对农村产业融合影响 ····························· 84
  第三节 数字金融对农业企业投融资影响 ························ 101

第四节　农业数字金融问题 …………………………………… 108
　　第五节　农业数字金融发展政策优化 …………………………… 115

第七章　产融合作与农业产业振兴 …………………………………… 121
　　第一节　产融结合与产融合作概况 ……………………………… 121
　　第二节　产融结合主体收益 ……………………………………… 126
　　第三节　金融发展信息化建设与农业产业振兴 ………………… 131
　　第四节　企业投资农业产业振兴同群效应——源于精准扶贫阶段
　　　　　　证据 ……………………………………………………… 145
　　第五节　农村金融发展和乡村振兴耦合及空间溢出效应 ……… 164
　　第六节　产融合作融资风险补偿政策优化 ……………………… 179

第八章　广东农业企业融资缺口测算及投融资渠道 ………………… 183
　　第一节　广东省农业企业基本概况 ……………………………… 183
　　第二节　广东省农业企业融资缺口测算 ………………………… 187
　　第三节　广东省农业企业融资渠道 ……………………………… 195

第九章　广东农业企业投融资渠道问题及障碍 ……………………… 212
　　第一节　广东农业企业投融资渠道问题 ………………………… 212
　　第二节　农业企业投融资渠道障碍 ……………………………… 220

第十章　广东农业企业融资风险转移新模式 ………………………… 228
　　第一节　农产品价格风险管理 …………………………………… 228
　　第二节　农产品价格风险管理"保险＋期货"新模式 …………… 232
　　第三节　农产品价格"保险＋期货"管理模式的风险 …………… 239
　　第四节　农产品价格"保险＋期货"管理模式的实施效果 ……… 242
　　第五节　农产品价格"保险＋期货"管理模式缺陷及改进措施 … 244

第十一章　金融支农政策设计 ………………………………………… 247
　　第一节　完善顶层制度设计 ……………………………………… 247
　　第二节　完善金融市场，推动金融创新 ………………………… 251
　　第三节　强化农企治理，提升融资资质条件 …………………… 257

结束语 …………………………………………………………………… 259

参考文献 ………………………………………………………………… 262

第一章 绪　　论

改革开放以来,随着我国社会主义市场经济的发展完善,农业企业逐渐发展壮大。农业企业的发展壮大不仅能够创造大量的就业机会,吸纳更多的农村劳动力就业,而且能够有效带动地方经济发展,对乡村振兴战略的持续和深入推进具有重大战略意义。长期以来,与工业企业相比,农业企业普遍存在融资难、融资贵、融资慢等问题。本书主要聚焦如何拓宽农业企业投融资渠道这一主题,展开深入与细致的研究。本章是全书绪论,主要介绍研究背景、研究方法、研究内容、创新与不足。

第一节　研究背景及意义

一、研究背景

改革开放以来,党中央和国务院高度重视"三农"工作,始终坚持把解决好"三农"问题作为全党工作的重中之重,从改革开放之初实行的家庭联产承包责任制到 21 世纪初全面废除农业税,党和政府从多个层面推进"三农"事业持续前进,已经取得了明显成效。党的十八大以来,在以习近平同志为核心的党中央的坚强领导下,各级党委(组)和各级人民政府以全面脱贫为依托,进一步加大"三农"事业的政策扶持力度,在精准脱贫、农村发展、农业现代化建设等领域取得了举世瞩目的成就。党的十九大以来,中央大力推动乡村振兴战略的深入实施,社会主义新农村建设、脱贫攻坚等所有涉及"三农"领域的工作都被统筹到乡村振兴战略之中。2018 年 1 月,中共中央、国务院正式发布了《关于实施乡村振兴战略的意见》的中央一号文件,同年 9 月,《乡村振兴战略规划(2018—2022 年)》正式印发。2019 年 1 月,中国人民银行会同中国银行保险监督管理委员会、农业农村部等多个中央部委联合出台了《关于金融服务乡村振兴的指导意见》,对建立健全多渠道资金供给体系、加强金融基础设施建设、营造良好的农村金融生态环境等方面工作提出了具体要求。2023年1月,《关于做好2023年全面推进乡村振兴重点工作的意见》全面贯彻落实党的二十大精神,深入贯彻落实习近平总书记关于"三农"工作的重要论述,推动乡村产业高质量发展,培育乡村新产业新业态,支持国家农村产业融合发展示范园建设。

无论是改革开放之初的支农、惠农政策,还是中国特色社会主义新时代推行的乡村振兴战略,我国全面实现农业农村现代化,离不开农业企业这一微观经济主体发挥作用。农业企业作为农业领域重要的经济主体,具有创造就业机会、推动乡村经济发展等作用。在新的历史时期,推动农业企业的发展壮大对于落实乡村振兴战略、解决"三农"问题具有显著意义。长期以来受农业弱质性影响,农业企业普遍存在"融资难、融资慢、融资贵"等问题,推动农业企业持续健康发展,必须拓宽其投融资渠道。

广东省作为改革开放的前沿阵地,农业企业的健康发展对全省农村经济发展起到举足轻重的关键作用。广东省高度重视农业企业的健康发展,相继出台多项政策。2019年9月,广东省人民政府办公厅印发《关于支持省级现代农业产业园建设的通知》,对农业产业园用地、财政和金融支持力度、税费减免政策等方面作出了重要指示,为农业产业降成本、促发展提供了条件。2020年1月,广东省人民政府正式发布《关于加快推进农业机械化和农机装备产业转型升级的实施意见》,鼓励辖区内的金融机构针对产权清晰的农机装备开办抵押贷款业务。2020年6月,广东省财政厅联合广东省农业农村厅、广东省地方金融监督管理局、中国银行保险监督管理委员会广东监管局、广东省林业局五部门联合下发了粤财金〔2020〕26号文《关于大力推动农业保险高质量发展的实施意见》,制定了到2022年的保险深度和保险密度目标,细化了广东省农业保险"提标、扩面、增品"的具体行动要求,出台了产业园"一揽子"保险等农村金融支持政策,并将其纳入乡村振兴考核体系。

改革开放以来,我国农业经济得到了较大发展,但与中国经济的发展规模和速度相比较,农业经济的发展速度仍不尽如人意。广东省作为全国经济实力最强的省份在农业发展方面也存在一系列问题。虽然农业企业数量有所增加,但是农业企业总体实力较弱,大型农业企业较少。省内各地市农业企业发展水平存在较大差异,其中,珠三角地区农业企业实力相对较强,粤北地区农业企业实力则较弱。从全国农业企业的发展现状来看,目前较强的融资约束,不仅导致农业企业发展缓慢,更制约了第一产业的转型升级。因此,深入分析制约农业企业投融资的因素,有针对性地提出拓宽农业企业融资渠道的对策,才能为切实解决"三农"问题,深入推进乡村振兴战略奠定坚实基础。

二、研究意义

(一) 理论意义

长期以来,"三农"问题一直是理论界探讨的热点。在工业革命之前,农业是各国经济发展的主导产业,随着人类社会从农业社会向工业社会转型,社会资源在农业和工业之间的分配日益失衡,由此导致"三农"领域一系列的问题。新中国成立后的很长一段时间内,虽然第一产业在国民经济中占据主导地位,但是"三农"问题并没有形成完整系统的理论与学术研究框架。直到 20 世纪 90 年代,国内学者才正式提出"三农"这一概念,并沿用至今,理论界也仍在深入探讨城乡二元结构、剩余劳动力转移、人口红利由数量型向质量型转型、土地经营权流转等问题。

农业企业的发展壮大离不开大量资金的支持,如何拓宽农业企业的融资渠道是摆在企业决策者面前的首要难题。与工业企业类似,农业企业可以选择多种融资渠道,不同渠道的融资成本、融资风险同样存在较大差异。与其他行业的企业不同,农业企业的融资活动一直得到国家的大力支持,但受农业弱质性影响,金融体系对农业企业的支持仍然较为薄弱(鲁钊阳,2019)。

本书从金融的角度,研究如何拓宽农业企业投融资渠道,从理论与实证角度,论证数字金融对于缓解农业企业融资困境的重大意义。

从金融发展信息化建设合力推进农业产业现代化,以政府为主导的农业产业振兴存在诸多约束,更应该充分发挥企业的同群效应,促进企业广泛参与乡村"三农"振兴工作,注重金融机构和农业企业之间供给与需求的衔接,加强各政策工具的协调性,能为我国农业企业提供融资新渠道,这对进一步拓宽"三农"问题研究具有理论参考价值。

(二) 实践意义

广东省有农业龙头企业 4 000 多家,省重点农业龙头企业 1 183 家,上市农业企业 88 家,农业产业园 119 家。推动广东省农业龙头企业、新型农业经营主体的发展,不仅有助于推动广东省第一产业的结构调整,而且有利于增加农民收入,推动乡村振兴战略的顺利实施。

但是受农业天然特性的影响,农业企业普遍具有弱质性,加之粤西北地区地理位置特殊、交通不便等因素,广东省部分地区中小型农业企业在发展过程中,尤其是在融资时与资本市场对接中,存在很多困难,这制约了企业的进一步发展。农业企业融资难、与资本市场对接度较低的现状直接成为广东省农业企业高质量发展的一大阻力。融资难主要表现在信用风险大、融资渠道单一、可供融资产品少等方面；资本市场对接度低主要表现在企业受资本市场关注度低，当地资本市场资源少、信息不对称、对接渠道不畅等方面。

本书通过广泛调研和系统的研究分析，探究农业企业拓宽投融资渠道的瓶颈和突出问题，测算农业企业融资缺口，深入剖析农业企业在融资领域出现问题的原因，并提出相应对策。这对于提升农业企业经营管理水平和自主创新能力，完善农业保险产品，满足保险需求，支持农业企业利用多层次资本市场融资发展、做大做强企业规模等工作具有现实意义。

第二节 研究方法及思路

一、研究方法

本书从经济学、金融学传统理论出发，重点梳理金融支农相关理论知识，对如何拓宽农业企业投融资渠道进行了全面、深入、细致的分析。本书根据研究对象分别使用了文献分析法、问卷调查法、理论分析法和案例分析法等研究方法。

（一）文献分析法

文献分析法是指充分借鉴、参考现有研究文献与研究成果，对研究问题进行深入、细致的分析。文献研究的目的是梳理学术界关于某一问题的研究脉络与研究现状，从而找到现有研究的空白领域与不足之处，进而确定未来研究的重点与方向。

就研究问题而言，本书对金融支农政策、企业融资及国内外经典案例等相关文献进行了收集整理，加以鉴别，然后全面研读，分析当前学术界研究的不足。本书所用文献以学术论文为主，大部分是公开发表在中英文期刊上的学术论文，还有一部分是学术专著和学位论文，这些文献主要来自各大数据库。

（二）问卷调查法

问卷调查法是通过向研究对象发放相关问卷收集被调查者的回答或建议来获得材料和信息的一种方法。为了了解广东省农业企业的投融资现状、测算融资缺口，在广东省农业农村厅的协助下，广东省内数百家农业企业参与了问卷调查。本书重点关注农业企业融资方面相关数据，通过对问卷进行细致的数据整理分析，研究基本摸清了广东省农业企业的融资现状和金融需求,同时从多个角度测算了融资缺口。

(三) 理论分析法

理论分析法是研究经济问题最基础、最重要的一种方法。理论分析过程要将研究对象、相关影响因素纳入其中,不仅要梳理研究问题内部的内在关联,更要根据研究结论提出相关政策建议。因此,规范严密的理论分析不但可以增强研究的逻辑性和规范性,而且有助于提升研究的科学性。本书系统梳理关于金融支农、农业企业投融资相关的理论,借助数学模型推导相关结论,具有较强的逻辑性与科学性。

(四) 案例分析法

本书通过分析"保险＋期货"模式产生的背景环境,农产品价格风险及管理机制,中华联合财产保险股份有限公司在广东省某些地市为农业生产经营企业提供的鸡蛋价格"保险＋期货"、花生价格"保险＋期货"两个承保案例,如实展示了农户(农业企业)、保险公司、期货公司三方如何共同运用"保险＋期货"模式实现价格风险转移与分散,并研究其经济效益和社会效益,总结现有模式或现有产品存在的不足。

二、研究思路

本书分为上、下两部分。上半部分(第二至七章)从理论角度展开分析研究,首先系统梳理了我国金融支持农业企业发展的相关政策,然后基于历史文献对相关理论和经典模式进行总结。研究认为,在农村金融服务体系中,大力发展普惠金融,推进农村金融机构数字转型,利用数字金融拓宽农业企业投融资渠道,增加乡村振兴金融供给,缓解农业企业"融资难、融资贵、融资慢"等问题,产融结合可以实现金融资本向产业资本转化,特别是金融发展和信息化建设均能有效促进乡村农业产业振兴,加强互联网基础设施信息化建设有效改善金融参与乡村振兴所面临的逆向选择和道德风险等问题,更能有效提升金融服务乡村振兴的能力和水平。因此,政府应该鼓励民间领域的企业市场化竞争行为,激发企业的发展动力和创新活动,充分发挥企业投资农业产业的同群效应,带动企业共同参与乡村农业产业振兴工作。同时,分析乡村振兴和金融发展之间的耦合协调发展关系,以及金融发展对乡村振兴的空间溢出效应。研究农业企业产融结合风险补偿机制及其建议,在实践中探索我国农业企业产融结合路径,对我国农业企业提供投融资新渠道具有重要参考价值与实际应用意义。

本书下半部分(第八至十一章)立足于广东省的客观实际,通过文献查询、问卷调查和实地调研等方式,整理了广东省农业企业投融资渠道的基本情况,测算出广东省农业企业的融资缺口额度,并从间接融资渠道和直接融资渠道剖析了广东农业企业的实际融资情况。特别是在受到区域全球化及全球经济不确定的影响后,农产品价格与以往相比增加了新的风险因素。为此,本书研究了农产品价格风险管理的"保险+期货"新模式,探讨了风险转移分散管理模式及其实施效果,并指出缺陷及改进措施。最后,本书借鉴国内外金融支农典型模式,根据中央与广东省乡村振兴的各项政策,结合省内农业企业发展实际情况,提出了拓宽农业企业投融资渠道的有关政策建议。

第三节　研究内容及框架

本书的研究主题是如何拓宽农业企业投融资渠道。上半部分(第二至七章)立足于中国农村经济的宏观视角,主要从理论角度对拓宽农业企业投融资渠道展开分析研究;下半部分(第八至十一章)聚焦广东省农业企业投融资的客观实际,分析广东省农业企业投融资渠道的现状和问题,并提出相关针对性措施与政策建议。

第一章是绪论。首先阐述了本书的研究背景和研究意义,概括了研究框架,然后论述研究方法与研究思路,最后明确本书的创新与贡献。

第二章是文献综述与理论基础。这一章首先梳理了金融支农的相关文献,然后系统介绍金融支农的经典理论。

第三章是金融支农经典模式。这一章首先对国外金融支农的经典案例进行分析与总结,分别选取美国、欧洲、日本和东南亚等地的经典案例,总结国外的相关经验与教训;然后立足于中国农业企业发展的客观实际,归纳整理中国各个地区的金融支农及拓宽农业企业投融资渠道的经典模式。

第四章是金融支农政策梳理。这一章首先对中央金融支农的相关政策进行了梳理,总结出政策的发展演变,系统论述各个时期的政策特点与政策走向。然后对广东省金融支农政策进行了系统总结。最后详细论述了金融支农的政策体系与框架。

第五章是金融支农体系。这一章首先梳理了我国涉农金融机构的变迁与发展,然后介绍了政策性金融的风险特质,最后论述了商业性金融涉农业务的发展。

第六章是数字金融与投融资渠道。这一章首先分析了我国数字金融的发展现状,论证数字金融的发展对传统金融的影响。接着,从理论与实证角度探讨数字金融对农村产业融合的影响，并基于数学模型论证数字金融发展对于缓解农业企业融资约束的重要意义。最后分析数字金融拓宽农业企业投融资渠道存在的短板与不足，并提出相关政策建议。

第七章是产融合作与农业产业振兴。这一章首先阐述了产融结合概念及特点。然后对产融结合收益、经济影响进行分析，从理论与实证角度探讨金融发展信息化建设与农业产业振兴的相互关系，并应用来自精准扶贫阶段的证据佐证企业投资农业产业振兴的同群效应，分析乡村振兴和金融发展之间的耦合协调关系及空间溢出效应。最后，研究农业企业产融结合的风险补偿机制，提出有关产融合作融资风险补偿的政策建议，为我国农业企业提供投融资新渠道。

第八章是广东农业企业融资缺口测算及投融资渠道。这一章首先介绍了广东省农业企业的发展水平。然后利用调查问卷的相关数据，分别从多个不同角度测算广东省农业企业的融资缺口。最后深入与细致地分析了广东省农业企业间接融资渠道与直接融资渠道的现状。

第九章是广东农业企业投融资渠道问题及障碍。这一章立足于广东省农业企业发展的客观实际，从多个角度分析制约农业企业拓宽融资渠道的问题及其原因。

第十章是广东农业企业融资风险转移新模式。2020年以来，受新冠疫情及其瘢痕效应的影响，农业企业的生产经营面临新风险，农产品价格与以往相比增加了新的风险因素，农产品价格的不稳定性进一步放大。为此，本章研究了农产品价格风险管理"保险+期货"新模式，分析了"保险+期货"的农产品价格风险转移分散管理模式及其实施效果，探讨了农产品价格"保险+期货"管理模式的缺陷及改进措施。

第十一章是金融支农政策设计。这一章主要针对前文研究中发现的问题，从政府、金融机构、农业企业等多维经济主体出发，有针对性地提出金融支持农业企业拓宽融资渠道的政策建议。

第四节　研究创新与不足

一、研究创新

本书的研究创新主要体现在如下几个方面。

（一）建立了数字普惠金融与农村产业融合关系的理论分析框架，利用动态面板模型进行实证研究,探究数字普惠金融影响农村产业融合的路径。采用理论和实证相结合的方法进行分析,得出如下研究结论:一是数字普惠金融能有效助推农村产业的融合发展;二是支付便捷、信贷支持和保险支撑是数字普惠金融对农村产业融合发展的直接驱动途径;三是数字普惠金融通过提升农村创业活跃度和固定资产投资来推动农村产业融合发展。

(二)实证研究了金融发展信息化建设对乡村农业产业振兴的影响程度。金融发展和信息化建设均能有效促进乡村农业产业振兴,但其程度在不同区域存在较大差异。信息化建设拓宽了乡村地区的金融服务渠道,在有效降低金融交易成本的同时,更有效提升了金融服务乡村农业产业振兴的能力和水平。金融监管部门应该进一步降低农村金融机构的准入门槛,引导社会资本参与村镇银行等乡村金融机构的建设,鼓励证券、保险等金融机构拓展乡村业务,鼓励金融机构对相关金融产品与金融服务进行创新,针对不同的乡村主体提供差异化的金融服务。信息化建设一方面可以直接促进乡村农业产业振兴,另一方面能够有效降低金融交易成本,改善信息不对称程度,从而降低金融系统参与乡村振兴的成本和风险水平。

(三)源于精准扶贫阶段的证据论证了企业投资农业产业振兴亦具有同群效应。企业模仿行为有利于获得更多政府补贴、降低债务成本、增加销售,最终提升企业业绩,实现与乡村农业产业振兴的协作共赢,这为我国农业企业提供了投融资新渠道。政府应该鼓励民间领域的企业市场化竞争行为,激发企业的发展动力和创新活力,充分发挥企业同群效应,带动企业共同参与农业产业振兴工作。此外,也应发挥国有企业在乡村振兴中的"领头羊"作用,国有企业能够引导更多的民营企业参与乡村农业产业振兴工作。地方政府应该充分整合资源要素,为各类企业提供便利条件,让企业之间形成合力,深入参与乡村农业产业振兴。

(四)实证分析了乡村振兴和金融发展之间的耦合协调关系及空间溢出效应。采用耦合协调度模型和空间计量模型,通过理论与实证分析,探讨金融发展对乡村振兴的影响机制和空间溢出效应。研究结果表明,金融发展对乡村振兴存在显著正向的空间溢出效应,即一个地区的金融发展能提升其周边城市乡村振兴的实施效果。因此,未来应重视金融高质量发展,注重金融机构和农业企业之间的供给与需求衔接,加强各政策工具的协调性,推动区域内金融发展与乡村振兴的协调发展,促进农业企业高质量发展。

(五)基于农业企业的不同角度定量测算融资缺口,剖析农业企业融资困境的深层次原因。学界研究企业融资问题更多关注工业企业,聚焦工业企业投融资存在的缺口,对于农业企业投融资缺口的研究相对较少,且多以定性分析为主,定量测算缺失。本书研究将问卷调查、文献梳理及理论分析等方法相结合,基于农业企业的类型、行业、规模等不同角度,测算出广东省农业企业投融资存在的缺口额度,揭示出广东省农业企业的融资困境,剖析农业企业融资困境的深层次原因。

(六)研究农产品价格风险分散及转移的"保险+期货"新模式,拓展农业企业融资新措施。研究表明,通过利用"保险+期货"可锁定农业企业、农户利润,并控制保险公司风险。农业企业与农户手持"保险+期货"农产品订单可以到金融机构获取信用额度贷款或者担保贷款或者抵押贷款,以此拓展农业企业融资渠道。

(七)借鉴国内外金融支农模式经验,依据中央对乡村振兴各种政策,对拓宽农业企业融资渠道提出新建议。例如,改革农发基金成为政府引导的种子基金,农发基金由政府出资的部分应该作为农发基金风险补偿的部分,农发基金不应该按商业模式运作,而应按股权投资等模式运作;政府农业资源尤其是资金配置应紧扣区域特色产业;应吸引国有企业、上市公司、农业龙头企业参股或者控股农村数字金融项目,扩大数字金融池;应促进农村产业资产与金融资产的有机结合,提高农业产业集团多元化经营的整体经济效益,有效缓解农业企业的融资约束问题。

二、研究不足

农业企业融资涉及影响因素众多,问题复杂多样,需要获取更为详细的数据才能准确了解农业企业融资的缺口额度,而本书数据大部分来自政府统计年鉴所提供的宏观数据,农业企业融资缺口的测算结果则来自对问卷调查数据的预测,并不能完全准确和客观地反映农业中小企业融资缺口的实际情况,故测算出来的数据可能存在一定偏差,需要在未来研究中加以改进。本书研究通过构建数理模型,论证产融结合对于缓解农业企业融资约束的重要作用,但具体机制仍有待进一步的调查研究。此外,金融支农风险转移新模式的案例数据分析有待更新,研究结构有待完善,案例启示及监管政策建议也有待具体细化。

第二章 文献综述与理论基础

金融支农问题一直都是国内外研究的热点与难点,从实质上看,农业企业的金融支持问题与农村金融理论高度相关。作为现代金融发展理论的重要组成部分,农村金融理论以发展中国家的农业农村农民问题作为主要研究对象,相关理论主张和政策含义对发展中国家农村领域的金融变革与经济社会发展造成了深远影响。本章首先对相关文献进行梳理总结,然后阐述金融支农相关理论。

第一节 文 献 综 述

一、"三农"领域金融支持研究

(一) 农村金融需求

农村金融需求主要指农村经济主体(农户、农村企业、农村经济组织等)为满足生产经营和家庭生活而对金融产品和服务产生的需求。在理论层面,农村金融需求主要包括农村经济主体的交易性需求、预防性需求和投资性需求;从资金配置用途来看,又可以分为生产性领域和非生产性领域。

根据现有文献研究的结论(何广文,1999;高帆,2002),农村金融需求呈现出"两低一高"的显著特征,"两低"指资金需求额度相对低和获取资金的承受价格低,"一高"指农村金融领域潜在风险高。发展中国家的实际情况显示,农业活动具有小面积和分散化经营的特点,小农分散经营构成了农村经济的微观基础,农村经济主体的资金需求不可避免地具备以小额为主的特点。另外,在规模化生产、技术水平和市场销售方面,农业比其他行业薄弱,因此,生产效率和经济效应随之低下。在此背景下,农村可接受的资金价格低于其他产业,从而使得农村金融收益率水平也相应较低。最后,农业生产存在自然和市场双重波动的影响,自然风险和灾害难以预防且极易干扰种养殖业等的生产,市场风险与农产品加工、流通和销售息息相关,农业的弱质性造成农村金融领域潜在风险较高。

已有文献对农村金融需求进行了充分调查。陈松林(2000)以江西省811万农户作为调查样本,得出1999年农户的总资金缺口为23亿元、户均贷款需求为283元的结论,该结论验证了农村资金需求额度相对低的特征。牛荣(2012)通过实地调研分析陕西省农户借贷行为发现:农户具有借贷需求较为普遍、借贷资金用途多样化的特征,其支出以生活性支出为主;此外,农户借贷的季节性特征明显,借款期限一般较短。根据张应良、高静和张建峰(2015)的研究结果,不同时期的创业农户受到的金融约束种类并不一致,如创业前期农户以需求型信贷约束为主,但是在创业中、后期则以供给型金融约束为主。从总量上来看,超过六成的创业农户都遇到过信贷约束压力。孟樱和王静(2017)以陕西省324户农户为样本的调查发现,样本中农户的信贷需求较普遍,生活性信贷需求居多。

还有大量研究考察了农村金融需求的主要影响因素。Yaron(1994)认为农村贫困户的金融需求受农户的储蓄、违约风险和抵押品存量等因素的影响。Mohieldin和Wright(2000)、Duong和Izumida(2002)对于埃及、越南等国家农户金融需求的研究也得到类似结论。朱喜、马晓青和史清华(2010)通过对全国5个省份的农户进行问卷调查发现,农户的收入状况、文化程度、村干部任职情况、农村合作组织参与经历和信用度等多方面因素对农户金融需要有较强影响。仝爱华、姜丽丽和乔心阳(2017)的研究表明,农户创业的具体形式、劳动力聘请情况、创业初期的投资获取情况都会对创业农户后续的金融需求产生较强影响。

(二)农村金融供给

农村金融供给主要指农村金融产品和服务的提供主体及其行为。在农村金融供给上,一个长期讨论的议题是正规金融和非正规金融之间的关系。对此,国内外学者展开了大量讨论,但并没有达成较为一致的结论。一些学者注意到,正规金融与非正规金融在现实中具有明显的相互竞争特征,在此基础上还具有明显的替代性(Kochar,1997;Bose,1998;Bali,2001)。Seibel(2002)却认为在正规金融与非正规之间不是绝对的竞争关系,可能在某些背景下表现为互补关系,例如在农村地区,多层次的农村金融需求很多时候需要非正规金融机构的补充才能实现。

鉴于正规金融与非正规金融之间可能存在的联系,许多研究都发现,想要促进金融体系的长远发展既离不开正规金融,也离不开非正规金融,两者的合作更是具有深远的促进意义(世界发展报告,1989)。总的来看,正规金融与非正规金融之间存在多样化的联系方式,既有区别又有密切联系。具体而言,正规金融与非正规金融之间的合作方式分为水平和垂直两种模式(Varghese,2005)。水平模式在相互竞争的基础上演化而来,体现了两者的直接竞争状况(Bell,1990)。垂直模式则主要指在提供金融服务方面,正规金融机构与非正规金融机构之间是间接竞争或者相互配合的关系。在此模式中,正规金融先通过给非正规金融机构输送资金,再由非正规金融机构向农户发放贷款。垂直模式有多种表现形式,区别主要体现在与正规金融机构合作的非正规金融机构的个体差异性(Ghate,1992)。

我国农村金融体系历经多年改革,其核心功能和金融结构日臻完善,表现为双重二元结构。前一种二元结构根据是否属于正规金融进行区分,在该结构中,农村金融体系的政策性、商业性和合作性功能主要由正规金融和非正规金融共同发挥,在作用发挥力度上以正规金融为主。后一种二元结构意味着农村金融体系主要由银行体系和其他金融机构组成(蔡卫星,2016)。刘锡良(2006)认为,证券、保险、信托投资、融资租赁等金融机构主要集中于经济发达的城市地区,鲜有服务农村地区,此现象在中西部地区农村表现更为明显。粟芳和方蕾(2016)的调查还发现,银行在农村金融中处于核心位置。

(三)农村融资约束及其缓解

在全球范围内,农村金融存在着明显的供给和需求失衡,其结果就表现为普遍存在的农户贷款困难(Stiglitz and Weiss,1981)。某些国家政府极力促进正规金融机构向农户提供必要贷款资金,但收效甚微,还有较大比例的农户依靠非正规金融的帮助才能获取资金(Iqbal,1983)。Pischke(1986)在亚非拉进行的一项调查研究表明,八成以上的正规金融机构仅向占比极小的大规模生产者提供贷款资金,普通小农户由于正规金融机构信贷配给的影响,只能依靠非正规金融市场获取必要资金。Udry(1994)进行了一项关于尼日利亚信贷市场的研究,结果发现从正规金融机构获得贷款资金的农民比例不到百分之十。

我国农村金融状况与多数发展中国家类似,经过金融改革,农村金融机构数量有所增加,提供的金融产品和服务也呈现出多样化特征。但是农村金融体系存在的短板依旧明显,农民信贷申请满足度不高,资金供给有效性不强,资金供求错配的矛盾仍比较突出,这些缺陷限制了农民甚至农村经济社会的进一步发展(刘艳华和王家传,2009;张龙耀和江春,2011)。王书华、杨有振和苏剑(2014)的调查结果表明,我国正规金融机构对农民的支持力度不足导致农户受到的资金约束偏高,近七成农户无法顺利从正规金融机构获得资金供给。顾宁和范振宇(2012)认为,农村金融机构的产品创新和服务完善未能从农民需求的实际情况出发,缺乏对信贷需求者不断动态变化的重视,造成了农民信贷供求矛盾的日益尖锐。

学者们提出了不同的方式来缓解农村金融供求失衡所导致的融资约束,归纳起来有如下三条途径:一是寻求信誉较好的第三方提供担保。Akerlof(1970)提出,银行和农户之间拥有的信息量差距大,农户违约风险较其他客户群体高,银行机构对其信任度低,贷款约束较强,提供额外的第三方担保是解决此矛盾的有效手段之一。二是依靠抵押担保品。抵押资产的质量高低直接影响了银行等金融机构面临的风险大小,高质量的抵押品可以为商业银行在放贷前提供有效的风险过滤,较为清晰地识别出客户的违约风险。三是关系型贷款。从字面意思上即能看出,该方法依靠机构和客户间长期合作建立稳固的借贷关系,提供相应的激励手段来提高农户信贷可得性,进而有效缓解信贷约束(Banerjee、Besley and Guinnane,1994;Berger and Udell,2006)。

(四) 农村金融的政策支持

完善农村金融体系是一个复杂的系统工程,学者们从不同视角围绕这一主题提出了众多建议。兰日旭(2009)认为,农村金融往往是整体改革中的滞后领域,对农村进行金融改革的原因主要在于国家在进行其他改革过程中的倒逼机制,农村金融已经成为整个改革进程中最薄弱的一环。Tsai(2004)也认为,政府长期实行城乡有别的政策措施,导致城乡界限明显,这种分割现象使得农村金融市场发展滞后于城市,农村金融市场不可避免地难以全面发展。

在农村金融体系发展的顶层制度方面,Vega(2003)将制度上的不完善作为发展中国家农村金融市场存在的主要问题,该缺陷造成金融主体之间边界性不清晰,打乱了市场秩序。Zimmermann 等(2009)通过对农业信贷政策执行中独立性的阐述,得出结论:农民和债权人之间的经济纠纷可以借助农村政策金融法来妥善解决,该法律条例的实行对于农村金融体系的发展具有重要意义。还有研究认为,无论发达国家或是发展中国家,要想让农村金融市场健康、可持续地运行,须有必要的法律支持。此外,土地权属作为农村基础土地制度的重要方面,也得到了广泛关注,主要包括土地抵押权(黄惠春和陈强,2017)和土地流转(刘卫柏、陈柳钦和李中,2012)等。

在具体措施方面,Hoppe 和 Banker(2010)、陈鸣和刘增金(2018)认为一些低利率的政策性金融业务在客户信息获取和信用调查等方面具有显著优势,应该作为农村金融体系的重要领域来发展。吴成浩(2019)指出,为了保障农业的顺利生产,应该促进农业保险的多元化发展,拓宽其覆盖面,农村金融体系需要着重考虑该方面的内容。林毅夫和孙希芳(2005)认为,应该增加能够给中小企业和农民提供贷款的地区性中小银行。Tesfamariam(2012)提出,储蓄和信用合作社(SACCOs)是填充农村金融市场空白的重要部分。Drabenstott 和 Meeker(1997)通过对美国农村资本市场存在的问题与不足进行分析,提出了促进农村资本市场快速发展和银行信贷规模扩张的对策方案。Klose 和 Outlaw(2005)从保证农民及时、便利、长期获得金融服务和相关知识咨询的角度出发,提供了一系列针对农民融入金融体系和加强金融风险管理的援助方案。Mazure(2007)指出,增加农业产业化金融供给可以从信用体制改革与政策扶持两个方面入手。还有学者审视了非正规金融对农业产业化进程的影响,提出政府除了积极营造良好的政策环境引导非正规金融正常有序发展外,还需要深入探索如何通过农业补贴实现农业产业化的健康发展,这一问题已成为农村金融体系面临的主要课题(Yusuf,2015;Kropp and Whitaker,2011)。

(五)农村金融发展影响效应

鉴于农村金融体系的重要性,不少学者开始讨论农村金融发展的经济后果。有大量的研究从宏观和微观视角出发,发现农村金融在经济增长、产业发展、收入分配和信贷可得性四个方面对区域发展产生了显著影响。

而在农村金融与经济增长方面,Park 和 Mercado(2016)选取了 37 个亚洲国家作为样本进行了实证研究,发现随着普惠金融的发展,贫困能够被显著延缓。随着金融科技的崛起,传统金融服务中"嫌贫爱富"的特性得到有效遏制。弱势群体对金融服务使用程度的提高,显著拓宽了金融服务在各地区人群中的覆盖面,该情况在次发达地区,特别是农村地区更为明显(谢绚丽等,2018)。研究还表明,金融科技的发展有利于促进农村地区经济和就业水平的提升,金融科技通过加强储蓄、信贷、保险等一系列金融产品和服务的供给来强化金融资源在不同时间和区域内的转移配置,这对于缩小城乡居民收入差距无疑具有显著影响,还有利于经济包容性的增长(张勋等,2019)。尹雪瑞和夏咏(2019)以新疆为例,在对新疆地区农村普惠金融发展水平进行测度分析的前提下,考察农村金融减贫效果。研究结果表明,新疆普惠金融发展水平呈现出显著的区域差异性,东部地区的金融发展水平明显高于北部和南部地区。而在减贫效果分析中可以看出,不同地区减贫效应随着普惠金融的发展呈现出边际递减现象。汪邹霞和黎红梅(2016)在湖南省的调研发现,若想加大金融对农业现代化的支持促进作用,推动农业现代化发展,可以通过增设金融机构、提高金融从业人员数目和覆盖面来实现。

农村金融与农村产业方面。Gray和Boehlje(2007)将金融扶持视为推动农业产业化发展的关键因素,后续基于不同国家和地区的一系列经验研究均证实了这一论断,这些国家或地区包括中欧、东欧及越南等。不少学者也直接研究了中国金融支持农村产业发展问题(孟秋菊,2018;姚樊,2016),不同层面的相关数据均表明,农业产业化发展水平在金融的支持下可以显著提升。

农村金融与收入分配方面。崔艳娟和孙刚(2012)提出,金融发展在增加贫困人群收入方面是通过经济增长和收入分配这两条路径来实现的。但是由于经济周期,金融的波动容易抵消部分金融减贫的效果,此外,金融减贫效果在受到金融服务成本等因素的约束下会呈现出先变差再好转的局面。Marsden和Nileshwar(2013)论证了普惠金融可以帮助家庭缓解贫困脆弱性,并从理论上探讨了各种金融服务如储蓄、保险、信贷在家庭贫困脆弱性减缓中所起的作用。张栋浩和尹志超(2018)在中国家庭金融调查(CHFS)的基础上,检验普惠金融如何通过提升农村家庭对各种意外的应变能力来降低脆弱性。Claessens和Feijen(2006)提出普惠金融的发展拓展了金融服务的可及性,穷人及其他弱势群体将从金融产品的享用中获益,从而形成减贫效应。张荣(2017)分析了农村金融发展对农民收入的影响,在构建农村金融服务评价体系的基础上,实证分析了农村金融服务水平对农民收入的促进作用。郑秀峰和朱一鸣(2019)研究了普惠金融减贫增收通过何种机制发挥作用,结果表明,普惠金融的减贫效应在不同样本群体中具有差异性,普惠金融通过增加宏观经济机会来促进减贫实现,而就业机会在普惠金融减贫效应机制传导中起调节作用。

在农村金融与信贷可得性方面,现有研究指出金融机构通过吸收储蓄存款可以创造出更多的贷款资金和融资供给,满足更大范围的资金需求者的信贷和融资需求,帮助更多中小微企业和贫困家庭减缓贫困压力。Rayner和Cowling(1968)发现,美国和英国农户在拖拉机及农场其他设施方面寻求资金支持较为困难,这呈现出明显的资金约束特征。随着信贷资金发放限制的放宽,农户会加大灌溉及其他农用耐用品的投入。数字金融的发展能够提高信贷获取的便利性,继而通过使用信贷资金购买耐用品来有效提高贫困群体的收入机会,该效果在农户家庭中表现更为明显(周立,2020)。在金融科技的引领下,传统金融产品和服务快速进步与升级,农村地区可以快捷、便利、高效地享受到金融产品和服务带来的正向外部性,金融发展通过降低扩大再生产环节的融资约束来增加农民收入(焦瑾璞等,

2015）。普惠金融的发展为世界金融扶贫提供了新的契机,有效缓解了传统金融的排斥问题,帮助具有潜力的群体获得持续健康发展的机会。在普惠金融的覆盖下,各类群体可以公平获取必要且价格合理的金融产品和服务（朱一鸣和王伟,2017；杨艳琳和付晨玉,2019）。许多学者认为,在缓解农村金融供求矛盾上,非正规金融机构同样发挥重要作用,当正规金融机构无法有效满足农民的金融需求时,具有闲置资金的富裕农民具备解决借贷资金紧张的能力（何田,2002）,所以非正规金融市场对农业再生产、农民生活甚至微小企业的持续经营和成长都具有举足轻重的作用（郭斌和刘曼路,2002）。

二、金融支持农业企业研究

金融支持农业企业发展是金融主体运用金融工具和手段对金融市场的金融资源进行有效配置,进而推动农业企业的可持续发展。在刘易斯提出二元结构理论后,以拉尼斯为代表的很多学者认为资金和制度是提高农业生产效率的根本条件。目前学界对金融支持农业企业的研究,主要从金融体系、政策扶持两个方面进行理论和实践的拓展与延伸。

（一）完善农业企业金融支持体系

目前,我国金融体系主要依靠间接融资来扶持农业企业,其他手段例如信用担保、政策资金和民间资本都只是起补充作用。我国金融支持农业企业发展面临着政策性金融机构支持不足、商业银行不重视、民间金融机构实力弱和农业保险匮乏等问题。有关学者认为,我国一方面需要营造优良的农村金融市场环境,另一方面需要放宽农村金融机构的设立门槛,今后的农村金融体系应当是商业性金融、合作性金融和政府主导的政策性金融三足鼎立的状态（孙健,2012；陈玉梅,2014）。吕忠伟（2014）指出,构建运行畅顺、秩序井然的金融体系是改善资源配置的切实保证。伴随着社会的不断进步,农业产业链拉长,对金融服务的要求越来越多样化,这些现状都显示了只有形成资金对农业产业化的合力支持才能真正化解农业企业与农户贷款的难题。农业企业在利用银行信贷的同时还需要注重使用金融衍生品,例如期货市场在支持农业企业的过程中可以起到规避风险和价格发现的作用。农业企业应该积极运用农产品期货市场,引导、鼓励农民和相关企业合理利用期货市场为自身服务,特别是引导大型农业企业通过期货市场进行保值。在充分发挥保险分担各类风险的作用的同时,还应该积极开拓直接融资和其他融资方式。想要实现农业企业真正意义上的飞跃,唯有确立农业产业化金融扶持的整体观念,建立和完善运行有序、分工协调、运转有效的农业产业化金融体系,突破农业产业化发展的短板和缺陷。马九杰(2016)研究了我国台湾省涉农金融的顶层设计,发现台湾省农业金融体系不同于传统金融体系,有其特殊性,由三大支撑体系组成:其一为农业金融局;其二是农业信用担保基金;其三是农渔会信用部基层金融体系。这些机构都有各自不同的功能与定位。在制度上,它们又相互联系、相互协作,形成了一个完整体系,这使得台湾省的金融系统具有很强的稳定性。此外,台湾省对农业支持的重要特征还有农业的销售推广、多层次且一体化的合作金融体系、监管体系的独立性等。王凤羽(2017)对澳大利亚财政扶持农业企业的有关经验进行了系统梳理,认为澳大利亚财政对农业的扶持来源于政府与多种金融机构所组建的农村金融服务制度。其中,以银行和保险为代表的市场化金融机构是扶持农业企业成长的主力军,而政府对农村金融服务制度主要发挥政策引导的辅助作用。雷蕾(2020)总结了张掖市金融支持农业发展的经验和做法,张掖市主要推动政银合作,政府出面与银行、政策性担保公司合作建立贷款风险补偿机制,推动银行对农业企业一对一服务,确保资金有效供给。隋希钊(2020)认为在我国农村金融体系中,信用合作社占据了绝对统治地位,目前我国农村金融产业发展普遍存在农村信用合作社活力不足的缺陷,许多商业性金融机构出于逐利的天性,大量撤销农村金融服务网点,由此造成农村地区资金严重外流,经济发展随之受到严重影响。尽管一些商业银行对农业生产给予了一定资金支持,但是银行和农户之间只有简单的存贷业务,并无进一步的业务开展。因此,应该增设金融机构的乡镇网点,加强与本地农村信用合作社的业务交流合作,充分发挥农业发展银行的政策引领作用。

(二)加强农业企业政策扶持

就政策扶持而言,金融支持农业企业发展主要体现在资金支持、提供保险两个方面。早期金融支持农业发展的措施是农业信贷政策,Namboodiri(2005)认为制约农业企业发展的最大问题是缺乏资金,实现农业企业跨越式发展必须重视农业信贷,采取这一措施的国家和地区政府一般会参与农村金融体系,主要做法是:一方面通过设立非营利金融机构将低利率的政策性资金从外部投向农业;另一方面成立农村银行或者合作组织,使用低利率资金遏制民间高利贷和其他非正规金融机构的发展。但是该行为给国家财政增加了很大负担,农村低息贷款大多流向了比较富裕的农户,削弱了金融市场的活跃性,导致金融支农效果不理想。

目前,金融机构涉农贷款期限结构不合理,农业企业融资成本较高。金融机构和农业企业的合作不够深入,农业企业面临有效抵押物不足、担保机构发展滞后、融资门槛较高的难题。为了打破传统融资方式的束缚，并摆脱农业企业对政府政策的依赖，Lamb(1994)、Martin 和 Clapp(2015)创造出社区支持农业(community support agriculture，CSA)这一新型生产组织模式，CSA 致力于通过为农民提供非农业股权资本来满足季节性资金需求。通过在作物种植前数月出售股票来预收现金，农民可以有效避免贷款导致的利息成本。因此，CSA 没有为农民提供银行贷款，而是提供无利息的必要资金。夏伟(2013)在对凉山州进行充分调研的基础上，认为金融支持农业企业发展要把重点放在龙头企业上，龙头企业在新农村建设过程中起着带头示范和促进作用，重点扶持龙头企业有利于促进农业产业化快速发展。朱雁春等(2017)基于微观融资视角研究了云南省金融支持农业企业的现状，认为民间资本参与程度有限，多数农业企业的融资渠道还是小额贷款公司和私人借贷行为，互联网金融对农业企业的支持还处在起步阶段，尚未展现出明显效果。金融机构在解决农业企业贷款期限与资产期限错配问题时，需要立足于政策引导和客观实际的相互联系与结合，在利率合理区间内提高长期贷款的比例和金额。此外，还应该充分考虑以应收账款或商标等非物质形式为代表的抵押品或知识产权，从而扩张抵押标的物的可选范围，减轻企业贷款过程中缺乏有效抵押品的尴尬局面。在缓解信息不对称方面，通过积极完善农业企业信用评价标准，减轻信贷双方的信息差异，也能显著改善农业企业融资约束。杜云晗、吴军和黄涛(2019)认为，推进金融支持农业企业发展，首先要优化农村市场融资环境，其次要以农业企业需求为导向配置信贷资金，再次要推进农业企业融资产品创新。因此，要建立健全农业企业资产价值评估体系，创新资产抵押登记方式，积极运用互联网金融模式，借助多主体参与平台，整合各方面力量，将资金存量转变为流量，形成多种信贷资金流，并对其加强传递。王贺丽(2020)对河南省农业经验进行总结后提出建议，加强建设基层金融机构，鼓励设立各种农业投资和创投基金，提高金融租赁公司对农业的服务水平。

Diana(2010)以秘鲁部分地区的农业企业为研究对象，发现农业保险能够有效对冲自然灾害给农业企业带来的不利影响，同时也会对当地经济产生正向溢出。虽然我国在很多地区开展了农业保险，但是晏磊和池泽新(2015)的研究发现，现有的商业保险公司均不愿意过多涉足农业保险领域，农业保险业务不仅难以增长，甚至出现萎缩趋势，究其原因在于农业保险回报率相对偏低，政府重视程度不足以致缺少相应的政策和法律支撑等。

随着网络信息技术的发展，互联网金融和供应链金融成为助力农业企业发展的新方法。范琳、王怀明和沈建新(2015)通过对阿里巴巴设立的小额贷款公司进行分析发现,互联网金融在融资风险的监督上优于传统金融机构,其可以借助发达的信息技术达到监管目的。互联网金融除了技术优势外还能够降低农业企业的融资成本,拓展农业企业的融资渠道,在资金获取总量和效率方面均有提升。戴志勇等(2019)则提出农业企业现有融资模式无法满足发展需求,应该重点发展农业供应链金融,要从农业供应链的全局出发,依托农业供应链核心企业,基于核心企业与上下游中小企业、农户和消费者之间的真实交易,为供应链参与方提供包括信贷融资、结算、现金管理等系统性金融服务。在农业供应链金融中,上下游中小企业和农户依托核心企业的信息优势,可以极大加强金融机构的信任程度,在核心企业的辐射带动下,农业供应链整体运行效率和竞争能力均能显著提升。

对上述文献进行综合分析可以发现,融资难始终是制约农业企业发展的最大障碍,也是金融支持农业企业发展的重点和难点。目前国内外的研究主要关注贫困落后地区的发展现状,鲜有研究涉及广东省这样经济总体发展水平较高的地区。目前的研究重点关注商业银行与农业企业间的关系,鲜有研究涉及农业企业在资本市场的融资状况,更鲜有文献关注农业企业是否存在人才供给问题。

第二节 理 论 基 础

一、农业信贷补贴理论

农业信贷补贴理论又称农业融资理论,该理论是在从金融抑制(Mckinnon,1973;Shaw,1973)视角分析发展中国家农村金融问题基础上形成的。该理论一方面为政府干预金融抑制约束下农村信贷市场失灵情况提供了理论基础,另一方面亦为发展中国家实现农村农业发展目标贡献了政策工具。

农业信贷补贴理论的前提条件如下。

(1)农业生产是自然再生产和经济再生产的统一,不可避免需要承受自然风险和市场风险双重压力,农业生产表现出风险高、不确定性大、利润低等弱质性。在此背景下,较低的农业生产效率导致农民收入微薄,因此,农村金融体系普遍储蓄不足进而导致农民很难依靠自身资金积累完成融资。

(2)由于农业生产受自然与市场双重波动、农民收入不稳定、资金投入期限长、获得收益低等影响,农村地区难以获得以利润为中心的商业金融组织的青睐。

（3）农村从正规金融机构获得低利率资金较为困难，加上农村资金需求旺盛，这导致以高利贷形式出现的非正规金融机构存在相当大的发展空间，尤其是在农村贫困地区，农民主要从高利贷机构获得部分必要融资，其更高的融资成本进一步造成了农村经济发展缓慢。为了改善农业生产和农户信贷困境，增加农户收入，减轻农村贫困就必须对农业信贷进行补贴，这正是该理论的命名来源。

基于以上观点，农业信贷补贴理论主张施行信贷供给先行的政策观点。这一理论认为，要解决农民的贫困并促进农业的发展，需要向农村注入政策性资金并通过设立非营业性政策性金融机构来配置资金。鉴于带有高利贷色彩的非正规金融机构高利率资金的投放对农业生产具有严重的利润剥削，同时削弱了农户扩大再生产的能力和积极性，因此，应通过政策性金融机构在农村开设分支机构、农村信用合作组织等方式向农村投放巨额的低利率政策性资金，以减弱非正规金融机构的影响。另外，要缩小农业及其他行业的结构性收入及分配差距，农业贷款利率也必须比其他行业低。发展中国家一般都认同上述理论观点，纷纷出台相关政策措施。如巴西、泰国等国家先后设立了农业政策性金融机构，将大量低息资金注入贫困农村，并同步推出一系列专项贴息贷款支持贫困阶级的生产和生活，同时对农村富裕阶层和非金融机构发放高利贷的行为进行严厉打压。

相关政策的实施对农业生产和农民增收起到了一定的积极作用，但总体而言，农业信贷补贴理论并未取得理想成果。根据实践分析，这种仅仅依靠政府来解决融资问题的模式出现了较严重的后果，主要表现在以下几个方面。

（1）农业信贷的补贴政策使农户信贷交易成本小于资本的实际价格，使农户信贷需求不断扩大，当资金量一定时，信贷配给广泛存在。农户信贷也具有明显的非效率特征，在利率低到不能弥补向小农民发放贷款所带来的高昂交易成本时，官方信贷发放会向较富裕农民倾斜，甚至会转移至非农业项目，并对商业金融造成挤出效应。总结来说，信贷配给现象的出现影响了人们的心理预期和行为选择，当低息贷款对非目标受益者造成贷款激励的时候，已经从根本上破坏了政策目标的实现。

（2）实施信贷补贴较大程度地降低了农业贷款利率，给农民储蓄意愿带来不利影响，使农村金融机构陷入吸收资金困难的局面，难以培育真正具有活力的金融中介机构，不利于金融机构的长期发展，甚至导致金融机构经营萎缩或倒闭。同时，由于农村信贷补贴政策本身存在一定局限性，实际执行中也出现诸多问题,如补贴对象不明确、补贴方式单一等,这些都不利于农民增收与经济增长。

(3)在农业信贷补贴理论提出后,资金使用者在农村信贷资金运用过程中不能得到政府与金融机构的良好监管,利率水平过低导致农村金融市场上存在大量的逆向选择和道德风险问题,这使得正规金融机构难以满足广大农户的金融服务需求。这些政策性金融机构的业绩衡量指标通常为审批速度和贷款增加额,而非利润和还款率,这种管理上的低效率和低能力进一步恶化了农村地区贷款的拖欠率。与此同时,由于农村缺乏市场经济意识,政策性贷款很难获得有效利用,使得政策性贷款使用效率下降。

农业补贴理论的理论前提和现实成效需要进行辩证评析。该理论从农业生产、农业产业发展、农村金融现状出发,提出政府应加大对农业的支持,实行供给先行的金融政策,从外部注入政策性优惠资金,由此提出的解决农村贫困与农业生产问题的政策主张有其合理性,对于"三农"问题仍然十分严重的发展中国家情况有其理论参考价值。农业信贷补贴理论中的农村资金不足假说仍然是发展中国家乡村的现实处境。实践证明,发展中国家乡村储蓄资金外流与乡村信贷非农化现象仍然比较突出,虽然农户储备不足假说过于片面,但这并没有影响这一理论的根本结论与总体价值。该理论准确判断出农业收益低、风险大、不确定性高及资本的贪婪性使得追求利润最大化的商业性金融不愿意过度介入农村金融业务等情形。该理论也为农业发展需要的政策性干预提供了重要的实践参考意义。

但是,农业信贷补贴理论所提出的对农业的扶持过于重视政府层面的扶持力度而忽视了农村的金融市场机制,仅看到商业性金融不愿意干预农村金融服务领域,而忽视了农村金融需求的多层次、多元化特征,相应的农村金融体系还应包括各种职能的金融服务,包括政策性金融、合作性金融、商业性金融及其他金融形式。因此,农业信贷扶持政策应以市场为导向,注重发挥商业性金融机构在促进农业发展中的作用。同时,加强对农户和涉农企业的服务,提高其自身竞争力。农村政策性金融要和商业性金融在实现有效分工的基础上,形成互相契合、互相促进的共赢局面。

这一理论也忽略了政策性金融与商业性金融的界限问题,明确的服务边界才是政策性金融与商业性金融相互契合的基本前提,政策性金融活动不能以损害商业性金融的利益为手段来实现帮扶政策的目标,应该更加注重市场失灵的救济问题。要使政策性金融取得应有效果,必须恰当引进商业性金融的运行原理。发达国家的经验证明,政策性金融的商业化已经成为一种基本发展趋势,以合作或委托代理等方式向商业性金融机构提供服务,不仅可以免去大量的交易成本,还能起到一定的资金引导和激励效果。最后,该理论关于农村地区储蓄能力不足的假设不符合实际情况,实践表明,即使是贫困居民,只要具备储蓄的机会同样可以储蓄一定规模的资金。虽然该错误假设并未影响农村资金不足的事实,但依旧降低了农业信贷补贴理论在实际运用中的说服力与影响力。

二、农村金融市场理论

1973年,麦金龙和肖(Mckinnon and Shaw)根据发展中国家货币金融的发展现状,分别从金融抑制和金融深化的视角,全面诠释了经济增长与金融之间的关系,并提出落后的金融制度导致金融抑制,进而影响投资规模与效率,造成经济增长缓慢,而缓慢的经济增长反过来又干扰了金融制度发展的观点。基于此,打破金融抑制需要以金融深化为目标,减少政府的干预程度,放松政府管制,依靠市场自身的资源配置能力来调节居民储蓄和投资积极性,从而达到金融发展与经济增长之间的高度契合。

20世纪80年代末,由政府财政补贴调节信贷投放大小的农业信贷补贴理论显现出日益严峻的问题,金融深化理论作为农村金融市场的理论基石也随之出现。农村金融市场理论是金融深化理论在农村金融领域的延伸和拓展,也是20世纪80年代以来最重要的农村金融发展理论之一。它不仅从微观角度揭示了市场失灵和资源配置效率低下的原因,而且还将宏观层面的政策目标纳入分析框架,提出一系列新观点、新主张。同农业信贷补贴理论相比较,农村金融市场理论最明显的不同是它重视市场机制,农村金融市场理论对农业信贷补贴理论提出了这样的批评。

第一,将政策性资金注入农村并不是必要要素,因为农村居民也有储蓄能力,发展中国家的农村金融市场实践证明,有了储蓄机会,即便是贫困人群也能积累相当程度的储蓄。第二,政府干预金融市场的政策对农村金融中长期发展有害,同时,低利率政策弱化了农民储蓄意愿,影响农村金融体系的存款规模扩张和结构优化,会进一步加深农村金融融资不足的困境。第三,农户过分依赖外部注入政策性资金而造成贷款回收率过低的状况屡见不鲜。第四,农村资金投资存在着高风险和不确定等特点,在正规金融供给不足的背景下,农村投资需要以高利率获得风险补偿,这在一定程度上解释了为何非正规金融机构的高利率会符合市场规律。

因此,农村金融市场理论认为,农村金融体系存在金融抑制问题,应充分发挥市场机制作用,降低政府介入程度,通过利率自由化等方式来达到农村资金的供求均衡。这一理论提出了如下政策建议。

第一,农村金融机构要发挥金融中介的功能,把调动居民储蓄放在首要位置。第二,要高效调动居民储蓄,使农村地区的资金供求达到均衡,确定存贷款利率必须依靠市场机制,在考虑通货膨胀等因素后,实际存款利率不能为负。第三,农村金融发展水平需要以农村金融规模、结构、效率及可持续性发展为判断基准。第四,定向信贷支持实质上是为特定利益群体服务,这种行为违背市场规律,应该逐步取消该做法。第五,农村非正规金融是金融市场化发展到一定阶段的结果,它作为现有正规金融发展到一定程度的补充,有利于农村地区实现储蓄向投资的转化,具有一定的存在价值。因此,要从最初的彻底限制转到规范引导上,使之与农村金融市场上的农村正规金融机构建立良好的合作互补关系,充分发挥两者的资金供给作用。

农村金融市场理论体现了金融抑制与金融深化理论的运用和发展,从整体上看,农村金融市场理论的利弊共存。市场机制作为资源配置最有效的手段已是共识,强调依靠金融市场机制促进农村金融发展有其合理性。该理论在利率自由化的基础上提出允许金融机构适当盈利与商业化运作,为发展中国家深化金融体系改革提供了重要理论指导。该理论从农村金融规模、结构、效率、自主性及可持续性评判金融发展水平对于后续农村金融市场培育和发展的积极作用。这一理论在当前各个发展中国家对非正规金融进行广泛压制与制约的情况下,提出农村非正规金融的存在有助于农村储蓄转化为投资的观点,并对非正规金融高利率的原因作出了实际解释,不可否认是对传统金融理论的一大创新。在农村对资金需求强劲及发展中国家二元金融结构严峻的大环境下,非正规金融的活跃不可避免,如何正确引导非正规金融机构,规避风险,避免其成为系统性风险的"震源",是发展中国家不可忽视的问题,农村金融市场理论在解决非正规金融规范性问题上所进行的重大创新,为发展中国家农村金融的改革开辟了新途径。

然而,过多反对各种政府干预、忽视农村金融体系还不健全、忽视信息不对称、忽视市场失灵的广泛存在等缺陷,揭示出这一学说的片面性和偏激性。从实际操作效果看,农村金融市场理论对相当一部分发展中国家的农村经济体制来说过于理想化,缺乏实用性与适用性。具体来说,农村利率市场化后,农村居民对正规金融机构的依赖程度不断提高,利率对信贷资金的拆借成本影响更加显著,农村信贷资金供给减少、成本上升、风险增大、缺乏有效的风险管理,导致农村金融抑制加剧。农村金融市场理论在抨击农业信贷补贴理论的同时,将其精华部分一并摒弃,导致该理论忽视了农业生产的天然弱质性和农村需要政策性金融扶持的客观现实。众所周知,市场机制最具备效率,但是并非万能,在市场失灵时,政府进行必要干预的补救措施有助于提高市场效率。农村金融市场理论的应用促进了发展中国家农村金融市场机制的不断发展和创新,但在尚未形成完善定价机制的农村金融市场上,利率大幅波动很有可能发生,继而超过借款人的承受限度。同时,该理论将农村贫困阶级排斥在金融体制之外,加大了收入差距,这些弊端不仅妨碍了农村金融业的发展,也阻碍了经济发展,更加表明完美市场假设的缺陷。

三、不完全竞争市场理论

进入20世纪90年代,随着拉美债务危机和东南亚金融危机的爆发,人们开始反思过分强调金融自由化和市场调节机制是否存在缺陷。与此同时,农村金融市场自由化进展缓慢,学术界认识到由于农业的弱质性、不确定性及信息不对称性的存在,农村金融市场不能用完全竞争的理想状态来假设,农村金融市场的培育不应该仅限于考虑市场因素,还需要非经济或社会因素的参与,由此,催生出不完全竞争市场理论。不完全竞争市场理论是在金融约束的理论基石上,与不完全竞争、不完全信息等相关理论相融合的产物。

具体而言,不完全竞争市场理论有以下几个要点:第一,农村经济中信息不对称严重、信用机制不健全等原因导致机构不能及时把握众多借款方信息,很容易出现逆向选择、道德风险等现象。第二,不可能完全靠政府干预来规范健全农村金融市场,或者仅靠市场力量来推动农村金融市场。第三,为了完善农村金融市场存在的不足,政府部门应该适当介入市场机制失灵的情况,并且呼吁农户转变参与金融市场的个体形式,以组织形式加入市场体系中,避免自然经济中小农经营模式和市场衔接所带来的成本、风险和信息问题。

不完全竞争市场理论对我国农村金融市场的发展提出了如下政策建议。(1)农村金融发展要有稳定的经济局面及较低的通货膨胀,这必须由政府花精力去营造。(2)需要依据农村金融市场的发展程度和发展阶段来考虑是否推行利率自由化政策,与实施利率自由化政策相比较,政府应该更加重视利用财政和货币政策,把实际存款利率控制在正常区间内。不过因此可能会出现信贷配给和资金需求量过多的现象,政府部门可以在不伤害商业金融机构的前提下,适当注入必要的政策性资金。(3)为了减轻农村地区金融机构因信息不对称等缺陷造成的贷款还款率偏低,可以呼吁农户以改变组织形式的方式来进入金融市场,例如将个体变更为互助小组或者联保小组来提高贷款机构的信任度。(4)利用资产的使用权进行担保,或者使用互助储蓄等形式来有效降低信息不对称进而缓解融资困境。(5)为了保证信贷还款率,可以采用将信贷融入农产品供应链的方法,利用农产品买卖减少资金的违约情况。(6)针对现存金融机构制定一定的保护政策,设立行业准入门槛,可以有效促进金融机构的健康发展。(7)面向特定利益群体的政策性金融在不损害商业性金融竞争效率的条件下是有效的。(8)非正规金融市场普遍效率较低,政府应及时介入加以引导,防范其成为金融市场的风险源头。

不完全竞争市场理论是斯蒂格利茨(Stiglitz)等学者根据信息经济学分析方法,从信息不对称和有效需求不足等视角探讨发展中国家的农村金融市场时提出的。在某种意义上,不完全竞争市场理论可以看作是与农业信贷补贴理论和农村金融市场理论相互借鉴、相互补充的产物,对发展中国家更具有参考意义。这一理论认为发展中国家金融市场不可避免会出现不完全竞争,会因市场上信息的严重不对称而出现失信现象,这是农村金融市场信用发展滞后于城市地区的重要原因。但是这并不足以成为政府信贷配给和利率管制的理由,政府介入必须以完善的体制结构为前提。研究这一问题就会发现,仅仅依靠农村金融市场自身的发展无法走出信息不对称的困境,必须要有外在非市场因素的干预,才能保证信贷得到很好发展。关于农村信贷,政府不仅需要积极发挥组织和管理职能,还应该积极引导农民进行信息共享,以实现信贷发展的目标。此外,政府部门还要为推动农村金融机构发展而制定妥善的支持政策,以增强农村金融机构设计有效金融产品与服务的积极性。

四、微型金融理论

发展金融,特别是解决农村领域金融体系不完善、金融服务缺失的问题,是国内外学者和政策制定者历来关注的课题。20世纪90年代以前,政府主导和市场导向的有效性较量一直充斥在发展中国家的农村金融实践中,与之相对应的,在金融领域则体现为金融自由主义和干预主义两大经济思想之争。但是,不管是政府供给先行的农业信贷补贴理论及其政策性贴息贷款,还是基于新古典发展经济学和过度强调市场力量的农村金融市场理论及其指导下的利率自由化和市场化改革,都难以彻底解决发展中国家农村地区金融产品和服务的缺位问题。研究发现,农村地区信息不对称、缺乏有效担保抵押、农业生产不确定性高与风险大是导致发展中国家农村金融市场失灵的根本原因。农村金融市场存在的问题由来已久且错综复杂,甚至政府通过政策性工具进行干预也很难解决农村金融市场的失灵状况,因此,在市场失灵的恶劣环境上又增加了政策失效的难题。20世纪90年代后,学者们在发展中国家大量政策的实践基础上认识到,农村金融市场是一个不完全竞争市场,哪怕市场机制是普遍公认的最有效的资源配置手段,但单靠市场机制并不能顺利培育出一个健康可持续的农村金融市场,因此,政府适时干预金融市场,并利用对应政策措施矫正农村金融市场中存在的失灵、高度信息不对称和金融合约缺失等问题,就显得尤为重要。为了完善农村金融体系,促进市场机制有效发挥,政府主管金融和农业的部门应当合力选择适当的政策有效介入农村金融市场,继而转变农村金融体系现存的旧框架,建立起相对完善的农村金融体系,最终构造一个能够促进金融机构良性竞争和高效运作的金融市场。

从20世纪70年代开始,许多发展中国家甚至发达国家出现了小额信贷、微型金融等旨在帮扶贫困地区或者收入微薄群体的金融产品与服务。小额信贷,从字面意思上看,额度小是其第一个显著特点,此外,小额信贷还具有无担保抵押或者担保抵押替代的特性,且一般针对低收入群体和小微企业发放,助力他们从事自营职业和家庭生活(Summit,1997)。而微型金融相对于小额信贷,在针对群体、产品与服务范围上均有一定拓展,从单一小额贷款拓宽到储蓄、保险等一系列金融服务,由此可以看出微型金融是在小额信贷的基础上发展并延伸的,是小额信贷这一理论的进一步深化与广义化的结果,也是金融深化和持续化的结果。在历史进程中,微型金融已代替小额信贷成为金融发展的趋向和主流(Armendariz and Morduch,2005)。小额信贷和微型金融理论基于不完全竞争市场理论,试图使用互相担保、相互监督、互助合作等激励手段克服农村金融市场信息不对称和有效抵押品缺乏的问题,将银行机构和非正规金融机构的信息资源与成本优势相结合,较为成功地实现了贫困人群享受金融服务和金融机构自身发展的有机统一,在一定程度上实现了可持续发展和金融扶贫的双赢(Mehrteab,2005)。小额信贷和微型金融作为一种有效的金融发展制度创新,受到世界各国和理论界的广泛关注和热烈讨论。以斯蒂格利茨(1990)为代表的学者们使用博弈论、信息经济学和契约理论对小额信贷的运行机制展开一系列研究,试图揭示小额信贷如何缓解信息不对称和抵押品缺失问题。众多研究成果奠定了小额信贷理论的基础,也使该理论成为农村金融发展理论的重要组成部分。

(一)小额信贷概念

小额信贷发展一般分为扶贫、成本控制、可持续发展三个阶段,其内涵和概念随发展时期的不同而不断补充、发展与完善,但核心始终是提供信贷资金这种金融服务来帮助贫困群体、小微企业实现脱贫致富或持续健康经营。

小额信贷概念具备广义和狭义两层含义,狭义指面向低收入群体,通过发放无担保、小额度信贷资金来支持该部分社会群体维持自身生产和生活,继而获得可持续发展所采取的贷款方式;广义指对个人或者微型企业发放的贷款。

综合起来看,小额信贷的概念主要包括如下几个方面。

(1)小额信贷针对的具体人群。通常来说,金融市场的服务对象可以根据客户资产净值的高低划分为高、中、低三种不同层次的市场类型,小额信贷作为满足贫困人群或小型微观经济主体金融服务需求的金融创新产品,其客户群体显而易见处于金融低端市场。

(2)小额信贷的提供机构。小额信贷作为一种以个人或者家庭为对象的资金融通活动,在字面意义上不应该被一味理解为仅由小机构才可以进行的小额度贷款。小额信贷作为微型金融机构中的一项主要业务,其提供机构种类繁多,一般包括小额金融公司、已开办小额金融业务的商业银行及非银行金融机构、政府核准的扶贫项目或非政府组织等。小额信贷的发展离不开各类小额金融机构的支持,但是并非所有的金融机构都能得到相应支持。运作良好、成熟的小额金融机构除了运作小额信贷这一主体业务外,还能根据不同的客户群体,扩展更加广泛的经营范围。

(3)小额信贷是一种创新。在传统的存贷款模式下,由于贫困人群和小微企业收入不稳定、资金投入期限长、收益率低及缺乏有效抵押担保品和有效监督,传统商业银行不愿过多为该部分群体设计恰当且能维持盈利的金融产品。小额信贷作为一种专门服务贫困群体和小微企业的信贷服务,其强调的无担保、无抵押模式明显区别于传统商业金融机构的服务模式,小额信贷的诞生既是信贷产品和技术的创新,也是现代金融产品和服务的创新。

全面且深刻把握小额信贷的概念,需要理解其通过创新金融产品和服务,为贫困群体和小微型企业提供自我发展和扩大再生产的机会,促使该部分收入群体摆脱贫困、实现自我可持续发展的核心理念。小额信贷具有多种模式,不论哪种模式都具有两个基本含义:一是确保金融服务覆盖的深度和广度,主要表现在为中低收入群体和小微企业提供多层次的金融产品;二是提供小额信贷的金融机构在确保金融服务覆盖深度和广度的同时,能够承担相应的交易成本,实现基本盈利与可持续发展。这两个含义在传统金融机构看来是相互联系又相互矛盾的,但完善且规范的小额信贷正是由这两个关键要素所构成,且缺一不可。从本质上来说,小额信贷基于金融扶贫的理念将金融业务创新和金融组织制度创新有机结合,并在实践中取得重大成果，是一项伟大的金融创新行为。

（二）小额信贷模式

随着小额信贷可持续发展水平的分化，根据服务目的不同，产生了福利主义小额信贷与制度主义小额信贷两种模式，即 Morduch（2000）提出的"微型金融的分裂"，两种模式的差异在于是否以金融机构的可持续发展为核心。福利主义视角下将小额信贷界定为建立与传统商业银行制度相区别的金融制度，并将生产性经营贷款直接投放给贫困地区的目标用户，以帮助他们自我成长的信贷方式。福利主义小额信贷的主要目的是提高贫困人群经济水平与社会总体福利水平，可持续发展应当作为服务贫困人群的次要手段，在客户筛选中不能过多关注商业利润，必须覆盖最贫困也最依赖金融进行生活、实现扩大再生产乃至发展的群体，只有坚持将有限金融资源向最弱势群体倾斜覆盖，金融扶贫才有可能取得成效，该模式的典型案例是孟加拉格莱珉乡村银行。

制度主义认为，为了更好发挥小额信贷在农村金融体系中的发展与促进作用，应该从金融创新的角度寻求突破，重视金融机构运行的健康程度和财务可持续性。该模式秉承规则公平的经济思想，认为制度公平比结果公平更重要，旨在建立起针对弱势群体的非歧视金融制度。制度主义小额信贷将机构可持续发展作为第一目标，首先吸引商业性资金进入农村金融体系，其次强调自担风险的市场机制将促使金融机构积极降低交易成本，寻求组织制度和服务的创新。运用该模式较为突出的是印度尼西亚人民银行的乡村银行体系。

综合比较上述两种模式可以发现，福利主义一般要求金融机构直接提供贷款资金给贫困群体，只要求对穷人产生正面效应，体现出补贴和慈善性质。20世纪70年代福利主义占据主流，80年代后制度主义崛起，并逐渐成为世界主流。完善后的制度主义小额信贷不仅要求服务目标贫困群体，还同时关注自身经营中的利润获取。其中，公益性制度主义主要服务贫困人群，资金自负盈亏且只求适合经营利润并注重对弱势群体的救助；商业性制度主义则服务对象更广，涉及小微企业、个人户等，其将贷款活动中的获取利润与机构的持续发展作为首要目标。1998年，世界银行提出"双赢倡议"，倡议小额信贷模式以福利主义为目标，制度主义为手段，追求金融服务深度、广度与经营可持续性之间的共赢。该倡议得到理论界和社会的广泛认同，两大模式逐步实现融合发展。

（三）小额信贷特征

根据中低收入客户群体的显著特点提供满足需要的金融产品和服务，

是小额信贷不同于传统金融扶贫的基本特征。在小额信贷的运行过程中主要有五大基本特征：特定的目标群体、信贷评估机制、信贷激励机制、分期还款制度和无抵押担保要求。

1. 特定的目标群体

小额信贷在一开始带有明显的金融扶贫色彩，目标群体主要是被传统金融体系所忽略的贫困人群。随着小额信贷的不断深化，其服务覆盖的广度和深度也不断改变，小额信贷的客户群体逐步延伸至有还款能力和扩大再生产需求的中低收入阶层。经济更进一步发展后，小额信贷服务的目标群体已包括小微型企业、个体工商户、农户及城市低收入人群。伴随着客户覆盖面的扩大，小额信贷的资金用途也有所拓展，既包含扩大再生产、加工、运输等生产性支出，又可用于客户在生活必需品、医疗、教育等方面的消费支出。

2. 信贷评估机制

小额信贷机构为了减少贷款中的道德风险行为，一般会使用人工信贷评估作为风险控制的手段。在评估实施过程中，小额信贷机构分析与评价的重心是贷款方的预期现金流和道德品质。机构通过派遣工作人员现场获取能够体现贷款方地位、道德水平、还款能力及意愿的全面信息，采用交叉检验的方式对所获信息进行真实性验证，最终依据评价信息确认信贷支持与否，同时确认贷款额度、期限、利率水平与还款形式，从而对客户真实的还款能力及风险状况作出较为准确的评判。

3. 信贷激励机制

成功的小额信贷风险管理离不开一系列信贷激励机制，信贷激励机制体现了动态博弈的思想，主要有以下几类。

（1）递增贷款机制。停贷威胁和累进贷款是一类简单的重复博弈，即根据借款者在还款过程中的表现来决定再次借款的机会和额度。停贷威胁是贷款机构普遍使用的动态激励工具，在此基础上的贷款额度累进制度提高了停贷威胁的效果，因为随着贷款者信用的积累，贷款额度的提升增加了客户未来借款机会的价值、客户对未来借款的预期及客户违约的成本。当然，小额信贷的额度也应设立个人最高限度，避免出现超过目标客户承受范围而导致的失信行为。

（2）小组连带责任制。小组连带责任制内含于团体贷款之中，在团体贷款中，缺乏有效抵押品的借款者需要选择同伴组成贷款小组，贷款小组所有成员对组内个人贷款承担还款责任。因此在该模式下，小组成员再次取得贷款的机会取决于整个贷款小组偿还贷款行为，若小组中某一个人存在无法还贷或恶意欠贷行为将被视为集体违约,除非组内其他成员为违约者还清信贷。这种模式下,借款者自发组成的借贷小组不仅将潜在的高违约者排除在外,并且加强了组内成员监督;团体贷款机构将信贷业务中个人责任贷款的违约风险和监督责任转移至借款小组,不仅降低了机构监督成本,还有利于降低借款人借贷过程中发生的道德风险。

（3）组内次序贷款。组内次序贷款也是针对团体贷款,指贷款小组成员按序取得贷款,不能同时获得。在该制度下,贷款将优先发放给组内部分成员,当该部分成员及时或定期还款后,其他小组成员才能获得贷款资格。在信贷过程中,若团体内任何一位成员发生违约行为,将同步拒绝贷款给该小组其他成员,因此,停贷威胁也是组内次序贷款得以实行的重要保障。

4. 分期还款制度

频繁的分期还款制度是小额信贷的一个较为特殊的机制,该制度要求在初始贷款发放后制定定期还款表,为小额贷款机构创造定期监督的机会,将原本一次性到期归还风险转化为数次小风险,是有效降低风险的一种方法。多次分期还款制度还有诸多优势：首先,这一制度不仅需要贷款方有稳定、持续的现金流,而且还可以保证机构本身有足够的还款资金以优化金融机构的资产负债表,这是一种以现金流为基础的管理方式；其次,可以将分期还款制度视作一种担保替代机制,该制度需要贷款方拥有一定能够创造稳定现金流的财产来提供贷款保证,这一情形与传统贷款模式中抵押担保品相比要灵活得多；再次,分期还款制度具备预警功能,能提前发现潜在风险较大的贷款者,避免违约行为在期末集中爆发,为机构处置违约风险创造了缓冲时间；最后,随着分期还款的进行,实际贷款额度不断降低,与之相对的信贷真实利率将高于贷款初期合同利率,这种间接提高利率的行为提升了金融机构的盈利水平。

5. 无抵押担保要求

小额信贷面对信贷需求较小的贫困人群时,通常采用信用贷款和抵押担保替代两种做法。信用贷款完全凭借贷款者的个人信用情况发放,在无须担保品的情况下,如何准确将目标客户的信用转化为对应的信贷授权额度是小额信贷的最大重难点。在发展中国家的实践中,根据人工信贷评估借款者的信用情况、风险承担能力和还款意愿等因素并综合成贷款额度的做法被证明有效。灵活多样的抵押担保替代在小额信贷实践中普遍存在,最常见的形式就是团体贷款制度,该制度虽然不需要抵押担保品,但是依靠联保小组组员之间的相互识别与监督,可以形成有效的客户筛选和风险规避机制,进而克服信息不对称导致的道德风险和逆向选择问题。其他较为典型的抵押担保替代方式有小组基金、强制储蓄、可以预期的未来收入和现金流等。

（四）小额信贷理论原则

通过对小额信贷概念、模式和特征的梳理及发展中国家实践的现实依据，可以发现小额信贷理论有如下原则：小额信贷作为一种强有力的金融扶贫手段，致力于构建一个服务于贫困人群的金融体系；小额信贷需要以信贷交易可持续性和金融机构可持续性为前提，做到不依靠外部慈善捐助而独立生存、发展和壮大，机构的营利收入可覆盖运营成本；由于小额信贷客户群体的分散性和信用评估的复杂性，小额信贷机构相对而言具有较高的管理成本，在此背景下的利率管制政策将限制小额信贷机构对贫困群体的资金供给；政府在金融扶贫的过程中需要充当提升服务有效性的角色，避免自身直接提供金融服务的行为，相比于专业的金融机构，政府在运作信贷业务方面效率低下，应该侧重于营造良好政策氛围；小额信贷的发展需要侧重机构管理能力和业务运作水平的提升；小额信贷的目标是财务可持续性和社会绩效的两者统一，其中，财务可持续目标从资本充足率、资产质量、管理水平、资产流动性和盈利水平等五个方面综合评判，社会绩效目标一般从金融覆盖的深度和广度、贷款者保护和机构管理之间的平衡、小额信贷机构的治理结构等三个方面进行衡量。

（五）小额信贷理论发展演化

随着金融扶贫的不断推进，农村金融理论呈现出从小额信贷到微型金融再到普惠金融的演化路径。小额贷款阶段主要在于如何创新契约关系和信贷技术，破解贫困地区金融市场的信息不对称问题，以及如何克服逆向选择和道德风险。另外，早期的小额信贷理论仅以个别金融机构为研究对象，没有把微型金融机构放在整个金融体系中加以分析。

微型金融阶段深化了小额信贷理论，开始倡导金融产品与服务由单一的贷款拓展为包含存款、贷款、汇兑和保险在内的多层次金融服务，该理论在研究上要求金融机构以可持续发展为基础目标，主张将目标客户扩大至贫困人群和小微企业，强调机构可持续发展和金融扶贫目标的相互协调统一。

普惠金融阶段主张在享受金融服务平等权与机会权之上的人人平等。这一阶段提出推动普惠金融优先发展，需要政府以金融基础设施建设和优惠政策为主要推手，支持普惠金融融入全国整体金融体系，并且倡导将保险、证券、期货等多种金融产品一并纳入普惠金融服务中，扩充原有微型金融的服务基础。该理论还提出积极优化金融服务结构，建立多元化、多层次的金融机构来满足所有居民的差异化金融需求,形成服务于全体居民的包容性金融体系。

五、普惠金融理论

大多学者认为普惠金融理论与小额信贷、微型金融理论一脉相承,直接目的在于改变传统金融体系中存在的金融排斥问题。金融排斥一般分为自愿金融排斥和非自愿金融排斥,根据世界银行的定义,自愿排斥指因为个人原因的主观放弃,例如某些人在宗教、文化的影响下主动拒绝使用金融服务,抑或部分群体本身就没有对金融产品和服务的使用需求;非自愿金融排斥指在客观因素的干扰下被迫作出的行为选择,例如金融机构拒绝向风险高的低收入群体提供所需资金。Kempson 和 Whyley(1999)认为可以从地理位置、评估方法、个人条件、价格设定、营销安排和自我排斥等六个层面衡量金融排斥。类似的金融排斥广泛存在于世界各国,如美国的"画红线"拒贷行为就是金融排斥的典型代表。Galor 和 Zeira(1993)指出,由于金融市场的不完善,即使贫困人群明确意识到教育投资的重要性,并且试图通过在该方面的投资来获得较高的边际收益,他们同样不能获得所需的信贷支持。Banerjee 和 Newman(1993)认为,在金融服务缺失的情况下,个人只能依靠自身积累和储蓄投资教育,进而导致职业选择严重受阻。上述研究都表明,金融排斥行为会带来一系列恶劣后果,比如拉大社会贫富差距,加剧阶级固化,更为严重的是可能引发社会各群体的矛盾冲突,对经济可持续发展造成极其恶劣的影响。在这样的社会背景下,世界各国开始尝试探索各种扶贫方案,小额信贷、微型金融和普惠金融应运而生,并成为理论界重要的研究课题。

一直以来,普惠金融理论的基本内涵和服务目标都随着时间而改变,从初期的小额信贷和微型金融逐步完善至今,服务群体也将覆盖极度贫困的群体,呈现出较强的时变特征。普惠金融在小额信贷与微型金融理论的基础上,传承并发展为金融扶贫领域行之有效的举措,相比于前两个理论,普惠金融跳出单一金融机构和金融服务的局限,致力于构建完善、全面的金融体系,使带有扶贫色彩或以贫困群体为服务对象的金融不再被忽视(焦瑾璞,2010)。

(一)普惠金融的提出

联合国在 2005 年全球普惠金融体系建设会议上正式提出普惠金融的理念,这一理念自问世以来受到各国政府和国际组织的极大重视。2006 年又发布了《建设普惠金融体系》蓝皮书,该蓝皮书的研究对象主要是发展中国家,书中建议发展中国家要依托完善的法律体系、政策框架和监管体系来构建一个完整的普惠金融体系,力求让所有群体(特别是那些长期被正规金融体系排除在外的弱势群体)均能享受金融产品与服务。

从世界各国的响应措施来看,把普惠金融战略提升至国家高度已是全球共识。世界各国政府纷纷出台一系列政策措施促进本国金融业的发展与改革,各大国际组织在各国普惠金融工作中也发挥重要的鼓励与促进作用,较为典型的是世界银行和普惠金融联盟积极引导成员国开展普惠金融体系构建的相关工作。具体来说,在2011年第一届普惠金融合作组织论坛期间,各成员国达成了支持国家发展和升级普惠金融发展战略的共识,世界银行于2012年推出普惠金融支持框架,为全球范围内的国家发展和普惠金融执行战略提供了意见参考和实质性帮助。

值得一提的是,在各种国家达成的共识中,普惠金融联盟(Alliance for Financial Inclusion,AFI)在2011年牵头的《玛雅宣言》最为典型。《玛雅宣言》主要分为五个部分,展示了世界各国在普惠金融建设中的努力方向。第一,从政策角度诠释各国政府的工作重心,要求各国政府从完善金融市场环境,提升金融产品和服务在全社会领域的覆盖面、效率和可得性,全面合理利用新型信息技术切实降低金融交易成本等角度落实相关政策。第二,建立一个合理的监管框架,将所有从事融资业务的金融机构纳入统一框架进行监管,以保证各种融资活动主体都能进入金融系统,从而实现整个金融系统的公平与正义。第三,加强对消费者的保护,保障消费者权利,提升金融服务体系在各类群体中的覆盖程度。第四,制定普惠金融政策时必须保证有理且有据,应该科学客观地搜集和分析相关资料数据,准确掌握普惠金融发展的历程,设立各项可横向、纵向对比的指标。第五,不可忽视中小企业,承认中小企业在推动社会进步、科学技术创新和经济包容性增长方面的重要作用,切实为该小微企业提供必要的金融服务支持。

(二)普惠金融的定义

关于普惠金融的定义,不同组织和机构有不同解释。Nanda和Kaur(2016)从机会与公平角度出发,提出平等获得金融服务即为普惠金融的核心内涵。Sarma和Pais(2011)认为普惠金融的最大特征是保证社会各类群体均能利用金融体系来满足金融方面的自我需求。世界银行(2014)在全球金融发展报告中提出了一个粗略评估普惠金融发展程度的方法,即根据个人与企业使用金融产品和服务的比例来进行判断。

我国央行从普惠金融的供求双方出发,提出普惠金融首先从形式上表现为个人与企业均能享受必要的金融产品和服务。对于普惠金融的需求方而言，这些金融产品和服务应该是安全、方便和有效的；对于普惠金融的供给方而言，这种提供服务的行为应该具有长期的商业可持续性。总体来说，普惠金融立足金融扶贫的初衷，是一种满足低收入和贫困人群金融需求的金融服务体系，并且具备可持续发展特性，并不是一味地无条件施舍。

普惠金融的英文为 Inclusive Finance，又称"包容性金融"，这一概念与包容性增长有密切关联，两个如此相像的概念有何异同，值得细致考量。从字面意思上来看，两者均含有包容性之意，不过包容性增长衡量的是整体经济体系，而包容性金融仅针对经济体系中的金融领域。同时，两者都注重把一切群体，尤其是长期以来被忽视的贫困阶级纳入相应的经济和金融体系之中，试图让全社会都能平等共享金融和经济发展所带来的收益，以此推动社会经济增长和各阶层社会关系的完善。对两者的核心内涵进行剖析可以发现，普惠金融包含在包容性增长的范畴内，可以视为包容性增长在金融领域的实践。具体来说，普惠金融指不同地区、不同社会阶级及不同行业的群体具有均等获得金融产品和服务的权利，如存贷款、支付结算等金融服务。因为中等收入群体在完善普惠金融体系之前已经有能力获取相应服务，所以普惠金融的侧重点主要放在以往受排斥的那部分社会群体，这也是普惠金融自问世以来就被认为能够缩小贫富差距、推动社会经济包容性增长的原因。

就普惠金融而言，起码包含下面五个方面的内容。

第一，公平、公正、合理的金融权利。普惠金融蕴含了金融权也是基本权利的思想，一切有金融服务需求的人都应该能在可承受的成本范围内享有储蓄、保险、信贷、兑付、租赁等多样的金融产品和服务，并且有效参与经济活动，进而实现社会全面均衡发展。金融权的享有应该与生命权、财产权一样受到社会重视。

第二，广泛的服务对象。普惠金融的服务对象包括社会所有群体，在不片面只强调关注贫困群体的时候，尽可能照顾发展中国家、落后贫困地区、低收入人群和小微企业的金融需求，逐渐打破当前金融体系的二元结构。

第三，全面的服务范围。服务范围的广泛不仅体现在产品的多样化，还体现在服务的多样化，在提供基本存贷款服务的同时，还应该包括投资、保险等多种金融业务。此外，拓展金融领域专业技术，建设完备的金融基础设施，为目标用户提供更加快捷、高效、安全、透明的金融服务也应当包含在内。

第四，多层次的金融机构。普惠金融不单单是部分扶贫机构和政策性金融机构的工作，贫困群体的金融需求是多元化的，与之相对应的金融机构需要以各种形式广泛参与普惠金融体系。

第五，可持续发展。尽管满足发展中国家、贫困地区和贫困人群的金融需求是普惠金融的核心内容，但是在保障金融产品和服务质量的同时，需要尽可能弥补经营缺口，从这个角度来看，金融效率与金融可得性同样重要，普惠金融需要区别于传统扶贫模式，通过均衡配置资源，实现长期可持续发展。

（三）普惠金融体系

对于如何建设普惠金融体系，国际组织和学者均有各种看法，普惠金融联盟主张从传统金融机构改革、新型互联网金融开发、客户群体权益维护、金融信息数据搜集评估等多重维度构建普惠金融体系。世界银行扶贫协商小组（Consultative Group to Assist the Poor，CGAP）的关注点是根据普惠金融的内涵提出的，强调各国构建能够惠及所有弱势群体的普惠金融体系是重中之重。该组织还认为发展中国家构建普惠金融体系离不开完备的法律、政策和监管制度，即应加强立法与监督、政府介入资金管理、提高资金使用效率，并且重视社会各界的参与程度。只有将极其贫困的人群有机融入金融体系，被排斥在传统金融服务之外的弱势群体才能从中获益。该组织在《服务于所有人——建设普惠金融体系》一书提出，当前普惠金融发展面临的难题是如何通过有效的体系建设来扩大普惠金融服务的广度，如何加强普惠金融服务的深度，如何有效控制金融风险，在提升服务效率的同时使金融机构经营成本最小化，最后实现金融可持续发展。

该组织就该难题给出的答案是，普惠金融体系构建应该由四个层次组成：第一，客户层面。普惠金融体系的服务对象是发展中国家、落后地区和贫困群体，金融机构需要根据其金融需求来确定相应的金融服务供给。第二，微观层面。主要指正规和非正规的金融机构和组织，可以是自然人，也可以是机构，主要的则是银行业金融机构。第三，中观层面。一般指基础性金融设施，部分能够减少金融交易成本和增加服务规模的金融中介组织也包含在内。基础性金融设施包括信息系统、支付系统及各种数字信息技术，中介组织包括评级机构、技术服务提供商、培训机构和审计师等。第四，宏观层面。针对普惠金融发展，国家需要制定相关法律政策框架，特别是提供完善的监管框架，相关负责机构则包括立法机关、中央银行、金融监管部门等。

在国内学术界，有学者提出我国普惠金融体系的建设需要契合农村地区复杂多样的金融需求，当前的传统金融体系在农村金融领域往往存在信贷额度与期限错配的弊端，应在原有基础上构建功能健全、权责清晰、监管有效、竞争适中的普惠金融体系(杜晓山，2006)。王睿(2008)提出需要考虑群众公平享有金融服务、高效的金融机构、稳定的金融政策及相容的经济结构等几方面问题。周孟亮和张国政(2009)认为普惠金融的发展需要处理好供给者的可持续性发展、金融服务的深度和广度及社会福利三者之间的关系，这三方面的协调是普惠金融得以健康发展的关键。

建立普惠金融体系的目标应包括以下四个方面内容：第一，各群体所需的多种金融服务，例如存贷、保险、信托、汇兑等业务都能以恰当的价格获得。第二，以可持续发展为立足点，为金融机构长期健康服务保驾护航。第三，金融机构应该维持良性竞争关系，确保各需求主体得到最大限度满足，为需求方提供有效且多样的产品与服务。第四，金融机构内部需制定严格的管理制度和流程，并接受市场的监督。在世界银行扶贫协商小组看来，普惠金融的目标是使所有有金融需求的人都能以同等机会获得服务，特别是弱势人群、小微企业。这一目标要求金融机构提供更优质的服务来为该部分群体创造更好的经济福利，普惠金融在降低全球贫困发生率和教育支持方面具有关键作用。世界银行也指出，普惠金融应是不同群体都有权利使用的一套定价合理、形式简单的优质金融服务。

(四) 普惠金融测度

上文主要界定了普惠金融的理论内涵，并且详细分析了如何构建普惠金融体系，但是若想客观地评估世界范围内普惠金融的发展现状，仅从理论和概念出发还远远不够，国际组织和学者们纷纷尝试构建一套客观、合理、准确的普惠金融指标体系。科学的评价指标有利于各国专家学者对普惠金融发展状况进行定期计算并比较分析，由此可以更深刻把握发展水平和改革方向，也为各国政府的政策调整提供参考依据。

普惠金融评价指标的确定具有一定的难度，其中几个国际组织的指标设计颇具代表性，主要有普惠金融联盟、世界银行、国际货币基金组织和普惠金融全球合作伙伴等。具体来说，普惠金融联盟从金融服务的可获得性和利用情况等角度构建指标体系，金融服务的可获得性由1万名成年人所占的网点数、具有网点的行政区占比和行政区人口占比三项指标进行评估；金融服务利用度由持有存贷款账户的成年人占比度量。世界银行围绕银行账户、存款、贷款、保险和支付五个方面设计了普惠金融发展指标，该指标数据选用100多个国家作为样本，样本覆盖极为广泛，且在每个国家至少抽取1 000人进行采访，这也是首个以普通居民使用金融业务情况为主要研究对象而建成的金融数据库，揭示了世界各国居民在储蓄、信贷及支付等方面的行为差异，为长期监测全球金融服务和推进金融政策提供了客观依据。国际货币基金组织经过全球金融服务可得性调查,按照综合指标、金融服务可获得性、金融服务使用情况等建立了 242 个细分指标。国际金融教育网络(经济合作与发展组织 INFE)、中小企业积分板(SME Scoreboard)和国际学生评估项目所建立的指标则具有针对性强的特点,这种针对特定金融服务用户所设计的调查内容和指标能为特定项目制定和政策执行提供准确的参考。

　　2012 年,普惠金融全球合作伙伴组织在 G20 峰会上同样根据金融服务的可得性和使用情况进行体系构建。2013 年该组织考虑到信息技术的发展,进一步完善上述指标体系,在原先的指标中额外增加了关于移动支付、汇款、金融服务使用情况、金融知识掌握育等多个方面的内容,由此形成了世界普遍认可的《G20 普惠金融指标体系》。该体系从金融可得性、服务使用和产品质量三个维度出发,一经发布即被多数国家采用并得出良好的预期效果。我国作为全球前列的经济体,长期以来积极参与 G20 改革,在就任 G20 主席国期间,经过与各成员国充分协商交流,对该指标体系进行了进一步修改。为了跟上当前数字金融迅速发展的速度与趋势,在原有体系中添加了衡量数字金融服务开展情况的指标,例如对移动支付和信息化建设的评估。至此,G20 普惠金融评价指标包含了 19 类 35 项指标。

　　由于世界各国经济发展水平的不同及社会环境的复杂性,各国学者在借鉴国际组织的同时,试图结合自身国情,构建出更具有现实说服力的本国评价指标体系。Beck 和 Torre(2007)提出的相关指标体系被其他学者认为太过复杂且指出不足。Sarma 和 Pais(2008)受到联合国开发计划署指定的人类发展指数(HDI)的启发,从地理距离、产品获得和效用三个角度构建普惠金融指数(IFI)。基于 Sarma 的指数构建,Chakravarty 和 Pal(2013)提高了各指标对 IFI 的敏感度,使结果更具参考性。Rowlingson 和 Mckay(2014)认为普惠金融需要满足三方面要素:第一,能够为居民衣食住行和参与社会活动提供有保障的稳定收入;第二,提供适当的金融服务;第三,可获得必需的教育。根据以上三方面要素,Rowlingson 的指标构建不同于其他学者,他从收入、就业和财务等维度进行衡量。肯尼亚央行行长 Ndung'u(2014)表示,普惠金融的初衷是金融业务被群众普遍使用,所以单位行政区内使用金融服务的人口占比和银行机构数是重要的衡量指标。

　　国内学者李明贤和谭思超(2008)围绕中国农村存贷、汇兑、保险等视角综合讨论农村金融的供给与需求,并且衡量了中国农村金融发展情况。封思贤和王伟(2014)参考 Sarma 的方法对我国金融排斥水平进行了计算,结果表明我国各省(区、市)金融排斥现象依旧普遍存在。孙嵩和李凌云(2011)使用客观赋权方法对我国农村金融服务覆盖进行了研究,分析得出我国农村金融覆盖整体不平衡,在不同区域之间具有明显的差异性。肖翔和洪欣(2014)采用改进型指数功效函数模型建立了一套可进行国际对比和历史对比的普惠金融评价指标体系,但此评价体系所含指标局限于银行类金融机构,较少涉及证券、保险等业务。焦瑾璞等(2015)充分考虑了我国实际情况,增加了涉农服务网点和保险普及情况,运用层次分析法从金融可得性、使用情况、服务质量三个维度建立了较为全面的普惠金融评价指标体系。2016年12月,中国人民银行围绕国内实际建立了普惠金融指标体系。对比G20指标,我国普惠金融指标体系保留了三个维度上的划分,但是具体指标中有小部分采用替代指标,同时新增9项具有我国特色的金融指标,如精准扶贫信贷、民生信贷、涉农贷款等。

综上可知,普惠金融评价指标体系没有统一标准,在制定过程中需要考虑以下几点内容:第一,指标体系的合理性和科学性;第二,统计指标定义明确、数据易获取、方法准确;第三,各层指标选取恰当,符合基本逻辑;第四,指标体系所得结论与数据本身所代表的实际情况是否符合。

(五)影响普惠金融的因素

影响普惠金融发展的因素多且复杂,不同因素对普惠金融发展的作用方向和时效性也不尽相同,可以从微观、中观、宏观三个角度进行分析。

从微观角度看,普惠金融的发展受到金融机构地理位置、交易流程和成本的影响。Allen等(2016)在全球范围内挑选超过12万人进行调查得出结论——金融机构推出惠民政策可以有效促进附近居民广泛使用金融服务,进而促进当地普惠金融发展。Zhan、Anderson和Zhang(2011)的研究表明,金融需求者不仅仅只关注金融产品本身,当需要对相似产品进行挑选时,金融机构操作流程的便捷性、从业人员的服务态度和专业水平将起到重要参考作用。Bester等(2008)提出,居民在选择金融服务时会考虑自身偏好,如果正规金融机构设计的产品或服务无法让需求方满意,居民会通过其他渠道选择自己喜欢的金融服务。另外,金融需求者的个体差异性也是微观影响因素,例如年龄、教育程度、性别、收入水平、职业等。Fungáčová和Weill(2014)在对金砖国家进行普惠金融分析时发现,收入偏高的中年男性会更倾向于使用正规金融机构提供的存贷款服务。Allen(2016)认为选择正规普惠金融机构信贷服务的程度取决于个人收入水平的高低。De Koker(2013)在对非洲八国的调查中,发现大多没有正当职业的人群对适合自身的金融产品和服务毫无兴趣。由此可见,性别、收入、职业等个人特征对普惠金融的发展具有显著影响。

从中观角度看,普惠金融发展受到金融基础设施建设、数字信息技术及中介组织等因素影响。Kama 和 Adigun(2013)指出尼日利亚金融基础设施健全程度低，金融机构技术水平落后效率低下，导致该国普惠金融发展被严重制约。Diniz(2012)考察信息技术对普惠金融的影响程度，通过巴西的案例解释了信息技术在带动区域经济发展方面具有的重要意义。Bihari(2011)以印度为例，指出随着网络、手机等信息技术的高速发展，以手机银行为代表的数字金融模式为普惠金融的发展提供了新的契机。中介组织在金融机构之间起到了桥梁作用，通过增强金融机构间的彼此合作可以充分发挥不同机构的优势，最终达成共赢。

　　从宏观角度看，各国的财政货币政策、法律制度、监管框架、经济水平、教育普及等因素均显著影响普惠金融。Kundu(2013)注意到，印度贫困地区群体在政府实行农村就业保障计划后开始减少现金的储蓄额，并逐渐增加对金融服务的使用。Chakravarty 和 Pal(2013)认为经济发展水平、经济结构和政府政策的颁布实行对普惠金融影响较大，随着不同时点政策的执行，金融发展的趋势也随之变化。还有学者认为宽泛的金融政策不能满足各地金融发展的需要，因地制宜，选择符合地区特色和实情的金融政策是促进普惠金融健康可持续发展的关键一步。金融政策的制定，首先要选择合理的信贷利率，这是弱势群体以合理成本获得金融服务的基础（Mitra，2009）。关于教育普及的影响，Klapper(2013)通过对俄罗斯居民的采样分析得出，获得正规金融服务的程度与自身金融素养呈正相关关系，研究还表明，金融素养有助于需求者积极利用金融政策寻找最优理财途径和资产配置。

第三章　金融支农经典模式

近年来我国农业企业投融资渠道逐渐得到拓宽,但与国外发达国家相比,仍存在较大差距。在具体实践过程中,我国一些省份和地区取得了显著成效,并形成中国特色的金融支农模式,这些行之有效的模式值得推广和借鉴。因此,本章首先介绍国外金融支农经典模式,然后对国内一些地区探索出的金融支农模式进行梳理归纳。

第一节　金融支农国外模式

世界上一些发达国家和地区经过多年发展,在拓宽农业企业投融资渠道方面积累了丰富经验。发达国家对于拓宽农业企业投融资渠道高度重视,在金融服务方面作出巨大努力。发达国家和地区十分重视财政政策、法律法规建设等相关配套政策完善,协同发挥政策合力拓宽农业企业投融资渠道。

一、金融支农——美国模式

美国的农业生产方式和生产力水平处于世界前列,从事农业活动的人口约占全国总人口的2%。但美国农业产出水平相对较高,以玉米、大豆为代表的主要农产品产量远远超过国内需求,大量出口到世界各地。美国2010年玉米产量为31 561.8万吨,同年中国玉米产量为17 742.5万吨。美国2019年玉米产量为34 704.8万吨,同年中国玉米产量为26 077.9万吨。在大豆产量方面,中美两国产量存在较大悬殊。2010年,美国大豆产量约为9 066.3万吨,而中国仅为1 508.3万吨;之后美国的大豆产量整体呈现上升态势,一度超过12 000万吨,而中国的大豆产量变化较小,2019年为1 572.4万吨。

2010—2019年,两国玉米产量对比见图3-1。

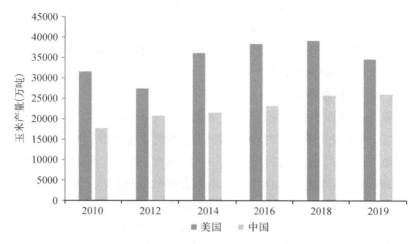

图 3-1 中美两国玉米产量对比（单位：万吨）

数据来源：联合国粮食及农业组织（FAO）数据库。

作为美国农业经济活动的主要参与者，农业企业在美国农业中占据着重要地位，对美国经济发展发挥着重要作用。长期以来，美国政府不断制定、完善各种政策，使金融、财政、法律等政策协调合力，持续拓宽农业企业投融资渠道，具体做法如下。

（一）健全完善各级各类金融服务机构

为促进农业企业发展，美国相继成立了各种类型的金融机构，主要包括农村合作金融机构、涉农商业金融机构和政策性金融机构，这些金融机构具有不同的职责，在拓宽农业企业投融资渠道方面发挥着不同作用。美国农村合作金融机构是在美国联邦政府和各州政府大力支持下建立起来的，最具代表性的是农村合作银行、土地银行合作社以及联邦土地银行等机构。美国商业涉农金融机构主要包括农村商业银行、农业保险公司等机构。美国政策性涉农金融机构主要包括农村电气化管理局、商业信贷公司以及小企业管理局等，这些政策性金融机构履行政府赋予的职责，为美国农业发展和农村建设提供资金支持与帮扶（张骞，2013）。

（二）高度重视财政补贴政策积极效应的发挥

在充分考虑到农业企业自身发展的实际情况下，美国政府高度重视财政补贴政策使用。以农业保险为例，由于农业本身具有天然的弱质性，离开政府财政补贴，商业性保险公司几乎丧失开展农业保险业务的积极性，导致农业保险的覆盖深度和广度皆缩小，保险实际效果必然会大打折扣。因此，在农业保险领域必须加大政府财政补贴力度。从实际情况来看，美国参加农业保险的农作物主要包括大麦、稻米、小麦等粮食作物,同时亦涵盖大豆、葵花等众多经济作物,农业保险覆盖面较广。按照美国现行财政补贴政策,政府对巨灾保险提供全额保费补贴,对于其他类型农业保险,联邦政府和州政府同样也提供部分财政补贴。

(三) 推动制度创新,拓宽资金来源

随着互联网技术的普及,经济全球化趋势不断加强,尤其是20世纪90年代之后,伴随着经济全球化趋势,各国之间农业竞争日益加剧,一些农业企业甚至要面对大型农业跨国公司的竞争,因此,美国农业企业采取联合抱团方式进行运营,即成立合作社。但随着合作社规模扩大,管理者同样面临着投融资渠道受限这一现实难题,如果不能解决合作社融资困境,合作社及加盟企业便无法发展壮大,更无法同大型农业公司展开竞争。因此,农业合作社决策者开始大力推动合作社内部变革,着力进行制度创新,通过制度创新来吸纳资金,从而满足合作社自身发展的需求。

与企业类似,美国农业合作社较为依赖每年盈余提取公积金,但受农业弱质性影响,公积金数额相对较小,很难满足合作社后续发展需要。为了吸引外部资本流入,美国一些地区合作社开始借鉴股票市场的运行逻辑,将合作社成员的股金全部转换为可以在市场上进行交易的股票。此举不仅保持了社员对合作社经营权的控制,还能通过股票发行和买卖获得更多资金支持,有效扩大了合作社融资渠道,缓解了融资约束(戎承法和李舜,2011)。

二、金融支农——欧洲模式

2010—2019年,作为欧洲传统工业强国,农业、林业和渔业等增加值占德国GDP比重低于1%,而在法国基本维持在1.5%左右(表3-1)。虽然农业经济在国民经济中占比并不大,但是农业企业发展非常具有代表性。因此,我们以德国和法国为例,分析欧洲拓宽农业企业投融资渠道的具体做法。

表3-1　德法两国农业经济状况

国家	德 国		法 国	
时间	农业、林业和渔业增加值(百万美元)	农业、林业和渔业增加值占GDP比重(%)	农业、林业和渔业增加值(百万美元)	农业、林业和渔业增加值占GDP比重(%)
2010	27 296.39	0.803 7	42 388.2	1.604
2011	34 074.96	0.910 0	47 221.45	1.650 3

续 表

国家	德 国		法 国	
时间	农业、林业和渔业增加值（百万美元）	农业、林业和渔业增加值占GDP比重(%)	农业、林业和渔业增加值（百万美元）	农业、林业和渔业增加值占GDP比重(%)
2012	29 909.02	0.847 9	43 794.53	1.631 8
2013	35 186.45	0.942 6	41 003.28	1.458 6
2014	35 131.91	0.904 5	44 389.86	1.556 4
2015	22 979.86	0.684 7	39 148.95	1.605 6
2016	24 218.09	0.698 4	35 515.21	1.437 1
2017	30 424.57	0.826 2	40 027.99	1.542 4
2018	26 345.91	0.664 7	46 031.24	1.651 1
2019	27 870.44	0.721 8	43 370.68	1.597 1

数据来源：EPS数据平台。

（一）政府对农业企业发展成长保护

从法国和德国的实际情况来看，两国的家庭农场、农业专业合作组织和农业企业发展较为成熟，在各种类型的农业企业发展过程中，政府所起作用不可忽视。比如法国葡萄酒领域农业企业发展，基本上是在政府政策扶持下逐步壮大起来的。由于历史原因，法国的葡萄酒产业具有非常明显的优势。但一些地区酒庄（企业）仅局限于生产某些品牌葡萄酒，并不愿意扩大生产规模，这不利于整个产业竞争力提升。针对这种情况，法国政府在葡萄种植园区规划、葡萄酒展销等方面做了大量努力，引导葡萄酒产业产供销一体化建设。作为传统生猪养殖大国，德国生猪产供销一体化程度很高，与生猪有关农业企业发展优势突出。在德国生猪产业链发展过程中，从种猪引进到高品质生猪培养，再到生猪宰杀加工，政府都强化监控，确保每个环节万无一失。对于凡是愿意介入生猪产业链的农业企业，政府都从财政金融各方面给予最大限度补贴，各级政府支持、鼓励和引导农业企业参与生猪全产业链的现代化产销过程中，引导相关农业企业不断强化自身力量，在国内外生猪市场上抢占竞争优势。

（二）配套服务极为完善

为了强化对农业企业发展的支持，法国财政补贴体系极为完善。法国政府会根据农业企业参与农田水利基础设施建设的不同项目而给予补贴，对凡是参与土地整理的农业企业按照其实际投资额给予30%以上的补贴，对参与灌溉设施建设的农业企业亦会根据其投入资金额度给予20%—40%补贴。同时，法国政府还高度重视对利率政策的灵活运用，通过行政命令方式，要求金融机构对参与政府规定和国家规划涉农项目建设的新型农业经营主体给予利率优惠，还要求金融机构设定的农业贷款利率不得高于7%，而非农贷款年利率一般为13%左右。与法国不同的是，德国对农业企业和新型农业经营主体制定了较为严谨的法律法规，对扶持新型农业经营主体发展每一项费用的界定清晰明了。明晰每项费用的好处在于，可以对参与建设的农业企业给予相应补偿，进而极大地调动农业企业发展的积极性。

三、金融支农——日本模式

作为典型的岛国，日本的资源非常匮乏，山地和丘陵约占其国土总面积的80%，多火山、地震等自然灾害。但日本农业同样非常发达，农业生产率较高，农业企业在农业发展中所起作用亦非常突出。日本拓宽农业企业投融资渠道的具体做法如下。

（一）从战略高度重视新型农业经营主体发展

同世界其他发达国家相比，日本的土地资源尤为匮乏，耕地面积少，土地贫瘠细碎，日本政府认识到自身农业发展劣势。因此，从战略高度重视农业发展，日本政府直接将大量涉农业务委托给农协，由农协牵头组织各级各类农业企业从事农业生产，共同抵御自然灾害和市场风险。从实际情况来看，农协在日本农业中发挥着关键作用，所有农业发展规划都由农协负责制定，甚至个体农户选种育苗、打药追肥，农协均具体参与其中。农协不是简单的农业企业联合会，而是各级农业企业代言人。农协专门成立"营农指导机构"，聘请专业技术指导人员，通过上门服务方式为农户提供相关信息，帮助农户制订增收计划，推广新品种、新技术，竭力解决农户产销过程中各种难题。对于农户因为资金限制而无法兴修农业基础设施，如育苗基地、孵化厂、冷藏库、饲料厂等，农协均参与其中，甚至直接出资兴修并以保本价为农民提供服务。日本农协背后是政府大力扶持，农协无法解决的问题，如经费投入等，政府均会直接出面协调，不遗余力地支持农业企业的发展，保障不同种类型农业经营主体切身利益。

（二）高度重视法律法规制定与完善

通过对日本有关法律法规收集整理发现，日本相继制定了《农业改良资金补助法》《农业现代化资金补助法》《农林渔业金融公库法》《农水产业协会存款保险法》《农林渔业者受灾等有关资金融通暂行措施法》《农林水产业设施灾害重建事业费国库补助暂行措施法》和《农业灾害补偿法》等一系列专门扶持农业经济的法律法规。其中,《农业改良资金补助法》明确规定:日本中央政府和各级地方政府,必须从财政预算中预留农业企业发展补贴,安排专门财政资金用于支持农业企业发展,同时日本还建立了专门针对农业企业的"技术创新资金""新品种引进资金"等信贷制度。由于日本属于岛国且国土面积狭小,又地处环太平洋地震带和季风气候区,因此自然灾害频发,农业生产活动面临较多风险与不确定性。日本政府在《农业灾害补偿法》中明确对农业可能遭受的灾害进行了详细说明,对农业保险业务开展、理赔进行了规定,尤其是对再保险事业做出了详尽、具体规定。日本农业企业健康发展离不开完善的法律体系保障。

第二节　金融支农国内模式

一、"政银担"模式

"政银担"模式是将政府、银行和担保公司等三大主体联合起来支持农业企业融资的一种模式。此模式涉及的三大主体紧密联系,政府在其中发挥基础性作用,政府出资设立农业担保公司,当农业企业向商业银行申请贷款时,由担保公司进行担保。从政府角度来看,依靠财政补贴方式缺乏灵活性,且财政资金总量有限。政府出资设立农业担保公司可以用少量资金撬动巨额金融资金投入农业企业,提高财政资金使用效率(李洪侠,2021)。从商业银行角度来看,农业企业普遍缺乏抵押品,涉农贷款风险较大,而政府设立担保公司介入可以有效分散涉农贷款风险,提升商业银行支农的积极性和主动性。就农业企业而言,此举不仅可以缓解企业自身融资压力,更有利于拉近企业与政府、金融机构间的关系。

"政银担"作为三方参与的新型模式,具有良好社会经济影响,对于缓解农业企业融资压力发挥了重要作用。首先,在传统融资模式下,农业企业与商业银行之间面临较强的信息不对称,大量小微型农业企业被排斥在金融体系之外,"政银担"模式将政府和担保机构纳入其中,有效缓解了银企之间的信息不对称,将小微型农业企业纳入金融服务门槛,拓宽了农业企业的融资渠道。其次,提升了财政资金效率。传统模式之下,政府主要通过直接发放财政补贴、税收优惠等方式扶持农业企业,财政资金不仅总量有限,资金使用效率也普遍较低。"政银担"模式之下，政府只需少量出资设立担保公司，便可撬动巨额金融资金，提升了财政资金使用效率。最后，"政银担"模式将政府、担保公司和商业银行联合捆绑，三个主体共同监督农业企业的资金使用情况，商业银行信贷风险由三大主体共同承担，有效降低了涉农金融业务风险。

二、"政银保"模式

"政银保"是指由政府、银行和保险公司共同合作，风险共担的一种新模式。"政银保"与"政银担"模式的唯一区别在于参与机构不同，"政银保"模式没有担保公司参与其中，而是引入保险公司。农业企业首先要在保险公司投保，然后农业企业向银行申请贷款时，由保险公司提供担保，政府对保险公司提供财政补贴与风险补偿。"政银保"自2009年7月在佛山三水首次实施，先后经过十多次调整和优化。2020年1月至2021年6月，佛山三水、高明、南海等三个区域的"政银保"项目合计支持1278户新型农业经营主体获得3.9亿元融资，其中支持农业企业43户/次[①]。在佛山的不断摸索、改进和创新活动中，"政银保"逐渐在全国推广、普及，且不断焕发活力。

"政银保"合作模式具有四大显著特点：一是不需要贷款抵押物。传统模式之下，农业企业向商业银行申请贷款时必须提供一定抵押物，而在"政银保"模式下，农业企业只需要向保险公司投保，由保险公司履行尽职调查职责，当农业企业向商业银行申请贷款时，不再需要房屋、汽车等抵押物（陈石娟，2015）。二是覆盖范围较大、保障水平较高。参与"政银保"的保险公司实力较为雄厚，开办涉农险种丰富，能够满足不同规模农业企业保险需求。三是融资成本较低。传统模式之下，农业企业向商业银行申请贷款通常面临较高利率水平，而引入政府和保险公司后，商业银行贷款利率显著下降，农业企业融资成本出现了显著降低。四是信贷风险共担。传统模式之下，农业企业不能按期归还贷款，商业银行一般采取拍卖抵押物等形式弥补损失。在"政银保"模式下，当农业企业不能偿还贷款时，保险公司会履行代偿责任，然后由保险公司和当地政府一起向农业企业追偿。"政银保"模式运作流程如图3-2所示。

随着"政银保"模式在全国范围内推广普及，河南省卢氏县结合当地社会经济发展现状，创新推出"政融保"模式，即"政府推荐＋保证保险＋融资资金"，由政府提供政策扶持，人保财险提供农业保险保障，募集专项险资向

---

① 数据来源：佛山市农业农村局。

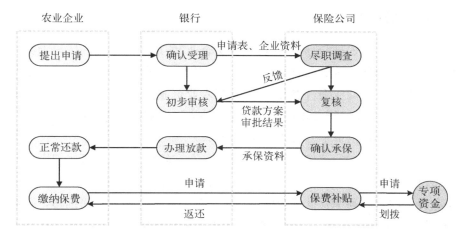

图 3-2 "政银保"业务流程

农户和企业提供融资支持。卢氏县推出的"政融保"模式具有"全、广、新、低、简、活"六大优势。该模式采用"干部推荐＋融资支农＋保险保障"的办理流程,具体来说主要包括以下流程:基层干部向保险公司推荐有融资需求的农业企业,保险公司收到推荐后会安排专门人员进行调查与评估,评估通过后基层保险公司会向上级汇报,上级保险公司会在短时间内发放资金。

三、"银行贷款＋风险补偿金"模式

"银行贷款＋风险补偿金"模式是指政府划拨财政资金建立风险补偿基金,商业银行和风险补偿基金建立业务联系。当农业企业向商业银行申请贷款时,商业银行直接放贷,当农业企业不能按期偿还贷款时,政府使用风险补偿金对商业银行进行补偿。与"政银保"和"政银担"相比,"银行贷款＋风险补偿金"模式没有引入第三方机构,政府参与程度较高。

"银行贷款＋风险补偿金"模式的优点与"政银保"和"政银担"类似:一是不需要贷款抵押物,简化了农业企业申请贷款流程,提升了农业企业贷款可获得性。二是提升了财政资金使用效率,发挥了财政资金引领示范作用。

江西省 2014 年推出"财政惠农信贷通",是"银行贷款＋风险补偿金"模式的典型代表。江西省共筹集 15 亿元财政资金构建风险补偿金,对于引导商业银行加大涉农信贷投放发挥了较好的作用。四川省成都市参考"银行贷款＋风险补偿金"模式,于 2017 年 7 月成立了 1.65 亿元"农贷通"风险资金池,成都市符合条件农业企业不需要担保和抵押便可以获得商业银行贷款。

四、"政银企"模式

"政银企"模式是"政府＋银行＋龙头企业"所形成的三位一体风险共担模式。一般由地方政府和农业企业按一定比例共同出资，建立一定规模基金池。基金池和商业银行展开合作，充当农业企业担保、增信手段。按照地方政府规定，合作银行必须按照一定比例加大涉农贷款业务，为参与组建基金池农业企业提供资金支持，缓解融资约束。

"政银企"模式的运作流程，在不同地区存在较大差异，其具体细则由政府、合作银行、农业企业等参与主体协商制定。当然，"政银企"模式为农业企业提供的贷款利率要低于金融市场正常利率水平。随着时间推移，"政银企"模式在全国很多地区得到了推广，虽然不同地区的"政银企"模式存在差异，但是其在贷款流程、基金管理和风险补偿三个方面具有相似之处。

（一）贷款流程

"政银企"模式贷款流程较为简单，主要分为企业申请、银行审核、备案提交、贷款发放等四个流程。农业企业可以向商业银行提交业务申请，商业银行收到农业企业提交的资料后进行资料审核与调查，调查结束通过审核后将资料提交政府机构和基金池备案，备案结束后商业银行向农业企业发放贷款。

（二）基金管理

基金池由政府、农业企业共同组建，虽然政府发挥着主导作用，但是参与主体都严格遵循"自愿缴纳、有偿使用、利益共享、风险共担"原则。参与组建资金池的各主体出资比例存在差异，一般政府部分出资比例要小于农业企业。为了维持基金池持续、健康运转，政府出资部分对加入或退出基金池设定了较为严格的标准。

（三）风险补偿

当农业企业不能按时归还贷款时，商业银行会从基金池中扣取企业缴纳资金，不足金额由资金池代偿。基金池代偿后，将立即启动债务追偿程序，同时地方政府会将农业企业及其经营者列入失信名单。

五、股权融资模式

公开上市是直接融资的主要方式，但公开上市门槛较高，绝大部分农业企业属于中小型企业，很难达到公开上市要求，且上市成本较高。为了缓解农业企业股权融资需求，一些省（区、市）利用区域性股权交易中心设立农业专板，为农业企业股权融资提供平台。安徽省在利用区域性股权交易中心服务农业企业融资的尝试中走在全国前列。由于安徽省并不属于沿海发达地区,省内农业企业数量众多,但是企业规模和实力相对较弱。同时,安徽省自身经济实力限制了信贷资金对农业企业的支持,由此导致必须从其他渠道为省内农业企业提供资金。股权融资具有融资额度大、成本低等优点,可以减轻地方政府财政压力。基于安徽省经济社会发展现状,省政府决定在股交中心设立一个专门为农业企业提供投融资服务农业板块。

2020年12月,广东省在广东股权交易中心设立"广东省农业高质量发展板"。首批30家挂牌展示企业主要分布于粤北及珠三角地区,从企业规模来看,33%的企业营业收入在1亿以上,17%的企业净利润在5000万以上。其中规模最大的广东正邦生态养殖有限公司2019年营业收入为18.73亿元、净利润为7.49亿元。首批挂牌展示的企业营收和净利平均值分别为2.05亿元和4 864万元,营收、净利中位数分别为5 726万元和378万元。首批挂牌展示的企业中有29家获得了4家战略合作银行超16亿元的融资授信。

六、投资基金模式

河南省是全国第一农业大省,2020年河南省第一产业总产值为5 353.74亿元,其中小麦产值861.34亿元[①]。与其他内陆省(区、市)相似,河南省农业企业众多,但经济发展较为落后,省内农业企业融资活动普遍受限。为了拓宽农业企业融资渠道,缓解农业企业融资需求,河南省于2010年正式成立河南农业开发产业投资基金,这是全国第一只农业产业投资基金。河南农业开发产业投资基金总规模48亿元,基金主要投向河南省具有高成长性农业产业化优秀企业。

目前,国内其他农业投资基金投资方式主要有股权直接投资、参投和母基金等多种形式。河南农业产业基金的投资方式选择以股权形式直接投资到农业企业,通过重点加强对农业龙头企业投资,培育和带动农业产业发展。一方面,这种股权直投的形式解决了农业企业资金需求期限长和规模大的问题;另一方面这一形式对投资于农业企业的资金并无使用限制,企业既可以用于生产投资和科技创新,亦可以充当流动资金,此举最大限度地提高了资金的使用效率(倪冰莉,2019)。

七、"保险+期货"模式

"保险+期货"模式是近年来我国探索出的新模式,农业企业为了规避

---

① 数据来源:《河南省统计年鉴2021》。

农产品价格波动风险可能造成的损失,向保险公司购买期货价格保险产品,保险公司为了转移风险会购买场外期权进行风险对冲的新型业务模式。对于大型农业企业而言,"保险＋期货"是一种操作性较强且效果显著的模式,该模式能够把农业企业所面临的价格风险转移到期货市场,此举不仅能够规避农业企业经营风险,而且能够为农业企业带来一定资金收益。该模式业务流程如图3-3所示。

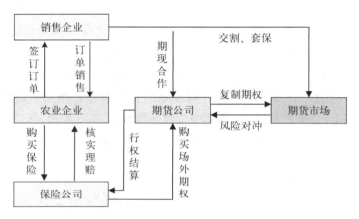

图3-3　保险＋期货项目流程

新疆生产建设兵团农三师五十一团在"保险＋期货"这一模式基础上,创新推出"保险＋期货＋银行"的新模式。这一模式的基本操作是：首先,要购买相关保险产品,保障自身收益,同时要提升信用水平。其次,商业银行会通过信用评估向那些有融资需要的农业企业或者农户发放贷款,解决他们资金短缺的需求困难。最后,保险公司购买期货公司看跌期权产品来进行"再保险",用以对冲可能面临的赔付风险,而期货公司通过期货市场进行交易转移以化解市场的价格风险。

第四章　金融支农政策梳理

改革开放以来,党和政府高度重视"三农"问题,中央和地方政府以农业增产、农民增收、农村发展这三大目标为引领,先后制定并出台了一系列方针、政策。广东省作为改革开放排头兵,在各个历史时期都能以中央政策为基础,基于广东社会经济发展的客观现实,因地制宜地出台涉农政策。梳理政府关于农业企业的政策应该从企业这个主体切入,但是典型的农业企业在中国出现时间较晚且涉及农业企业的政策包含在"三农"政策之中。因此,研究农业企业相关政策,并不能把政府出台的涉及农业企业的相关政策作为唯一研究对象,而应将其作为核心,把研究视野扩展到整个"三农"领域。本章首先梳理改革开放以来中央金融支农政策的变迁,总结不同时期的政策着力点,然后回顾广东省金融支农政策的演变,归纳不同发展阶段的政策特点。

第一节　中央金融支农政策

改革开放前,中国涉农政策的基本目标是在集中农业资源为工业化发展服务的前提下,实现农产品自给自足。因此,改革开放前涉农政策在农产品购销领域较为常见,几乎没有金融支农政策。1956—1978年中国实行高度集中的计划经济体制,农业领域的资金需求及金融需求从理论上讲,完全可以由政府提供,加之这一时期金融机构数量较少,金融机构的财政化趋势显著,金融涉农政策几乎处于空白状态。直到党的十一届三中全会之后,我国的金融支农政策体系才逐渐得到构建和完善。

一、政策变迁

改革开放以来,我国金融支农政策发展历程大致分为4个阶段:金融支农政策建立阶段(1979—1996年)、金融支农政策调整阶段(1997—2001

年)、金融支农政策发展阶段(2002—2012年)和金融支农政策改革与完善阶段(2013年至今)。

(一) 建立阶段(1979—1996年)

党的十一届三中全会的召开拉开了我国经济体制改革的序幕,以家庭联产承包责任制为核心的农村经济体制改革,推动了农村生产力的跨越式发展。随着农民收入的增加,农业和农户对金融的需求日益旺盛。为解决"三农"事业日益增长的金融需求与金融资源有效供给不足之间的矛盾,党中央和国务院开始陆续出台涉农金融政策,着手构建服务"三农"的金融体系。这一时期的涉农政策主要是恢复和建立涉农金融机构、开办涉农金融业务。

1979年,中央重新恢复停办许久的中国农业银行,复办后的中国农业银行主要负责财政涉农资金管理、农业信贷经营等主要涉农业务,20世纪80年代,中国农业银行在我国涉农金融业务的市场份额中占有绝对比重(马立珍,2010)。在中国农业银行恢复重办不久后的1982年,中国人民保险公司正式恢复开办于1958年停办的农业保险业务,同时,中国人民保险公司被允许办理多项种植业保险和养殖业保险。但是在这一时期,改革开放刚刚开始,国内经济的发展水平和农业经营主体的收入仍然较低,加之现代金融知识没有广泛普及,普通农户和农业企业对保险缺乏正确、理性的认知,因此在农业保险恢复办理的初期,农业保险业务存在非常严重的亏损。1978—1984年我国各银行的主要业务及职能如表4-1所示。

表4-1 1978—1984年中国各银行主要业务及职能

机构名称	主要业务及职能
中国人民银行	独立行使信贷管理和货币发行权
中国农业银行	统一管理支农资金,集中办理农村信贷,发展农村信贷业务
中国银行	统一经营和集中管理全国外汇业务
中国建设银行	拨改贷业务,发放基本建设贷款,重点支持为生产国家急需的短线产品而进行的挖潜改造工程
中国工商银行	承办原来由中国人民银行办理的工商信贷和储蓄业务

1992年,建立社会主义市场经济体制被确定为中国经济体制改革目标。此后,市场机制配置资源的基础性手段也被引入农业和农村。1993年10月,江泽民同志在中央农村工作会议上指出,要围绕农村专业性的商品

生产,继续推行和完善贸工农一体化、产供销一条龙的经营形式。1994年,国务院正式批准成立了中国农业发展银行,专门负责筹集农业政策性信贷资金,承担国家规定的农业政策性金融业务。中国农业发展银行的成立不仅为农业政策性金融业务与商业性金融业务奠定了基础,更为后来乡村地区的农业基础设施建设及推进乡村振兴战略做出巨大贡献。1990年,我国第一个农产品交易所——郑州粮食批发市场——正式成立;1993年,郑州商品交易所正式开业,这标志着中国农产品期货市场的正式诞生。我国在1985—1996年新增的各类涉农金融机构如表4-2所示。

表4-2　1985—1996年中国新增各类涉农金融机构

名称	金融机构	职能
农村城市金融主体	农村信用社	对银行体系的必要补充
	城市信用社	
	城市商业银行	
金融市场	上海证券交易所成立	丰富金融市场主体
	深圳证券交易所成立	
	信托投资公司、财务公司和外资银行	
	启动同业拆借市场、票据市场	
保险市场	中国人民保险公司恢复国内保险业务	扩大保险范围,使保险业务具体化
	中国太平洋保险公司、中国平安保险公司等保险公司等先后设立	
	中国人民保险(集团)公司成立,下设中保财险、中保人寿、中保再保险等三家子公司	
政策性商业银行	国家开发银行、中国进出口银行、中国农业发展银行等先后成立	丰富了银行体系

(二)调整阶段(1997—2001年)

这一时期,我国金融支农政策框架基本形成,但是受亚洲金融危机和其他多重因素影响,金融支农政策出现明显收缩,金融支农力度显著弱化。1997年,出于防范化解金融风险的需要,中央金融工作会议明确要求国有商业银行收缩县级以下机构网点,由此导致包括中国农业银行在内的国有商业银行纷纷撤销县级以下营业网点。商业银行"离乡进城"现象的出现加剧了"三农"领域金融供需的失衡，金融服务供给不足的问题异常严峻。

1997年1月，江泽民同志在中央农村工作会议上指出要积极发展农产品加工为主的乡镇企业，以加工企业为龙头，带动种养业的发展，把生产、加工、销售连接起来，实行贸工农一体化、产业化经营。1997年2月，《中共中央、国务院关于一九九七年农业和农村工作的意见》指出，发展农业产业化经营、为农民提供系列化服务和带动千家万户发展商品生产的龙头企业。鼓励大中型工商企业和外商投资农业开发，兴办龙头企业。所有带动农民发展农业产业化经营的龙头企业，都可以享受国家对现有农业企业的优惠政策。农业银行要把发展农业产业化经营、建设龙头企业作为资金投放的重点，其他商业银行也要积极扶持龙头企业的发展。这是政府层面第一次正式出台涉及农业企业的政策文件。

1997年9月，党的十五大报告提出，要积极发展农业产业化经营，形成生产、加工、销售有机结合和相互促进的机制，推进农业向商品化、专业化、现代化转变。1999年3月5日，国务院总理朱镕基在第九届全国人大二次会议上作的《政府工作报告》中指出："把发展乡镇企业与促进农业产业化经营结合起来，发展以粮食等农产品为原料的加工业，促进粮食转化、增值。"

在商业银行收缩基层网点的同时，保险公司开始进行商业化改革，而相关配套措施不足导致农业保险发展缓慢。1996年，全国农业保险的保费收入是5.7亿元，而到了2001年仅为3亿元，出现大幅下降，即便在2002年达到5亿元，仍然低于1996年的保费收入。这一时期国内开办农业保险业务的保险公司仅有2家，赔付率高于70%的临界值。

2000年8月，农业部、财政部、中国人民银行等八部委联合下发了《关于扶持农业产业化经营重点龙头企业的意见》，针对农业企业创新推出了三项重点金融政策：一是要求国有商业银行加大涉农信贷投放力度，将资金重点投向农业产业化经营等方向[①]；二是加大对农产品出口金融的支持力度；三是鼓励大型农业企业拓宽融资渠道，引导符合条件的农业企业采用兼并、租赁等方式扩大融资规模。文件提出，各级政府要支持大型农业企业进行股份制、公司制改造，引导农业企业上市融资。已经在股票市场公开上市的农业企业，要利用好国家在配股方面的倾斜政策，切实利用资本市场拓宽

---

① 对重点龙头企业要依据企业正常生产周期和贷款用途合理确定贷款期限，并按照中国人民银行规定的利率执行，原则上不上浮；对重点龙头企业用于基地建设和技术改造项目的贷款，农业主管部门可以向商业银行推荐，商业银行按照信贷原则和相关程序予以优先安排。

农业企业融资渠道。

（三）发展阶段（2002—2012年）

2003年1月16日，《中共中央、国务院关于做好2003年农业和农村工作的意见》将"扶持龙头企业，推进农业产业化"作为十九项重点工作之一。文件明确提出，各级财政要统筹安排对重点龙头企业的扶持资金，涉农金融机构要进持续优化对农业企业的服务，扩大涉农贷款规模。2002年党的十六大高度关注"三农"问题，如何有效利用金融政策推动"三农"事业发展成为各级政府关注的重点和难点。正是从党的十六大开始，我国出台涉农金融政策正式进入了快车道。为了扭转农业保险不断萎缩的局面，2003年中国保险监督管理委员会发布《建立农业保险制度的初步方案》，提出我国应该逐步建立"多层次构成、多渠道支持、多主体经营"的农业保险制度。在该方案大力推动下，2004年我国第一家股份制农业专业保险公司正式成立，同年法国安盟保险公司正式进入国内市场开办农业保险业务。

2004年，中央一号文件提出，政府各级财政要提前安排好涉农专项资金，切实增加对农业龙头企业的帮扶力度。中央一号文件对不同规模农业企业均推出了相关政策，对于大型农业企业，政府要加强财政贴息支持其技术升级改造，引导商业银行推出相关贷款业务；对于中小型农业企业，政府不断加强创业帮扶。各级政府和相关部门要针对农业企业的融资现状，创新推出相关政策，鼓励各级地方政府设立信用担保机构，承办涉农担保业务。正是从2004年开始，中央一号文件连续聚焦"三农"问题。在这一时期，金融支农政策密集出台，改革力度不断加大，决策层基于我国农业经济发展的现状制定完善各项金融政策，推动"三农"事业开创新局面。

2005年的中央一号文件提出，继续加大对多种所有制、多种经营形式的龙头企业的支持力度。农业银行和其他国有商业银行必须加快改进涉农信贷服务，创新推出涉农金融业务，切实解决农业领域资金约束的问题。中国农业发展银行要切实发挥政策性银行的责任，扩大贷款资金投放量，积极为符合条件的农业主体和农业项目提供贷款。2005年4月20日，财政部办公厅发布了《关于做好2005年中央财政支持农业产业化工作的通知》，该通知提出，中央财政除支持上述龙头企业外，对具有发展潜力和成长性的小型龙头企业也给予支持，支持的条件在上述基础上可适当放宽。

2006年，中国全面取消农业税；同年，中国农业发展银行开始创新推出农村基础设施贷款和农业开发贷款。2006年是扶持龙头企业政策力度迈上新台阶的一年。2006年中央一号文件提出各级财政要持续增加涉农发展资金投入，大力支持农业龙头企业的发展，引导农业企业和农户参与农业保险业务。金融机构在坚持安全性经营原则的前提下,可以扩大资金投放力度,引导农村基层金融机构将存款在当地转化为贷款。农业发展银行的政策性银行定位保持不变,但是其业务范围和资源来源要进一步拓宽,不断提升政策性银行的影响力。鼓励各地区利用期货市场来发展"订单农业",规避价格风险。各地区要不断扩大涉农担保业务覆盖范围,拓宽农业企业融资渠道。

2007年中央一号文件提出加快制定金融整体改革方案,努力形成商业金融、合作金融、政策性金融和小额贷款组织互为补充、功能齐全的农村金融体系,探索建立多种形式担保机制,引导金融机构增加对"三农"的信贷投放。2007年召开的全国金融工作会议重新确立了农业银行服务"三农"的市场定位。在会议精神指引下,中国农业银行制定了总体实施方案,并在安徽、福建等省市开展"三农"金融服务试点,这是自20世纪90年代商业银行"离乡进城"后,农业银行首次回归农村。2007年,中央政府为吉林、湖南等首批试点政策性农业保险的省市提供10亿元财政补贴。在一系列有力政策支持下,我国农业保险市场重新复苏,2007年农业保险保费收入达到53亿元。

2009年2月,中国银监会、农业部联合下发了《关于做好农民专业合作社金融服务工作的意见》,把农民专业合作社全部纳入农村信用评定范围,同时加大信贷支持力度,在组建农村资金互助社的试点工作方面给予农民专业合作社金融方面的支持。

2010年的中央一号文件从健全强农惠农政策体系、提高现代农业装备水平、加快改善农村民生、协调推进城乡改革、加强农村基层组织建设5个方面,着力推动资源要素向农村配置,促进农业发展方式转变,努力缩小城乡公共事业发展差距,增强农业农村发展活力,巩固党在农村的执政基础(表4-3)。

表4-3 2004—2012年的"中央一号文件"名称与主旨

年份	文件名称	政策主旨
2004	《关于促进农民增加收入若干政策的意见》	促进农民增收
2005	《关于进一步加强农村工作提高农业综合生产能力若干政策的意见》	提高农业综合生产能力
2006	《关于推进社会主义新农村建设的若干意见》	建设社会主义新农村

续表

年份	文件名称	政策主旨
2007	《关于积极发展现代农业扎实推进社会主义新农村建设的若干意见》	发展现代农业是建设新农村首要任务
2008	《关于切实加强农业基础建设进一步促进农业发展农民增收的若干意见》	进一步夯实农业基础
2009	《关于促进农业稳定发展农民持续增收的若干意见》	保持农业农村经济平稳较快发展
2010	《关于加大统筹城乡发展力度进一步夯实农业农村发展基础的若干意见》	进一步夯实农业农村发展基础
2011	《关于加快水利改革发展的决定》	加快水利改革发展
2012	《关于加快推进农业科技创新持续增强农产品供给保障能力的若干意见》	推进农业科技创新

(四) 改革与完善阶段(2013年至今)

党的十八大以来,以习近平同志为核心的党中央高度重视"三农"问题,党的十九大后则以战略性、全局性视角推动"乡村振兴"战略的落实,至此,我国"三农"事业被统筹到乡村振兴战略之中。在新的历史时期,我国在"三农"领域方面实现了一系列重大突破。在习近平新时代中国特色社会主义经济思想指引下,金融支农政策密集出台,改革力度前所未有,推行政策措施更加贴近中国发展的实际。

2014年4月,国务院办公厅印发《关于金融服务"三农"发展的若干意见》,正式提出从农村金融体制机制改革、发展普惠金融、涉农资金投放、创新金融产品与服务方式等九个方面服务"三农"。2014年8月,国务院印发《关于加快发展现代保险服务业的若干意见》,明确提出各级政府要高度重视"三农"保险重要意义,要通过创新农业保险来开创支农、惠农新格局,相关部门要不断出台并完善农业保险的财税支持政策,在"政府引导、市场运作、自主自愿、协同推进"原则指导下,推动我国农业保险迈上新台阶。

2015年8月,国务院出台《关于开展农村承包土地的经营权和农民住房财产权抵押贷款试点的指导意见》,要求依法稳妥规范推进农村"两权"抵押贷款试点。国务院提出各地区要稳步开展粮食作物、蔬菜和生猪保险试点工作,加强财政补贴、涉农信贷、农业保险、期货市场之间的联动,不断推出涉农新险种,扩大我国农业保险的覆盖范围,切实提升农业保险的保障水平和能力。

2016年3月,中国人民银行会同相关部门联合印发《农民住房财产权抵押贷款试点暂行办法》和《农村承包土地的经营权抵押贷款试点暂行办法》,从贷款对象、业务管理、风险补偿、配套支持措施、试点监测评估等方面,对试点地区、相关部门和金融机构推进落实"两权"抵押贷款试点明确了政策要求,各地"两权"抵押贷款业务全面启动。

随着农业龙头企业成长壮大,传统信贷融资很难继续适应农业企业融资需求,因此,2017年中央一号文件在农业企业融资方面有大篇幅的表述,其中更涉及资本市场如何助力涉农企业问题。文件提出"支持符合条件的涉农企业上市融资、发行债券、兼并重组"。

近年来中国人民银行、发改委、证监会等部门加强政策引导,积极采取有效措施,支持农业企业借助资本市场融资功能,拓宽股票、债券等多元化融资渠道,促进融资模式逐步由间接融资向直接融资转变。一是鼓励符合条件农业企业发行股票、公司债券、企业债券和中小企业私募债等资本工具,支持其利用资本市场扩大融资规模、优化融资结构、降低融资成本。二是针对农业企业特点制定了涉农企业准入标准,支持涉农企业扩大超短期融资券、短期融资券、中期票据等非金融企业债务融资工具发行规模。三是允许符合条件的农村金融机构发行优先股和二级资本工具,在适度扩大发行规模、加快审查审批等方面给予了政策倾斜,建立了农业信贷评估框架,推出了商业银行"三农"专项金融债券发行,支持其通过扩充资本来源,放大农贷投放规模、提高风险覆盖能力。

2018年5月,农业农村部等出台《关于加强农业产业化领域金融合作助推实施乡村振兴战略的意见》,提出支持农业龙头企业牵头发展农业产业化联合体,坚持以龙头企业及其上下游农民合作社、家庭农场、农户等为重点服务对象,提供全产业链综合金融服务。

2019年4月,农业农村部和财政部发布《2019年重点强农惠农政策》,提出要重点服务家庭农场、农民合作社、小微农业企业等新型农业经营主体。充分发挥全国农业信贷担保体系作用,重点聚焦粮食生产、畜牧水产养殖等优势特色产业。各级政府要不断提高农资、农机、农技等农业社会化服务水平,加强农田基础设施建设,推动农村地区产业融合发展,创新精准扶贫项目,发展家庭休闲农业、观光农业等农村经济新业态。支持各地采取担保费补助、业务奖补等方式,降低适度规模经营主体融资成本,解决农业经营主体融资难、融资贵的问题。

2018年和2019年的中央一号文件正式开启了新时代乡村全面振兴新篇章(表4-4)。2018年的中央一号文件不仅明确了乡村振兴战略的指导思想以及到 2020 年、2035 年及 2050 年的目标任务,而且提出要把维护农民群众根本利益作为出发点和落脚点,促进农民持续增收,不断提升农民获得感、幸福感、安全感。2019 年的中央一号文件指出,2019 年和 2020 年是全面建成小康社会的历史决胜期,我国"三农"领域仍然存在短板与不足。随着中国经济发展进入新常态,经济下行压力逐渐加大,中美贸易摩擦加剧,我国面临的外部环境也发生深刻变化,在复杂多变形势下做好"三农"工作具有特殊重要性。我国必须继续坚持把解决好"三农"问题作为全党工作的重中之重,进一步统一思想、坚定信心、落实工作,全面深入推进乡村振兴战略,推动城乡融合,为中国经济高质量发展奠定坚实的物质基础。

表 4-4 2013—2021 年的"中央一号文件"名称与主旨

年份	文 件 名 称	政 策 主 旨
2013	《关于加快发展现代农业,进一步增强农村发展活力的若干意见》	着力构建新型农业经营体系
2014	《关于全面深化农村改革加快推进农业现代化的若干意见》	健全城乡发展一体化体制机制
2015	《关于加大改革创新力度加快农业现代化建设的若干意见》	建设现代农业,加快转变农业发展方式
2016	《关于落实发展新理念加快农业现代化实现全面小康目标的若干意见》	加快建设现代农业
2017	《关于深入推进农业供给侧结构性改革加快培育农业农村发展新动能的若干意见》	推进农业供给侧改革
2018	《关于实施乡村振兴战略的意见》	乡村振兴战略
2019	《关于坚持农业农村优先发展做好"三农"工作的若干意见》	农业农村优先发展
2020	《关于抓好"三农"领域重点工作确保如期实现全面小康的意见》	实现全面小康
2021	《关于全面推进乡村振兴加快农业农村现代化的意见》	推进乡村振兴加快农业农村现代化

2020 年,中国银保监会印发的《关于做好 2020 年银行业保险业服务"三农"领域重点工作的通知》提出,各银行业金融机构要持续加大对"三农"重点领域的信贷支持,加强贷款期限管理,中国农业发展银行、大中型商业

银行要实现普惠型涉农贷款增速高于自身各项贷款平均增速。为应对新冠肺炎疫情影响，农业农村部推荐一批农业企业享受专项再贷款、支农支小信贷优惠政策。据不完全统计，农业企业获得专项再贷款800多亿元，近4万家中小微农业企业享受支农支小信贷优惠政策、授信总额1 800多亿元。

2021年，中国人民银行等六部委联合印发《关于金融支持新型农业经营主体发展的意见》，重点提出要提升农业保险的服务能力，探索构建涵盖财政补贴基本险、商业险和附加险等的农业保险产品体系，更好满足新型农业经营主体多层次、多元化风险保障需求。

二、政策特点

（一）经历了从无到有的发展过程

中国金融支农政策经历了从无到有、从单一到多样、从封闭到开放、从适应计划体制到适应市场体制的过程。改革开放前，我国主要是利用农业来发展工业，加之当时实行人民公社制度，支农惠农政策较为缺乏。而随着改革开放逐步推进，我国支农政策开始由财政支农向财政金融协同支农转变，政策实现了从无到有的重大变革。改革开放之初，金融支农政策主要集中在银行信贷领域，出台的政策较为单一，而随着金融创新和金融发展，现今保险、基金、资本市场等其他多层次的金融主体也纷纷参与支持"三农"事业，有效实现了政策从单一向多样化的转变。

（二）建立了较为全面的金融支农机构

至2024年，我国已经建立了较为全面的金融支农机构体系，支农金融机构众多，中国人民银行高度重视发挥货币政策服务"三农"事业的作用。农业发展银行和国家开发银行作为两大政策性银行，在农村基础设施建设、农田水利开发投资等领域发挥积极影响。在商业银行领域，中国农业银行较早开展涉农金融业务，村镇银行、农商行和邮储银行现阶段同样积极参与服务"三农"。在农业保险领域，人保财险、中华联合保险和其他保险公司纷纷开办农业保险业务，农业保险市场呈现出繁荣的景象（黄可权，2017）。

（三）金融支持农业政策体系逐步完善

随着涉农金融机构不断建立，我国金融支农政策体系亦在逐步完善。银行信贷、农业保险、风险补偿基金等多个金融工具不断优化和拓展，资本市场对农业企业的支持同样呈现加速发展态势。金融支农政策体系的完善不仅调动了农业经营主体积极性、主动性和创造性，更夯实了我国农业经济的基础性地位，奠定了农业发展的制度基础。

(四) 乡村振兴成为政策着力的新方向

2018年1月，中共中央、国务院印发了《乡村振兴战略规划（2018—2022年）》，对强化农业科技支撑、建立现代农业经营体系、完善农业支持保护制度、推动农村产业深度融合、加强农村基础设施建设等作出明确规定。在农业支持方面，中央文件明确指出，要加大支农投入力度，建立健全国家农业投入增长机制，政府固定资产投资继续向农业倾斜，优化投入结构，实施一批打基础、管长远、影响全局的重大工程，加快改变农业基础设施薄弱状况。乡村振兴战略成为金融支农政策发展的新方向。

第二节 广东省金融支农政策

作为改革开放前沿阵地，广东省在贯彻中央各项金融支农政策的基础上，结合广东省社会经济发展现状，不断探索总结具有广东特色的金融支农政策。具体而言，广东省的金融支农政策大致可以分为起步阶段（1978—1996年）、发展阶段（1997—2007年）、加速阶段（2008—2012年）和完善阶段（2013年至今）。

一、政策演变过程

（一）起步阶段（1978—1996年）

广东省与国内其他省份不同，较早开始探索使用金融政策支持农业发展。早在20世纪80年代末，珠三角地区便率先探索以土地经营权入股形式来筹集资金。20世纪90年代初，广东省在总结珠三角地区农村探索基本经验和教训的基础上，坚持"因地制宜、多种形式、由低到高、逐渐完善"的原则，在省内第二和第三产业比较发达地区推行农业企业股份合作制改革。在粤北地区，1994—1996年，每年由省财政安排5 000万元，作为粤北石灰岩特困地区人口迁移费用和贷款贴息。广东省农业银行每年安排专项贷款5 000万元，重点用于阳山、乳源、陆河等3个县和粤北40个贫困乡镇发展"三高"农业的种养项目。

（二）发展阶段（1997—2007年）

在这一阶段，广东省率先提出培育发展农业龙头企业，建设现代农业示范区，提高农业产业化经营和现代化建设水平的发展思路。1999年，广东省秉持"立足优势资源，确立主导产业，创办龙头企业，建设商品基地，辐射带动农户，推动农业产业化经营"的思路，加强对农业龙头企业管理，完善各项考核制度，并在资金融资等方面给予一定的扶持。珠江三角洲十大农业现代化示范区建设在这一时期已经初见成效。

根据2001年颁布的《中共广东省委关于大力推进农业产业化经营的决定》的指导思想，农村信用社、邮政储蓄银行和商业银行要将扶持农民专业合作社作为信贷支农重点工作，积极为农民专业合作社生产和发展提供优质金融服务。开展农民专业合作社信用等级评定，对于在工商行政部门登记农民专业合作社，在各种贴息贷款和小额贷款上给予倾斜。农村信用社要积极调整信贷结构，合理安排资金，对规范经营、符合贷款条件、生产经营正常、经营收入稳定、有还款能力的农民专业合作社，优先给予贷款支持。积极开展政策性农业保险在农民专业合作社中的试点工作，探索支持农民专业合作社的办法和路子。

这一时期，广东省商业银行为各类农业产业组织提供多种类型贷款。1999年广东省各类农业产业化组织接受银行贷款共计17.66亿元，到2005年已经上升到93.63亿元。具体变化情况如图4-1所示。

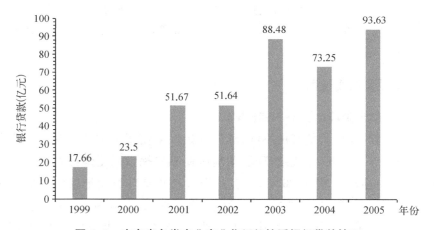

图4-1 广东省各类农业产业化组织接受银行贷款情况

数据来源：广东省人民政府网站，广东农业产业化："十五"回顾与"十一五"展望。

（三）加速阶段(2008—2012年)

2008年，在国际金融危机影响下，广东省农业企业普遍面临融资难题，为了应对金融危机冲击，广东省农业厅出台了一系列政策并提出，要大力引导省内金融机构创新涉农服务，持续推进小额贷款公司和村镇银行等新型农村金融机构试点工作。各地级市要推进政策性农业保险试点工作，为广东省农业企业发展提供风险规避工具。这一时期，广东省基本形成了"以农村信用社为主体，以商业银行为依托，以其他金融机构为补充的涉农金融组织体系"。

2009年7月,"政银保"模式由政府、银行和保险公司正式合作推出,是国内首个农业贷款模式。其后,广东省政府出台了《大力推广政策性涉农保险意见》,提出广东省要建立"保险＋信贷"机制,将农业保险与涉农信贷相结合,一方面通过农业保险分散涉农信贷风险,另一方面利用涉农信贷促进农业发展,提升农业保险业务水平。

(四) 完善阶段(2013年至今)

党的十八大以来,广东省金融支农政策主要从夯基固本、补齐短板、健全机制三个方面进行完善,推出多项重大金融政策,不断优化金融支农成效。

夯基固本主要从金融基础设施建设、涉农信贷投入、农业保险三个领域开展。在金融基础设施建设方面,广东省人民政府办公厅出台的《关于深化农村金融改革建设普惠金融体系的意见》明确提出,以农村信用体系建设和基础金融服务为主要内容,推进城乡基础金融服务均等化。广东省人民政府金融工作办公室2017年4月正式印发的《广东省普惠金融"村村通"建设实施方案》中进一步指出,坚持两个"依托"原则,全面建设"四个基本平台",积极推广各类支农惠农贷款业务,乡村金融服务站和助农取款点建设实现行政村全覆盖。在涉农信贷投入方面,广东推动银行机构"敢贷、愿贷、能贷"。截至2020年11月末,全省涉农贷款余额1.49万亿元,较年初增长16.95%,连续11年保持正增长。在农业保险领域,自从《关于大力推动农业保险高质量发展的实施意见》发布以来,广东农业保险品种在原来32个具体品种的基础上,将省内种植的所有水果品种纳入岭南水果保险,新增开办蔬菜、花卉苗木、茶叶、肉鸭、蛋鸡保险,搭建全省层面"12＋8＋3"的险种体系;同时积极推动"保险＋期货"这一新型金融模式的应用和推广。

补齐短板重点围绕创新支农融资模式展开。为了解决农业企业融资难、融资慢和融资贵的难题,广东省重点从三个方面出台相关政策。一是搭建"中小融平台"。2019年7月广东省地方金融监督管理局联合广东省工信厅、广东股权交易中心等多个部门发布《广东省支持中小企业融资的若干政策措施》,支持使用大数据、金融科技等手段建设中小企业融资平台。二是推动成立广东省农业供给侧结构性改革基金。广东省农业农村厅与广东省财政厅联合制定了《广东省农业供给侧结构性改革基金组建方案》,就基金的资金募集、投资运作等方面作出了一系列创新性安排。三是推动"广东省农业高质量发展板"上线,发挥资本市场服务的作用。

健全机制方面最具代表性的政策是组建金融支农联盟。2019年在广东省农业农村厅领导协调下,由广东恒健投资控股有限公司牵头,广东省内50家金融机构、行业协会、农业龙头企业等机构联合成立了广东金融支农联盟。以该联盟为契机,广东省逐步形成了涵盖"政银保担基"等领域的全方位金融支农大格局,对于健全金融支农机制发挥了不可替代的作用。

二、政策特点

(一)培育扶持农业龙头企业

改革开放以来,广东省珠三角地区发展迅猛,珠三角地区农业企业及农村地区同样取得了长足进步,但是粤东和粤北山区农村的经济仍然非常落后,贫困人口较多,农业企业实力弱小。为了解决这些地区经济发展落后、贫困人口众多、农业企业实力弱等问题,广东省坚持以农业产业化经营为基础、以农业龙头企业为桥梁,通过扶持农业龙头企业带动农民脱贫致富。广东省在支持农业企业的过程中,坚持企业发展与扶贫开发相结合,推出"政府＋农业龙头企业＋贫困农户"的支农模式。

(二)重视资本市场作用

广东省鼓励上市公司、私募基金、风险投资机构等市场主体设立或参与市场化运作的乡村振兴产业投资基金,通过注资、入股等方式支持乡村振兴产业项目,也鼓励银行、基金公司等各类市场主体积极与各级乡村振兴基金的合作,盘活村镇资源要素。稳妥推进"保险＋期货"试点,推动广东特色农产品成为期货交易品种,发挥期货公司及其风险管理子公司专业优势,支持涉农经营主体利用期货市场开展套期保值,探索建立涉农信贷、农业保险和农产品期货(期权)联动机制。建立涉农企业上市挂牌后备资源库,设立融资白名单制度,加强分类培育和上市辅导,支持符合条件的涉农企业在资本市场直接融资。对政策扶持范围内的涉农企业开通上市"绿色通道"。

(三)凝聚政策合力

2019年8月,广东省成立了金融支农联盟,汇聚金融机构、投资单位、产业基金、涉农组织协会和农业龙头企业,为广东省推进乡村振兴战略实施提供金融支撑。2022年广东金融支农联盟正式转型为广东省金融支农促进会,汇集了各方智慧及力量,充分发挥行业优势、组织优势和人才优势,加强合作联动,通过组织市场调研、投融对接、金融支农专题培训和金融支农大讲堂等形式,调动各会员支持促进会开展支农助农工作,在金融支农领域着力消融行业壁垒、打通难点堵点、畅通要素环节,实现资源共享、优势互补。

第五章 金融支农体系

金融做为现代经济运行的核心,能够有效调节资金在不同行业之间的流动和配置。从金融支农体系政策属性来看,金融系统可以分为政策性金融与商业性金融两大类。从金融支农主体来看,金融体系又可以划分为银行、证券、保险、基金等不同主体。我国实行社会主义市场经济体制,"有为政府"+"有效市场"是其最显著特征,因此,拓宽农业企业投融资渠道既需要政策性金融的引导,更离不开商业性金融的大力扶持。本章首先回顾改革开放以来我国涉农金融机构的变迁,然后阐述政策性金融体系支持"三农"事业发展的特点,最后分析商业性金融支农的现状。

第一节 涉农金融机构变迁

改革开放以来,我国"三农"工作取得了显著进步,农村经济不断发展、农业企业显著增加,农业经济焕发出前所未有的活力。为了发挥金融支持"三农"的重要作用,党和政府先后对金融体制、金融机构、金融法律进行了一系列改革。对于金融机构而言,我国涉农金融机构变迁大体上可以分为四个不同阶段。

一、恢复时期(1979—1993年)

党的十一届三中全会的召开拉开了我国改革开放的序幕,这一时期我国先后恢复或成立了一些涉农金融机构,金融制度和模式开始走向多元化。

1979年,中国农业银行从中国人民银行体系中分离出来,独立经营,成为专门负责农村金融领域信贷业务的正规金融机构。随着人民公社制度退出历史舞台,各地区农村信用社恢复了农村集体金融组织性质,但其具体经营管理要听从中国农业银行的指令式计划。1986年4月,中国邮政储蓄银行开始在全国范围内开展个人储蓄业务,借助于自身在乡村地区的众多营业网点,邮政储蓄银行的业务在农村地区迅速扩张。

二、发展时期(1994—1996 年)

为了弥补政策性金融缺位，更好发挥国家政策性金融的支农作用，1994 年 11 月，国务院正式批准成立农业发展银行，专门负责农业政策性金融业务，同时代理各级财政支农资金拨付。农业发展银行的成立，一方面弥补了涉农政策性银行的空白；另一方面倒逼中国农业银行进行商业化改革，为其以后逐步撤出农村地区埋下伏笔。随着改革进程的加快，各地区的农村信用社也开始推行商业化改革，最终农村信用社与中国农业银行分离，直接接受中国人民银行监管。至此，我国涉农金融机构体系形成了"以农业发展银行为主的政策性金融、以中国农业银行为主的商业性金融与以农村信用社为主的合作性金融并存"的"三足鼎立"局面(阎枭元，2013)。

三、调整时期(1997—2004 年)

1997 年亚洲金融危机的爆发给我国金融安全敲响了警钟，为了化解金融风险，政府开始对金融体系进行治理与整顿，涉农金融机构亦不例外。这一时期以农村合作基金会为代表的一些非正规金融机构在全国范围内被依法取缔，由此导致民间金融从地上转入地下。这一时期，以中国农业银行为代表的国有商业银行加快改革步伐，商业银行大量裁撤农村地区的基层服务网点，"离乡进城"现象发生。

四、完善时期(2005 年至今)

随着社会主义现代化建设步伐不断迈进，"三农"问题逐渐成为各级政府关注的重点和难点，中央"一号文件"更是连续多年关注涉农金融体系改革。随着商业银行"离乡进城"，农村信用社成为很多农村地区唯一的金融机构，为发挥农村信用社的支农作用，政府和监管部门开始推动农村信用社的改革试点，通过不断完善内部管理体制和优化股本结构，农村信用社进入了一个新的发展阶段。这一时期，农业发展银行进行涉农政策性业务改革，商业银行不断创新涉农信贷业务，不断提升涉农金融领域资金投入力度。此外，为了满足涉农领域多层次的金融需求，村镇银行、小额贷款公司等新型农村金融机构大量成立，涉农金融主体逐渐朝着多元化方向发展。

因我国正处于社会主义初级阶段，农业发展仍然处于相对落后的阶段，涉农企业既包括大型国企，亦包括广大的小微型企业。不同类型农业企业对金融需求有显著差异性与层次性(杨明洪，2009)。因此，完善涉农金融体系不能只依靠单一的政策性金融，应该将政策性金融、商业性金融组合在一起，构建系统、完备的金融体系。图 5-1 是涉农金融体系示意图，从图中可以看出，政策性金融、商业性金融以及"政策＋商业"构成了我国金融支农体系的基本框架。

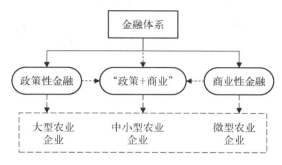

图 5-1　金融支农体系示意图

第二节　政　策　性　金　融

受农业活动高风险和弱质性影响，农业企业的规模和实力相对较弱，因此与工业企业相比，外部资金对农业企业缺乏青睐。为了进一步促进并支持农业企业发展，政府需要承担一定职责。政策性金融是指在一国政府支持下，以国家信用为基础，运用各种特殊融资手段，严格按照国家法规限定的业务范围、经营对象，以优惠性存贷利率，配合贯彻国家特定经济和社会发展政策，而进行直接或间接的一种特殊性资金融通行为。农业政策性金融始终把夯实我国农业基础性地位作为主要目的，在涉农金融体系中始终发挥"压舱石"的作用。我国政策性金融体系主要由政策性银行、产业投资基金以及政策性保险三大模块组成（图5-2）。

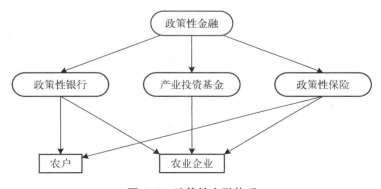

图 5-2　政策性金融体系

农业政策性金融的存在有其深厚的经济实践需求和理论基础。其根据是：源于市场机制塑成的金融制度结构并非适用于所有经济类型的主体。从世界各国经济发展历史经验来看，所有行业小微型企业大部分均存在财务不规范、风险高、公司治理不透明等一系列问题(Bester，1987)，金融机构出于风险防范考虑一般不愿意向这些小微型企业提供信贷资金支持。对于农业企业来说，农业生产高风险和弱质性决定了其盈利水平较低，与其他行业的企业相比，金融机构更加不愿意向农业企业提供支持。虽然在政府积极引导下，改革开放之初大量商业银行在乡村地区设立分支机构，但这些分支机构充当资金"抽水机"，并没有切实发挥支持"三农"、服务"三农"的应有作用(李志辉和崔光华，2008)。21世纪初，这些金融机构出于运营成本考虑开始收缩基层分支机构和服务网点，金融机构"离乡进城"现象日益加剧，"融资难""融资慢""融资贵"始终横亘在农业企业和农户面前。从商业金融角度来看，商业性金融追求利润，出于对利润与风险的平衡，商业银行偏好盈利水平更高、风险水平更低的工业和服务业，农业自身弱质性与商业金融逐利性存在天然的矛盾和冲突。因此，要有效缓解农业弱质性与资本逐利性之间矛盾必须找到一种新型金融制度，具有较低的逐利性和较高的公益性，政策性金融由此产生。

国内政策性金融系统性研究始于20世纪90年代，白钦先(1998)从金融功能观的角度详尽阐述了政策性金融具有一般性功能和特殊性功能。一般性功能是指政策性金融与商业性金融类似的金融功能；特殊性功能是指政策性金融具备商业性金融所不具备的功能。白钦先(2005)进一步研究发现，如果一个国家只存在追求利润的商业性金融，那么商业性金融的利润最大化目标将导致金融资源配置失衡，最终加剧国民经济的失衡。政策性金融以政府的政策为指引，兼具财政性与金融性的双重特点，可以有效填补商业金融服务的市场空白，是一种良好的金融制度安排。

财政工具与金融体系是目前支持"三农"的两大手段，由于农业的天然弱质性影响，世界各国政府均高度重视财政支持的重要作用。但是财政资金同样存在较大局限：一是财政资金的总量有限，不能满足"三农"事业发展海量资金需求；二是财政资金使用效率较低，财政资金分配和使用涉及众多政府部门，缺乏灵活性。商业金融服务资金总量大、具有较强灵活性，但商业性金融的盈利性目标要求与农业弱质性之间存在较大的冲突。政策性金融则具有财政工具与商业性金融的优势：一方面，政策性金融有政府的支持，具有公益性；另一方面，政策性金融又按照现代金融体系的商业模式运行，具有灵活性。我国经济双循环新时代背景下，乡村振兴成为新时代

"三农"工作的重要抓手,政策性金融在推动实施乡村振兴战略的进程中发挥着重要的"压舱石"作用(周良伟等,2017)。

政策性金融作为现代经济体系中重要组成部分,并不是一种权宜性、暂时性的制度安排。在支持"三农"领域,政策性金融在某些层面甚至发挥着基础性、先导性的作用。图5-3展示了政策性金融与财政资金和商业性金融间区别,从图中可以看出政策性金融介于财政与商业性金融之间,政策性金融主要贯彻国家战略发展意图,重点支持缺乏资金但存在一定社会收益的正向外部溢出项目。

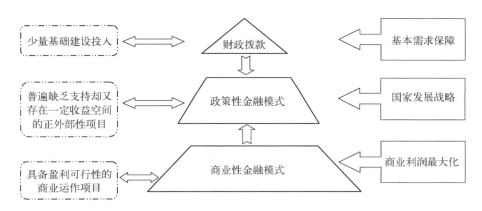

图5-3 政策性金融在金融体系中地位层次

政策性金融在支持"三农"领域发挥重要作用,其主要特征集中体现在三大方面:第一,农业政策性金融是政府解决"三农"问题的一种新型制度安排,旨在弥补市场失灵所导致的金融服务空白;第二,与传统的商业性金融体制相比,政策性金融既要考虑如何追求经济效益,更要注重社会整体福利的改进;第三,政策性金融同样包含了传统商业金融模式的合理内核,注重金融体系的可持续发展,关注金融机构的效益。

一、农业政策性金融结构特质

尽管社会各界高度认可政策性金融对农业发展重要意义,但早期相关研究对于政策性金融支持"三农"研究仍然不够深入。周庭煜等(2005)研究发现,中国涉农政策性金融对农业企业支持同样符合农业发展生命周期。表5-1详细展示了不同经济发展阶段下的农业金融供需结构。从表中可以看出,在农业经济发展的阶段,"三农"领域金融供需存在不同特点,但无论在哪一个阶段,政策性金融均发挥着重要作用。

表 5-1　农业经济不同发展阶段时期的政策性金融供需结构

农业经济发展阶段	农业传统阶段	农业工业化阶段	农业现代化阶段
金融需求	资金需求量小、周期较短，具有明显季节性和偶然性	资金需求量较大，金融需求日趋多样化，偶然性降低、季节性明显	融资需求迫切、金融需求多样
金融供给	金融供给单一，以存贷业务为主	金融供给多元，商业性金融与政策性金融供给增加	金融供给主体多元、金融业务多样

　　随着农业经济发展进程推移，农村政策性金融所包含内容亦应随之丰富：在农业经济传统阶段，农业经济以简单再生产为主，农业企业主要以加工型为主，农业自然灾害导致农业企业资金需求具有一定偶然性，这一阶段对资金需求具有期限短、总量小、季节性等特点。金融供给则较为单一，主要以具备存贷资格的金融机构为主。

　　在农业经济工业化阶段，农业生产逐渐朝着机械化、标准化转型，农业企业规模和实力日益壮大，其对资金的需求由"碎片化"向"规模化"转变。这一阶段，金融供给主体逐渐增加，商业性金融和政策性金融各自崛起，金融体系为农业企业提供金融服务愈发多元。在农业经济现代化阶段，大量新型农业企业开始涌现，农业企业分化逐渐明显。大型农业企业对资金需求更加迫切，小微型农业企业融资渠道仍然受限，农业企业金融需求存在显著的差异。这一时期涉农金融体系变革加快，金融供给主体多元、金融业务多样。

　　党的十八大以来，我国经济发展进入新常态，如何实现经济高质量发展成为经济发展的主旋律。在追求经济高质量发展的背景下，农业经济转型应与时俱进，尤其在"乡村振兴"战略提出后，如何有效利用金融系统服务农业高质量发展成为各级政府关注的重点问题。图 5-4 展示了农业经济产业发展阶段与政策性金融间强弱关系。从图中可以看出，当农业经济产业化水平较低时，政策性金融支持同样较弱；随着农业经济产业化水平提升，政策性金融支持力度亦在加强。政策性金融通过资金支持，可以有效引导商业性金融和社会资本流入农业，对提高农业经济产业化水平发挥着重要的支撑作用。

　　前文我们对农业经济产业不同发展阶段政策性金融角色和定位进行了分析，但并没有考虑农业微观主体的差异。农业微观主体主要由普通农户和农业企业构成，农业企业在发展的不同阶段，对金融需求存在显著差异。农业

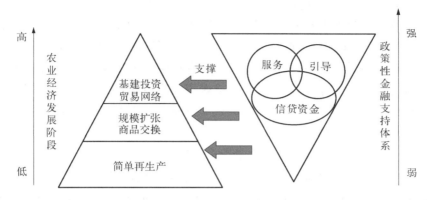

图 5-4　农业经济产业发展与农业政策性金融

企业在不同发展阶段具有不同特点,这决定了政策性金融支持力度同样存在差异。图 5-5 展示了政策性金融对农业企业不同发展阶段的支持差异。

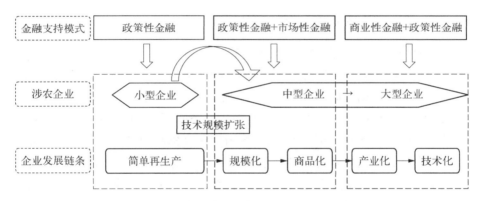

图 5-5　政策性金融对农业企业不同发展阶段的支持

当规模较小时,农业企业主要从事简单的农产品加工,企业的发展链条较短。这一阶段农业企业规模小、经营风险大、盈利水平波动较大,因此,商业性金融提供支持的意愿较低。政策性金融在这一时期成为金融支持主要工具,大量小型农业企业依靠政策性金融扶持经营管理规模壮大。随着技术规模扩张,农业企业逐渐朝着规模化、商品化方向发展,企业发展链条得到拓展,这时大量小型企业开始转变为中型企业。中型农业企业规模和盈利水平得到了显著提升,这一阶段,商业性金融支持的意愿较高,以商业银行、保险公司为代表金融机构开始拓展其参与支持"三农"事业发展的领域。但中型农业企业受行业弱质性影响仍然较大,在某些领域商业性金融仍然缺位,这时需要政策性金融进行补充。因此,对于中型农业企业而言,金融支持模式已经转变为商业性金融、政策性金融并重。

随着一部分农业企业成长为大型企业,其基本摆脱了农业行业弱质性影响,企业经营更加注重产业化、技术化。这一阶段农业企业融资渠道发生了变化,以商业银行贷款为代表的间接融资很难满足企业扩张需要,企业有实力和竞争力在资本市场上进行直接融资。企业金融需求不再仅限于融资,金融需求逐渐多元。这一时期金融支持模式演变为商业性金融为主、政策性金融为辅的格局。

尽管许多专家学者均认为政策性金融对农业企业发展壮大发挥着重要作用(李劲松和邓永良,2012),但是在农业经济的不同阶段、农业企业发展不同阶段,政策性金融角色定位、介入方式应该有所区分。在农业经济发展的早期、农业企业规模较小时,政策性金融应该及早介入并发挥主导作用;随着农业经济现代化发展以及企业规模壮大,政策性金融应该及时调整自身的角色定位。

二、农业政策性金融的优势和作用

(一)农业政策性金融的市场制度建立优势

中国金融生态环境发育程度不足、金融结构扭曲等问题由来已久,严重阻碍了资金在市场层面的自由流动,减损了经济发展的效率。这种情况在我国广大农村地区显得更加突出。要解决此类问题,依赖传统的财政支持,容易导致效率低下和寻租行为,而市场内生解决机制却又多有不足。因此,要解决农村、农业、农企的金融资本投入不足问题,需要一种介于财政和商业性金融之间的金融业态,这种业态一方面需要政策资金支持,可以承受微利乃至亏损的冲击;另一方面可以利用商业化金融运作模式来注入资本,特别是注入"三农"这样有较大资金需求的重点领域。由此可见,政策性金融制度更容易嵌入中国农村经济体系之中,这种准公共品性质的金融资源,能够有效驱动中国农村经济的可持续健康发展。

(二)农业政策性金融的资金导向优势

农业政策性金融的根本出发点在于解决具有正向社会外部效应项目的金融难题,并兼顾商业性利益和社会整体效益。这类型的政策性金融制度与政府天然地具有纽带联系,这使得农业政策性金融从一开始就可以站在一个全局性高度来调配金融资源,相比于传统商业金融而言,具有无可比拟的巨大政策优势。应当说,农业政策性金融可以在宏观角度上有效统筹协调资金流通,能够有效优化农村金融深化程度不足、县域金融萎缩问题,能够科学规划农业经济产业建设,承受并化解长期高风险,最终实现农业经济产业总量和结构优化,有效化解低效、无效的农业经济产能,促进新质生产力形成,为中国供给侧结构性改革提供农业经济产业基础。

(三)农业政策性金融的引导优势

农业政策性金融天然地嵌入国家信誉链条,能够对商业性金融起到很好的示范和引导作用。例如,在涉农企业成长的初级阶段,农业政策性金融投资,释放了政府政策意向,可有效增强商业性金融对这类企业的投资信心,从而起到协同共进作用;对某些低效高耗能的涉农行业,农业政策性金融实行有目的的撤退,同时也会释放优化结构调整信号,对市场商业性金融而言同样具有重要的信号引导作用。

第三节 商业性金融

商业性金融是按照市场化运营,坚持"安全性、流动性、盈利性"原则的金融体系,农业商业性金融是商业性金融系统的一部分。商业性金融能够弥补政策性金融的不足与短板,对于缓解农业企业"融资难、融资贵、融资慢"等难题发挥着重要作用。政策性金融资金总量有限,要缓解农业企业融资约束,拓宽农业企业融资渠道,必须大力引导商业性金融服务农业企业,着力完善商业性金融体系。商业性金融的体系结构如图 5-6 所示。

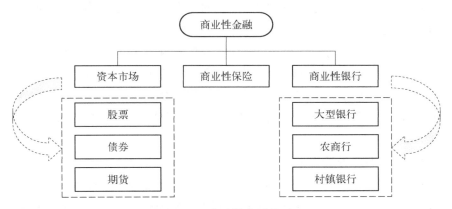

图 5-6 商业性金融体系

一、商业性银行

商业银行包含以"四大行"为代表的大型金融机构、以农村商业银行和村镇银行为代表的中小型金融机构,在服务农业企业方面发挥重要作用,形成多层次、以银行为主体的农村金融服务体系。

（一）信贷市场规模不断扩大

近年来中国人民银行和各级地方政府持续引导金融机构，鼓励金融机构加大对农业企业支持力度，我国涉农信贷业务规模不断扩大，确保农业生产和农村经济发展的有效金融需求得到满足。根据中国人民银行网站公布的统计数据，涉农贷款余额从2013年到2018年一直处于每年持续增长的态势。截至2020年年末，全部金融机构合计持有38.95万亿元涉农贷款余额，同比增长10.7%，占各项贷款比重达到22.5%，其中农户贷款余额11.81万亿元，农业贷款余额4.27万亿元。在农村金融体系方面，截至2018年末农村中小银行机构从业人员95.9万余人，营业网点8.45万个，总体实现了每个农村居民均有银行账户，每个乡镇均有自助取款机，每个村庄均有商业收款机。2019年涉农贷款余额为35.19万亿元，其中企业涉农贷款24.01万亿元，占比68%；个人涉农贷款10.6万亿元，占比30%；各类非企业组织涉农贷款0.57万亿元，占比2%。具体到企业涉农贷款，其中，城市企业涉农贷款5.96万亿元，占企业涉农贷款总额的25%；农村（县及县以下）企业贷款18.05万亿元，占企业涉农贷款总额的75%。

从金融机构来看，无论是农业银行、邮政储蓄银行等商业性金融机构，还是农业发展银行、国家开发银行等政策性、开发性金融机构，其涉农贷款余额在2013年至2018年一直呈增长态势。从增长程度来看，邮政储蓄银行增速最为明显，涉农贷款余额从2013年的3 881.55亿元，增长到2018年的12 007.03亿元，实现了将近4倍增长。从总体份额来看，农业银行一直保持其涉农贷款余额在商业银行中主导地位，尽管邮政储蓄银行增长迅速，从2018年末从涉农贷款余额来看，农业银行涉农贷款依旧是邮政储蓄银行2.8倍。农业发展银行是服务"三农"融资的政策性银行，一直坚持服务"三农"融资的市场定位，不断加大政策性涉农贷款信贷投放力度，涉农贷款余额稳步增加。

（二）金融服务覆盖率不断提升

商业性金融机构物理网点铺设运行需要大量资金投入，我国幅员辽阔，山区较多，偏远地区金融机构网点较少。在国家政策强力推动下，金融服务覆盖范围进一步扩大，截至2018年年末全国已有1 286个县市核准设立村镇银行，现实覆盖率为70%。截至2019年6月我国乡镇银行机构在农村地区覆盖率已达到95.65%，行政村基础金融服务覆盖率高达99.2%。近年来随着移动互联网技术发展，数字金融在我国呈现蓬勃发展态势，商业性金融机构纷纷借助移动互联推出数字金融平台，应用数字技术提升金融服务覆盖广度与深度。

二、商业性保险

2004年农业保险与其他重要支农惠农政策一并列入了中央一号文件，一批专业性农业保险股份制公司相继成立。2007年，政策性农业保险全国试点工作正式启动，中央财政拨出50亿元专项补贴资金，在内蒙古、新疆、四川、湖南、江苏、吉林等六个省市或自治区，分别开展水稻、玉米、小麦、大豆、棉花等五个主要粮食作物品种的农业保险试点。经过多年发展，从供给视角来看，农业保险覆盖率显著提高，全国主要大宗农产品实现了农业保险全覆盖。

2018年，全国农业保险保费收入572.7亿元，占财产保险保费总收入的4.87%；2019年，全国农业保险保费收入672.5亿元，占财产保险保费总收入的5.17%；2020年全国农业保险保费收入814.9亿元，占财产保险保费总收入的6%。2018—2020年农业保险保费收入在保险总保费收入中占比分别为1.51%、1.58%和1.8%。

2018年，全国农业保险赔款和给付394.3亿元，占财产保险赔款和给付的6.11%；2019年，全国农业保险赔款和给付672.5亿元，占财产保险赔款和给付的7.25%；2020年，全国农业保险赔款和给付814.9亿元，占财产保险赔款和给付的7.52%。2018—2020年农业保险赔款和给付在保险总赔款及给付中的占比分别为3.21%、4.09%和4.26%。尽管农业保险已经成为稳定农业生产、增加农民收入和助力乡村振兴必不可少的政策工具，但由于农业天然弱质性及政府财政金融政策制约、金融机构量身定制金融产品和金融服务滞后等多种原因，农业保险仍然面临着保障水平偏低、特色险种较少等问题，在帮助农业企业应对自然、市场双重风险方面存在明显的短板。

与欧美国家相比，我国农业保险市场仍然不够成熟、完善，存在亟须弥补和改善的短板与不足。首先，农业经营主体投保积极性不高，政策性农业保险占主导。受农业天然弱质性影响，商业保险公司一般不愿开办农业保险业务，世界各国农业保险均离不开政府财政补贴，但目前我国农业保险对政府财政依赖程度较高，普通农户主动投保积极性较低。其次，我国农业保险保障水平仍然偏低。虽然我国农业保险覆盖面逐年扩大，保险密度与保险深度不断提升，但是农业保险的保障水平仍然较低。最后，我国农业保险服务水平有待提升。我国农业保险服务水平存在三个方面的问题：一是农业保险数字化、网络化水平偏低，农业保险业务办理仍然较为倚重线下物理网点，线上服务基本缺失。二是农业保险的赔款标准较为严苛，农业保险理赔程序较为烦琐复杂,农业企业申请理赔过程较为漫长。三是农业保险创新水平较低,我国农业保险的险种与欧美相比,数量仍然较少,保险市场与期货市场的联动、结合仍然存在较大的提升空间。

三、资本市场

我国农业企业资金来源渠道较为单一,缺乏多元化投资途径,较为常见的融资方式主要是银行贷款,辅之以民间金融等方式,因而缺乏针对农业企业的有效直接融资渠道。近年来,涉农类企业亦积极利用资本市场开展直接融资,2019年至2020年10月首发上市涉农企业5家,首发募集资金37.6亿元。新三板挂牌涉农企业累计达418家。在债券融资方面,截至2020年10月累计有68家涉农企业发行195只信用债,发行总额为1 082.75亿元,品种包括中期票据、短期融资券、超短期融资券、定向债务融资工具等多种产品。2019—2020年10月涉农企业发行债券85只,融资616.6亿元。

目前我国资本市场准入门槛对于农业企业而言明显偏高,主板市场上农业企业数量较为稀少,导致我国农业企业很难通过资本市场这一直接融资渠道缓解融资约束。我国资本市场服务农业企业融资主要存在以下三点问题:一是资本市场准入门槛较高,农业企业上市融资较为困难。二是债务融资工具进展缓慢,近年来随着债券市场完善,一些大型农业龙头企业开始发行直接债务融资工具并取得了一些成效,但是发行数量仍然偏少,筹集资金仍不能满足企业发展需求。三是区域性股权交易市场创新力度不够。一些区域性股权交易市场开始吸纳具备一定潜力的农业企业在"第四板"上市,但从目前现状来看,融资金额仍然偏少,创新力度不够。

第六章　数字金融与投融资渠道

随着移动互联网、区块链、大数据等数字通信技术的持续深入发展,数字技术在金融领域的应用日益深化,数字金融应运而生。数字金融具有低成本、广覆盖等战略优势,能够为被传统金融体系所排斥的农业企业提供解决融资问题的新路径,不断提升农业经营主体贷款可获得性,切实满足农业企业发展所需资金需求。本章首先介绍数字金融的发展概况,然后阐述数字金融发展对涉农领域金融机构的影响,从理论角度论证数字金融对于缓解农业企业融资困境重要意义,最后分析我国数字金融拓宽农业企业融资渠道存在的问题,并提出相关政策建议。

第一节　数字金融概况

一、数字金融概念

在移动互联网技术出现前,传统金融服务主要依赖金融机构物理网点。金融服务与数字技术结合便催生出数字金融这一新型金融服务业态。根据2020年4月世界银行发布的《数字金融服务报告》对数字金融的定义,数字金融是传统金融部门和金融科技企业利用数字技术进行金融服务的金融模式。数字金融是数字技术与传统金融相互融合与相互渗透,是在传统金融基础上表现出来新形式、新技术、新模式。

在移动互联网时代,数字金融凭借其低成本、广覆盖等战略优势为广大居民,尤其是偏远地区居民,提供了新型金融产品与方便快捷金融服务。2016年9月,在杭州召开G20峰会发布了《G20数字金融高级原则》,这标志着数字金融首次正式迈入主流国际舞台,数字金融将成为金融体系未来发展方向和发展重点(吴金旺,2018)。

随着数字金融兴起,社会各界对其研究逐渐增多,大量专家学者对数字金融进行了有益探索,对相关概念和特点进行了系统归纳。许多学者开始关注数字金融对经济增长、居民消费、科技创新等多个层面的影响(邹新月、王旺,2021),这些研究丰富了数字金融领域的相关研究。

二、数字金融特征

(一)低成本

传统金融服务依赖物理网点和人工,金融机构铺设物理网点并维持正常运转需要一定资金投入,同时雇佣大量金融从业人员也需要负担较高薪酬。互联网技术出现后,金融机构开始朝着线上服务进行转型,但是成效并不显著。最近几年以来,随着移动互联网技术普及,尤其是智能手机推广,金融机构数字化转型趋势明显加强。

数字金融凭借数字技术触及力能够扩大覆盖范围,金融机构可以为更广泛客户群体提供优质金融服务。凭借大数据,金融机构可以有效获取客户相关信息,降低金融机构事前调查成本。因此,数字金融不仅可以有效降低金融机构运营成本,更有利于扩大金融机构业务范围。

(二)广覆盖

传统金融机构依赖物理网点提供金融服务,但是其服务覆盖范围较为狭小,只有网点附近居民才能享受金融服务,远离物理网点居民很难享受服务。由于我国幅员辽阔,各地区经济社会发展存在巨大差异,我国中西部地区及偏远地区金融服务网点明显偏少。在城乡二元经济体制下,乡村地区金融服务网点要远远少于城市,金融机构在盈利性驱动下,主动裁撤偏远地区服务网点。20 世纪 90 年代,我国商业银行纷纷关闭乡村地区分支机构,大量商业银行"离乡进城",乡村地区基本上只保留信用社和邮政储蓄银行。因此传统金融服务覆盖面较为狭小,不利于解决金融排斥问题。

随着互联网技术发展,尤其是最近几年移动互联网技术长足进步,金融服务与数字技术结合愈发紧密,金融机构通过智能手机提供金融服务逐渐成为现实,数字金融逐渐成为金融发展新业态。数字金融发展使金融服务突破了时间和空间限制,广大居民随时随地可以享受便捷、高效、多元的金融服务,金融系统覆盖客户群体得到扩大。

(三)优服务

传统金融服务依靠物理网点提供服务较为有限,以商业银行基层网点为例,商业银行在社区或街道设置基层网点以提供存款、贷款和转账汇款等基础性服务为主,提供金融服务种类较少、服务层级较低。随着社会经济发展,居民金融需求逐渐呈现多样化趋势,移动支付、互联网理财、在线购买保险等新型金融需求逐渐增多,传统金融在时效性和便捷性方面很难满足居民。而数字金融就可以提供这些优质服务,亦能加速金融产品创新。目前,移动互联网巨头纷纷推出新型金融服务,移动支付、互联网理财已经成为基础性金融服务。数字金融行业竞争不仅推动金融服务多样化,更有效缓解了人民日益增长的金融需求与金融服务供给相对不足之间的矛盾。

三、数字金融发展现状

(一) 数字金融发展水平

随着移动互联网技术发展,数字金融在我国呈现快速发展势头,表 6-1 是全国各省(区、市)数字金融发展指数。从表中可以看出,2011 年我国数字金融整体发展水平较低,其中北京发展水平仅为 79.41,上海、江苏、广东和浙江等地数字金融发展水平分别为 80.19、62.08、69.48 和 77.39。至 2020 年,全国数字金融发展水平得到显著提升,即便是发展水平最低的青海省也已经达到 298.23,北京、上海和江苏等地的数字金融发展水平分别为 417.88、431.93 和 381.61。

表 6-1　数字金融发展水平

地区	2011	2013	2015	2017	2019	2020
北京	79.41	215.62	276.38	329.94	399.00	417.88
天津	60.58	175.26	237.53	284.03	344.11	361.46
河北	32.42	144.98	199.53	258.17	305.06	322.70
山西	33.41	144.22	206.30	259.95	308.73	325.73
内蒙古	28.89	146.59	214.55	258.50	293.89	309.39
辽宁	43.29	160.07	226.40	267.18	311.01	326.29
吉林	24.51	138.36	208.20	254.76	292.77	308.26
黑龙江	33.58	141.40	209.93	256.78	292.87	306.08
上海	80.19	222.14	278.11	336.65	410.28	431.93
江苏	62.08	180.98	244.01	297.69	361.93	381.61
浙江	77.39	205.77	264.85	318.05	387.49	406.88
安徽	33.07	150.83	211.28	271.60	330.29	350.16

续 表

地区	2011	2013	2015	2017	2019	2020
福建	61.76	183.10	245.21	299.28	360.51	380.13
江西	29.74	146.13	208.35	267.17	319.13	340.61
山东	38.55	159.30	220.66	272.06	327.36	347.81
河南	28.40	142.08	205.34	266.92	322.12	340.81
湖北	39.82	164.76	226.75	285.28	344.40	358.64
湖南	32.68	147.71	206.38	261.12	310.85	332.03
广东	69.48	184.78	240.95	296.17	360.61	379.53
广西	33.89	141.46	207.23	261.94	309.91	325.17
海南	45.56	158.26	230.33	275.64	328.75	344.05
重庆	41.89	159.86	221.84	276.31	325.47	344.76
四川	40.16	153.04	215.48	267.80	317.11	334.82
贵州	18.47	121.22	193.29	251.46	293.51	307.94
云南	24.91	137.90	203.76	256.27	303.46	318.48
西藏	16.22	115.10	186.38	245.57	293.79	310.53
陕西	40.96	148.37	216.12	266.85	322.89	342.04
甘肃	18.84	128.39	199.78	243.78	289.14	305.50
青海	18.33	118.01	195.15	240.20	282.65	298.23
宁夏	31.31	136.74	214.70	255.59	292.31	310.02
新疆	20.34	143.40	205.49	248.69	294.34	308.35

数据来源：北京大学数字金融指数。

（二）数字金融地区间差异

虽然数字金融在我国发展速度较为迅猛，但我国幅员辽阔，各地区经济发展存在巨大差异，因此数字金融在不同地区间同样存在显著差异。与经济发展水平类似，东部地区数字金融水平要显著高于中西部地区；沿海地区数字金融水平要高于内陆地区。图6-1是2020年我国各省（区、市）数字金融发展水平差异图,从图中可以看出,上海、浙江和北京等地数字金融发展水平较为领先,东北地区和西部地区较为落后。这说明数字金融在地区间发展不平衡问题仍然较为突出。

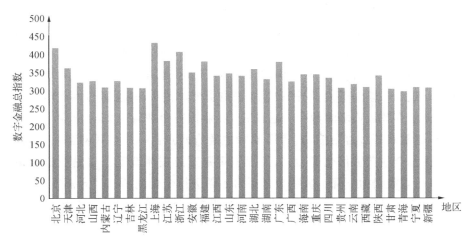

图 6-1　2020 年数字金融地区发展差异

四、数字金融对传统金融影响

(一) 冲击传统金融机构业务

作为新型金融服务业态,数字金融的出现具有较强颠覆性,对传统金融造成了巨大冲击。虽然传统金融机构在数字化浪潮下开始发展数字金融,但是数字金融对传统金融机构的经营、业务、盈利还是产生了挤压。数字金融对涉农金融机构,尤其是乡村地区金融机构的挤压表现得更为显著。与其他金融机构相比,传统涉农金融机构主要服务乡村地区,其服务客户群体是中小型农业企业和普通农户,机构面临的最大难题是银行和客户之间的信息不对称,客户群体的信息获取难度较高,需要投入较大调查、运营成本。虽然服务这些客户群体能获取一定收益,但乡村经营主体收入普遍不高,金融机构利润水平相对较低。而数字金融的出现颠覆了传统涉农金融机构的业务运作流程,在数字化时代居民大量信息逐渐网络化,数字金融依靠互联网技术可以轻易获取客户财务、信用等重要信息。信息获取难度的降低不仅有效降低了数字金融运营成本,更缓解了银行与农业企业之间信息不对称的问题。涉农金融机构,尤其是乡村地区金融机构规模小、实力弱,很难投入大量资金、人员去独立开发运营数字金融平台,因此,这些机构在当下遭受数字金融冲击最大。

资产端方面，传统涉农金融机构业务流程较为复杂，受农业天然弱质性影响，农业企业向涉农金融机构申请贷款时必须提供抵押物，银行内部审批流程冗长、复杂。数字金融借助互联网大数据能够及时获取农业企业相关信息，互联网金融平台针对小型农业企业推出小额信贷业务方便、快捷，不要担保质押。因此数字金融将大量小微型农业企业从传统金融体系吸引过来，挤压了传统金融机构资产端和盈利水平（张岳和周应恒，2022）。

负债端方面，传统金融机构主要通过吸纳居民、企业闲置资金开展存款业务。很长一段时期内，居民和企业投融资渠道狭小，基层银行网点吸纳了大量储蓄存款。而随着数字金融出现，商业银行吸收存款能力出现了显著下降，储蓄来源日益萎缩，其背后原因主要有两点：一是互联网普及，拓展了居民和企业获取信息能力，居民投资理财观念发生改变。二是投资渠道增加，储蓄吸引力下降。数字金融平台不断进行金融创新，以"余额宝"为代表的互联网投资产品吸引了广大居民的投资，金融机构储蓄业务优势下降（郭品和沈悦，2019）。随着越来越多投资主体参与数字金融平台，互联网投资基金、金融衍生产品等一系列金融创新产品如雨后春笋般出现，涉农金融机构负债业务受到全方位冲击，资金来源压力增大。

（二）推进农村金融机构数字化转型

虽然数字金融出现冲击了现有金融体系，给农村金融机构造成了不利影响。但是数字金融发展同样给农村金融机构带来了机遇，数字金融对农村金融机构影响主要表现在倒逼其进行数字化转型，发展线上服务。随着移动互联网技术发展，涉农金融机构逐渐认识到传统经营模式存在不足与缺陷，金融机构内部对数字技术看法从最初排斥向认同进行转变。涉农金融机构认识到数字技术低成本、广覆盖的战略优势，纷纷开始朝着数字化方向转型（朱太辉和张彧通，2021）。国有大型商业银行资金实力雄厚，率先投入资金、技术、人才进行数字化建设，取得了一定成效。涉农金融机构在借鉴大型商业银行数字化转型经验基础上，通过模仿、跟进也开始了数字化建设步伐。涉农金融机构与非涉农金融机构交流与协作，有利于推动整个金融体系发展进步。

需要说明的是，在数字金融发展初始阶段，涉农金融机构基于自身物理网点优势能够获取可观收益，并不愿意进行数字化转型，或者说转型速度较为缓慢。只有当数字金融进入加速发展阶段，涉农金融机构资产、负债业务纷纷受到冲击和挤压，才会加快自身转型速度。因此数字金融对涉农金融机构转型速度影响并不是线性的，两者之间具有非线性关系（图6-2）。

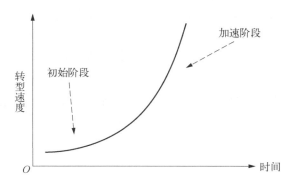

图 6-2　数字化转型速度

(三) 推进商业银行数字化信贷业务

农村商业银行进行数字化转型首先从信贷业务开始,而信贷业务数字化转型则从模块化切入。在商业银行农业企业信贷体系中,银行通过大数据、移动互联网技术组合应用开展相关业务,实现业务流程数字化、智能化、去人工化(李明贤和陈艳,2021)。根据我国商业银行信贷业务数字化转型探索,可以将其划分为初级、中级、高级三个阶段(表 6-2)。

表 6-2　商业银行数字化发展阶段

发展阶段	特　点	优　势	不　足
初级阶段	线上申请 线上放款	线上发布产品	客户流量不充足
		在线上传材料	信息验证难度大
		在线查看进度	线下审批较烦琐
		分次循环使用	批量作业难消化
中级阶段	线上尽调	多方数据汇总	数据汇总难度大
		客户信息挖掘	操作平台难融合
		数据集中管理	财务信息不充分
		批量反馈后台	后台工作较复杂
高级阶段	线上审批	业务流程智能	客户准入门槛高
		在线自动审批	标准化信息不足
		系统筛选客户	标准严格不灵活
		全流程化管理	资金投入成本高

初级阶段,农业企业信贷业务开始从线下走向线上。这一阶段数字化程度最低,农业企业虽然通过互联网在线上传相关材料,但是商业银行审批与调查仍然在线下进行,仍需投入大量人工。进入中级阶段,大数据逐渐成为商业银行进行业务审批重要依据,这一阶段商业银行通过大数据进行业务审批,数字化程度得到了极大提高。到了高级阶段,商业银行数字化程度最高,农业企业申请贷款的全部流程均在互联网上进行,业务流程实现了完全自主化与智能化。

第二节　数字金融对农村产业融合影响

一、农村产业融合

(一) 基本概念

农村产业融合是当前中国农村经济发展的一种全新模式和理念,它是指在保持传统农业生产的基础上,通过整合现代工业和服务业等各种资源和要素,实现不同产业之间的高度合作,形成全新产业链。这种发展方式以"农业+"为核心,涵盖了多个领域,包括农业生产、加工制造、贸易流通、服务业等。农村产业融合具有产业协同、多元化经营、绿色发展和创新驱动的特点,具体来说即以产业链与产业带为主要方式,打破传统单一产业模式局限;开展多样化经营活动,提高农产品附加值和市场份额;注重可持续发展,把环境和社会效益作为发展重要指标,实现经济效益和环境效益协调发展;融合鼓励创新,推动科技含量较高的知识密集型产业发展,增强农村产业的创新能力和竞争力。

农村三产融合使农业走向了"接二连三"的经济发展趋势,可以理解为是农村第一、二、三产业相互促进、实现共赢的一种方式,这就是要在做大做强农业的同时,再借助行之有效的组织方式与密切利益联结机制促进农村第一、二、三产业实现有机结合,浑然一体。同社会发展一样,农业在21世纪后也由工业化时代进入信息化时代,农村农业基础建设逐步提档和升级,使农业多功能性逐渐显现出来,全国各地第一、二、三产业界限逐渐模糊,由此出现农业与第二、三产业接轨再融合发展倾向,表现为"你中有我,我中有你"的相互联系和相互依存的"共同体"形式。比如在现代农村第一、二、三产业融合背景下产生新型农业生产经营模式——休闲农业,在农业生产和农家生活等传统农业活动基础上,深度开发农业的多功能性和潜力,并同步引进对农村风貌的休闲观光、农事活动体验和农家乐等其他服务业态,第一、三产业跨界混搭,既增加了农民收入又调整了农村农业结构。农村第一、二、三产业融合有一个核心特征,即实现融合各经济主体并非各自为战,而是围绕利益获取建立一个联结机制或组织,最后实现各个主体密切联合、利益共享与风险共担。从目前看,这种利益联结机制或组织形式主要通过以农户和企业为基础合作经济组织来建立。例如,农户参股涉农企业,或者将土地转让给企业,此时农业和工业融合在一起,在这个过程中农户由于获得额外收入,更加愿意加入企业的生产活动中去监督企业。毋庸置疑,推动农村三产融合发展,以农业为依托并延伸农业产业链条,有助于挖掘农业潜力、增加农民收入、提高农民获得感,有助于吸引现代生产要素流向传统农业并对其进行改造升级,加快农业现代化步伐,有助于开发农业功能,培植农村新增长点,推动新农村建设。

(二)发展模式

农村产业融合模式和路径多种多样,结合国内学者多方位研究和探索总结,主要有以下几种划分方式。

第一种是以产业融合方式为划分标准,将发展模式分为整合型、延伸型、交叉型和渗透型融合模式(梁伟军,2011)。这一划分方式已为许多学者接受,各学者的分类方法并未存在太大分歧。郭晓杰(2013)通过剖析环首都贫困带现状成因后,在对治理方案阐述中将农村产业融合模式划分为延伸型、交叉型以及衍生型产业融合等三种形式。郭军等(2019)结合河南省农村第一、二、三产业融合发展具体案例研究,发现农村产业融合形式多样化,这些发展模式最终都能促使其他产业部门将农产品附加值归还给农业并实现农民收入增长,具体模式可分为产业整合型、产业延伸型、产业交叉型和技术渗透型。也有学者在借鉴这四种模式基础上对分类进行细化。姜长云(2016)总结出新的融合发展路径,首先按融合方向顺逆,以湖北省柑橘专业合作所和茶业有限公司为支撑案例分为按顺向融合和按逆向融合方式延伸农业产业链;其次考虑到农村第一、二、三产业地理空间上的特点、发展格局以及服务业引领带动等因素补充农业产业化集群、农业功能拓展以及服务业引领融合等三种模式。

第二种是以融合新业态为划分标准。何立胜和李世新(2005)指出,现代市场经济发展和生产结构优化加快了农业产业化进程,呈现出弱势传统农业与新型工业互动融合孕育出服务农业、信息农业、生态农业以及高科技农业等新业态。孙中叶(2005)将产业融合后形成的农业产业新业态归纳为信息化、生态型、观光型、工厂化及综合型等五类。许伟(2015)对安徽休闲农业发展历程进行剖析后指出,休闲农业与观光农业等新业态和农产品生产、加工、流通等过程有机结合,将种养产销、吃喝玩住多元汇聚于一体,充分释放了产业叠加效应。

此外,还存在划分农村产业融合模式其他多层次标准。赵海(2015)结合调研案例,根据经营主体差异性划分出农户、合作社和龙头企业主导等三种模式。相比之下,赵趁(2019)在经营主体准则基础上加入经营方式视角,具体划分为打造全产业链、发展休闲生态农业及"互联网＋农业"等三种模式。黄花(2019)按利益分享机制将农村第一、二、三产业融合类型分为以合作为依托"企业＋农户"订单农业模式、合作社模式、股份合作模式和服务带动模式。各农村地区地理位置、资源禀赋、内外部发展环境差距很大,这就使得各地区产业融合模式各有千秋,江泽林(2021)基于我国农业现代化道路中的经验总结出最具实践意义五种模式,分别为农业内部融合、产业链延伸、功能拓展型、技术渗透型和产城融合型。

(三) 发展政策

2015年以来,我国政府要求加强农村产业融合发展,促进不同产业之间互联互通,打造特色产业和示范区,推动城乡经济融合,提高农产品附加值和农民收入。同时,政府还出台一系列资金扶持和创新模式建议,旨在打破传统的行业壁垒,推动不同领域之间的交流和融合,实现全产业链协同发展。详见表6-3。

表6-3 农村产业融合发展政策梳理

时间	文件	内容
2015	《关于推进农村一二三产业融合发展的指导意见》	发展多类型三产融合方式,培育多元农村产业融合主体、建立多种形式利益联结机制、完善多渠道农村产业融合服务、健全农村产业融合
2016	《关于落实发展新理念加快农业现代化实现全面小康目标的若干意见》	从五大方面推进农村三产融合,促进农民收入持续较快增长
2016	《关于进一步促进农产品加工业发展的意见》	促进农产品加工业发展对促进农业提质增效、农民就业增收和农村三产融合发展,对提高人民群众生活质量和健康水平、保持经济平稳较快增长有着十分重要的作用

续表

时间	文件	内容
2016	《关于支持返乡下乡人员创业创新促进农村一二三产业融合发展的意见》	鼓励返乡下乡人员创业创新,将现代科技、生产方式和经营理念引入农业,提高农业质量效益和竞争力;有利于发展新产业新业态新模式,推动农村三产融合发展;有利于激活各类城乡生产资源要素,促进农民就业增收
2016	《关于大力发展休闲农业的指导意见》	大力发展休闲农业,有利于推动农业和旅游供给侧结构性改革,促进农村三产融合发展,是带动农民就业增收和产业脱贫的重要渠道,是推进全域化旅游和促进城乡一体化发展重要载体
2017	《关于深入推进农业供给侧结构性改革加快培育农业农村发展新动能的若干意见》	优化产品产业结构,着力推进农业提质增效;壮大新产业新业态,拓展农业产业链价值链;强化科技创新驱动,引领现代农业加快发展
2017	《关于开展田园综合体试点工作的通知》	提出"田园综合体"为乡村新型产业发展的亮点措施并于同年在18个省份展开试点
2017	十九大报告	实施乡村振兴战略,促进农村一二三产业融合发展,支持和鼓励农民就业创业,拓宽增收渠道
2018	《乡村振兴战略规划(2018—2022)》	培育农业农村新产业新业态,打造农村产业融合发展新载体新模式,推动要素跨界配置和产业有机融合,让农村一二三产业在融合发展中同步升级、同步增值、同步受益
2019	《关于促进乡村产业振兴的指导意见》	促进产业融合发展,增强乡村产业聚合力;培育多元融合主体;发展多类型融合业态;打造产业融合载体;构建利益联结机制
2020	《全国乡村产业发展规划(2020—2025)》	坚持融合发展。发展全产业链模式,推进一产往后延、二产两头连、三产走高端,加快农业与现代产业要素跨界配置
2021	《"十四五"推进农业农村现代化规划》	推动农业从种养环节向农产品加工流通等二三产业延伸,健全产业链、打造供应链、提升价值链,提高农业综合效益
2022	《关于做好2022年全面推进乡村振兴重点工作的意见》	持续推进农村一二三产业融合发展。鼓励各地拓展农业多种功能、挖掘乡村多元价值,重点发展农产品加工、乡村休闲旅游、农村电商等产业
2023	《关于做好2023年全面推进乡村振兴重点工作的意见》	推动乡村产业高质量发展,培育乡村新产业新业态,支持国家农村产业融合发展示范园建设

二、理论分析

金融服务是农村产业融合发展中不可或缺的组成部分,通过不断提高金融支持度有助于促进融合进程。然而,金融机构天生追逐利润,各种形式农业经营主体都遭受着不同程度资本排斥。在数字技术日趋成熟和互联网金融企业扩大农村市场业务的带动下,数字普惠金融利用移动通信和大数据等信息技术手段,借助金融科技和创新模式在乡村地区蓬勃发展,该领域是缓解农户金融排斥的关键手段,促进三产融合发展中坚力量。

(一)资金供给效应

数字普惠金融在普惠金融基础上,借助互联网和数字技术手段改良升级传统普惠金融的产物,它不仅是普惠金融升级版,也是数字经济时代的一种新金融模式。数字普惠金融利用信息技术建立数字化金融生态系统,给予人们快捷、高效金融服务产品,有效实现了全民金融普及和助力经济发展。

1. 提高金融服务覆盖面

传统金融服务物理网点分布有限,存在地域限制,在服务农村地区时,由于客户数量少、分散、距离远、个性化程度高等因素,传统金融机构出于规模效应和成本控制考虑,往往会选择规模较大、信誉较好客户进行服务,而无法满足"长尾客户"需求。数字普惠金融则可以通过线上渠道和便捷操作流程,打破地域限制,解决传统金融服务中因时间、空间等问题所带来瓶颈,使得金融服务不再是少数人专利,而是变成全体人民福利。地处偏远地区、经济不发达地区农户和参与农村产业融合的新型农业经营主体均可使用移动通信设备轻松获取金融服务获取,避免因地理位置带来的不便和服务缺失。

2. 降低金融服务门槛

数字普惠金融通过构建数字化金融服务平台,对农村地区金融服务门槛降低产生重要作用。首先,数字普惠金融实现金融服务线上化,缓解了因机构数量不足和分布不均导致的"有钱难存,有求难借"情况,缩短居民与金融机构之间的距离。其次,农业生产经营特殊性,其具有缺乏抵押担保、规模小、收益低、不稳定因素多等特点使金融机构在提供金融服务时难以进行充分的风险评估和风险控制,从而导致农村群体有时较难达到金融服务准入条件。传统金融服务模式,由于农村地区信用制度尚未完善,借款人还款能力无法充分保障,这限制了金融机构在农村地区业务拓展。数字普惠金融平台智能风险控制系统可以有效降低非合法借贷、骗贷等金融风险,增加金融机构信心和借款人安全感。借助强大的数据分析能力,通过分析借款人信用记录和行为数据,金融机构可以准确评估借款人还款能力和信用水平,有效降低交易成本,使得金融机构能够向农村居民和小微企业提供更便捷、灵活的金融产品,进而增加金融服务可靠性和准确性。最后,数字金融发展,可以优化农村金融生态环境,增强金融机构对农村产业扶持力度。越来越多金融机构、金融科技企业和互联网企业开始将目光投向农村市场,无论是金融科技企业赋能金融机构实现服务创新,还是互联网企业依靠自身客户基础和信息技术发展数字普惠金融,均有效提高金融机构效率和服务质量,带动金融机构之间竞争和合作,形成良好的金融生态环境。

3. 拓宽融资渠道

相比较传统金融模式,数字普惠金融通过技术创新和服务模式转型,开辟出广阔的筹资路径(李继尊,2015)。首先,数字普惠金融采用线上交易模式帮助金融机构更加精准地锁定客户群体,实现无缝连接。同时,数字普惠金融平台所具备的强大数据处理能力帮助金融机构迅速识别客户需求,有针对性地设计对口融资产品。这些特性助力数字金融在传统金融难以触及的领域寻找到潜在客户,进而拓宽融资渠道。其次,数字普惠金融平台可以为农村产业融合主体等较弱资信客户提供融资服务,农村经营主体往往因规模较小、发展阶段相对初级等原因,难以获得传统金融机构融资支持,而数字普惠金融平台依托于移动支付、电商等线上交易平台,将农村经营主体与投资者直接对接,降低了融资成本,增加融资渠道。最后,数字普惠金融平台与物流、电商、供应链等企业紧密合作,广泛参与社会生产和消费领域,从而发现更多与之配套的融资需求,开拓更加多元化的融资渠道。

在当前数字普惠金融拓宽融资渠道实践案例中具有代表性的有蚂蚁金服和股权融资平台。蚂蚁金服涉及支付、理财、信贷、保险等多个领域,通过技术手段实现智能合约、区块链等多项创新,其发展不仅拓宽了我国居民融资渠道,同时推动了数字普惠金融的国际化进程。在数字普惠金融领域中,股权融资平台厥功至伟,股权融资平台通过线上交易、数据分析等技术手段,为小微企业等用户提供股权众筹、私募股权等融资服务,从而解决了传统金融机构难以为中小微企业提供融资支持的问题。

(二)产业链提升效应

数字普惠金融作为以现代信息技术为基础新型金融模式,通过整合各种金融资源和优化资金使用效率来提供更全面、便捷和低成本金融服务。这种新兴金融模式对农村地区产业链和价值链升级和发展具有重要意义。这可以从微观经济生产、流通和消费等三个环节进行分析:第一,数字普惠金融通过提供多样化金融产品和服务,为农村企业提供了更加便捷和灵活的融资渠道(任晓怡,2020)。在这个基础上,农村企业可以更好地利用资金进行生产设备更新换代,提效增质。第二,数字普惠金融通过构建完善金融服务体系,为农村企业提供更加规范和稳定融资支持,从而提高企业信用度和市场竞争力。在这个基础上,农村企业可以更好地开展商品销售和物流运输等流通环节活动,提高交易效率,精简流通环节,从而实现流通环节升级。第三,数字普惠金融通过提供小额贷款等金融产品和服务,为农村居民提供更加便捷和低成本消费信贷。在这个基础上,农村居民可以更好地满足自身的消费需求,促进消费环节升级。

从整体促进作用分析:第一,数字普惠金融通过为农村企业提供融资支持和创新性金融产品和服务,可以帮助企业扩大经营规模,提高产品品质和技术含量,增加企业附加值;第二,数字普惠金融通过提供品牌管理、营销推广等金融服务,可以帮助农村企业提升品牌知名度和形象,从而实现农村产品的品牌化,增加产品附加值和市场竞争力;第三,数字普惠金融创新引领作用可以帮助企业加快技术升级和装备改造,推动农村产业向现代产业转型;第四,数字普惠金融利用数字优势和互联网平台将农村产业融合各经营主体与金融机构紧密相连,贯通农业与金融之间固有壁垒,还凭借与电子商务高度契合性,开发出"在线结算+电商+物流""互联网+农业"等全新运营模式,促进了农村产业链条延伸和拓展,有效实现农村产业价值链的升级。

(三)经济增长效应

在业务开展和技术研发领域的创新驱动下,数字普惠金融对于推动地区经济增长、促进农村就业和稳定农民收入水平效果逐渐显现。

数字普惠金融的发展带动农村创业增长,进而促进就业机会扩大。传统金融机构存在信息不对称、风险偏好低等问题,导致难以向农村创业者提供贷款等融资支持,阻碍农村创业发展。而数字普惠金融通过建立精细化风险评估和信用评价体系,准确衡量农村创业者信用状况和还款能力,提供更为个性化融资解决方案,打造智能化金融生态圈,从而提高农村创业者融资成功率。数字普惠金融平台还可以通过电商等方式为农村创业者提供线上销售和营销服务,加快产品和服务在市场中推广速度,提高销售额和用户黏性。这些措施都有望刺激农村创业发展,进而创造更多就业机会。

农村地区经济发展水平低下,农民缺乏投资渠道,导致其收入水平相对较低,往往难以保障日常生活需要。数字普惠金融平台发展,为农民提供了更加多样化的金融服务,包括支付服务、储蓄服务、贷款服务、保险服务等,使得农民能够更加方便快捷地存储、支付和流转资金。这些服务不仅提高了农民资产收益率和流动性,也为其提供了更多风险保障和稳定性,使得农民在生计方面更加有保障。数字普惠金融发展可以提升农民收入水平(张碧琼,2021),创业增加、农民增收正向效应也惠及农村各领域,为农村产业融合发展创造有利环境。

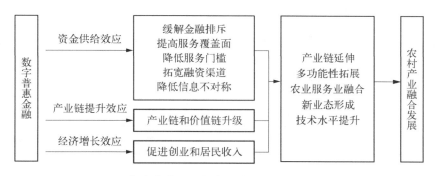

图 6-3　数字普惠金融与农村产业融合理论分析框架

综上分析,如图 6-3 所示,数字普惠金融利用资金供给效应,优化农村金融环境,为农业各类经营主体加强资金支持;利用产业链提升效应,在现代信息技术赋能下,打破各领域固有壁垒,延伸农业产业链,加快农村生产新模式、新业态形成,提升产业链价值;通过经济增长效应,促进农村创业发展、扩大就业机会、提升农民收入水平和生计保障,带动农村地区经济增长,推进农村产业融合发展。

三、研究设计

(一)变量选取

1. 被解释变量

研究的被解释变量为全国各省(区、市)农村产业融合指数。首先构建农村产业融合综合评价体系,应包含农业、工业、服务业等各个领域指标。其中农业方面指标包括农业生产、农产品加工和流通等指标;工业方面指标包括工业基础设施、工业经济效益等指标;服务业方面指标包括旅游业、文化产业等指标。我们借鉴现有研究成果,结合农业产业链延伸、农业多功能性拓展、农业服务业融合、农业新业态培育和农业技术水平等五个维度,构建综合评价指标体系,用于评估农村产业融合发展的程度。该指标体系设计考虑了农业发展多方面因素,具有较为合理的覆盖面和科学性。通过应用该指标体系,研究者能够更加准确地评估农村产业融合发展现状和趋势。详细指标如表 6-4 所示。

表 6-4　农村产业融合发展指标体系

一级指标	二级指标	指标解释
农业产业链延伸	农产品初加工机械动力占比	农产品初加工机械动力/机械总动力
	农副产品加工业营业收入	农副产品加工业营业收入
农业多功能拓展	休闲农业营业收入	休闲农业营业收入/第一产业总产值
农业服务业融合	农林牧渔服务业产值占比	农林牧渔服务业产值/农林牧渔总产值
农业新业态培育	设施农业面积占比	设施农业总面积/耕地总面积
农业技术水平	农业劳动生产率	第一产业总产值/第一产业从业数

2. 核心解释变量

研究的核心解释变量为各省(区、市)数字普惠金融指数,该指数采用北京大学数字普惠金融指数衡量。北大数字普惠金融指数(FIN)的设计考虑了数字时代背景下金融的发展特点,旨在客观反映数字普惠金融服务普及度、服务质量、产品创新、科技水平等方面情况。该指数包含数字金融服务供给、消费端使用、金融科技应用等多个维度指标,通过数据采集、处理和分析,形成综合评估。该指数发布为政府、金融机构、科研机构等提供参考,在学术界得到广泛认可与使用。

3. 控制变量

我们在综合考虑已有文献研究基础上,引入传统农业发展水平、农业生产设施、农村生活条件、基础设施建设、地区经济发展水平和农村生态环境等可能影响农村三产融合因素作为控制变量,从而更准确地分析研究对象之间的关系。相关变量定义见表 6-5。

表 6-5　变量定义

类型	变量	符号	定义
被解释变量	农村产业融合	RIC	见表 6-4
解释变量	数字普惠金融	FIN	北京大学数字普惠金融指数
控制变量	传统农业发展水平	AGR	人均粮食产量(吨/人)
	农业生产设施	FAC	有效灌溉面积/耕地面积

续表

类型	变量	符号	定义
控制变量	农村生活条件	ELE	农村居民人均用电量
	基础设施建设	FRA	公路里程(万公里)*10 000/行政区划面积
	地区经济发展水平	GDP	人均GDP(万元/人)
	农村生态环境	ECO	水土流失治理面积/区域面积
工具变量	移动电话普及率	PHO	电话普及率(包括移动电话)(部/百人)
中介变量	农村创业活跃度	ENT	乡村私营企业就业+个体就业人数(万人)
	固定资产投资	INV	全社会固定资产投资总额(亿元)

(二) 描述性统计

表6-6是对研究所需主要变量进行描述性统计的结果。对结果分析得出，各区域农村产业融合均值、标准差、最小值和最大值分别是0.329、0.093、0.143、0.602，表明各区域农村产业融合发展水平仍存在差距。我国不同省(区、市)间数字普惠金融发展水平均值、最小值和最大值分别是216.2、16.2、431.9，说明不同省(区、市)间数字普惠金融水平同样存在较大差别，区域间发展仍存在不平衡现象，但从时间跨度上来看，我国农村产业融合和数字普惠金融水平整体呈上升趋势。

表6-6 变量描述性统计

变量	观测值	均值	标准差	最小值	中位数	最大值
RIC	310	0.329	0.093	0.143	0.334	0.602
FIN	310	2.162	0.970	0.162	2.235	4.319
AGR	310	2.034	1.776	0.029	1.388	7.541
FAC	310	0.531	0.222	0.199	0.518	1.050
ECO	310	0.224	0.182	0.000 3	0.453	0.957 3
ELE	310	0.230	0.595	0.004	0.061	4.087
FRA	310	0.915	0.517	0.051	0.896	2.205

续 表

变 量	观测值	均 值	标准差	最小值	中位数	最大值
GDP	310	5.569	2.719	1.641	4.781	16.489
PHO	310	115.898	28.847	67.140	111.685	228.090

（三）模型设定

为了研究数字普惠金融对农村三产融合发展影响效应，同时考虑被解释变量可能受到前期影响，建立如下动态面板模型：

$$RIC_{i,t} = \alpha_0 + \alpha_1 RIC_{i,t-1} + \alpha_2 FIN_{i,t} + \beta Control + \mu_i + \varepsilon_{it} \quad (6.1)$$

式(6.1)中，$RIC_{i,t}$ 为农村产业融合水平，$RIC_{i,t-1}$ 表示农村产业融合发展一阶滞后项，$FIN_{i,t}$ 为数字普惠金融水平，α_0 为常数项，α_1、α_2、β 为核心解释变量和控制变量回归系数，μ_i 为不可观测地区效应，ε_{it} 为随机扰动项。

为检验数字普惠金融通过提升农村创业活跃度和固定资产投资来推动农村产业融合发展，建立如下中介效应模型：

$$RIC_{i,t} = \alpha_0 + \alpha_1 FIN_{i,t} + \beta Control + \mu_i + \upsilon_t + \varepsilon_{it}$$
$$ENT_{i,t} = \beta_0 + \beta_1 FIN_{i,t} + \beta_2 Control_{i,t} + \mu_i + \upsilon_t + \varepsilon_{it}$$
$$RIC_{i,t} = \gamma_0 + \gamma_1 FIN_{i,t} + \gamma_2 ENT_{i,t} + \gamma_3 Control_{i,t} + \mu_i + \upsilon_t + \varepsilon_{it}$$
$$INV_{i,t} = \beta_0 + \beta_1 FIN_{i,t} + \beta_2 Control_{i,t} + \mu_i + \upsilon_t + \varepsilon_{it}$$
$$RIC_{i,t} = \gamma_0 + \gamma_1 FIN_{i,t} + \gamma_2 INV_{i,t} + \gamma_3 Control_{i,t} + \mu_i + \upsilon_t + \varepsilon_{it} \quad (6.2)$$

式(6.2)中，$ENT_{i,t}$、$INV_{i,t}$ 分别表示创业活跃度和固定资产投资，υ_t 为时间效应。

四、实证结果

（一）基准回归结果

为验证上述提出数字普惠金融正向影响农村三产融合发展的假设，我们选取系统 GMM 法分析模型。系统 GMM 法通过将内生变量作为工具变量，进而缓解模型可能存在的内生性问题。我们使用农村产业融合指数滞后 1—3 阶和移动电话普及率作为工具变量，以此提高模型精度和可靠性。根据 AR 序列自相关检验可以看出，该估计扰动项没有出现二阶及以上高阶自相关情况，满足了 GMM 回归前提条件。根据 Hansen 过度识别检验结果可以得到接受原假设判断，说明使用该模型是合适的。

表 6-7 是数字普惠金融对农村三产融合的回归结果,(1)列中 FIN 与 RIC 之间存在显著正向关系,且满足 1% 显著性水平,表明数字普惠金融促进农村产业融合。L.RIC 为被解释变量滞后项,其与当期具有显著正相关关系,说明被解释变量的往期对未来存在一定影响,该结果也符合动态面板的选定初衷。

表 6-7 基准回归结果

变 量	(1) RIC	(2) RIC	(3) RIC	(4) RIC
L.RIC	0.748 7*** (0.03)	0.757 9*** (0.03)	0.695 7*** (0.03)	0.911 7*** (0.01)
FIN	0.008 5*** (0.00)			
coverage_breadth		0.007 3*** (0.00)		
usage_depth			0.008 5*** (0.00)	
digitization_level				0.000 8*** (0.00)
AGR	−0.008 1*** (0.00)	−0.006 7** (0.00)	−0.009 9*** (0.00)	−0.001 9** (0.00)
FAC	0.054 5*** (0.02)	0.055 8*** (0.02)	0.060 6*** (0.02)	0.024 9*** (0.00)
ECO	0.009 0*** (0.00)	0.008 1*** (0.00)	0.012 7*** (0.00)	0.002 5*** (0.00)
ELE	0.130 3*** (0.03)	0.115 1*** (0.02)	0.132 5*** (0.02)	0.033 5*** (0.00)
FRA	0.083 0*** (0.01)	0.077 2*** (0.01)	0.098 2*** (0.01)	0.021 2*** (0.00)
GDP	−0.028 4*** (0.01)	−0.022 5* (0.01)	−0.023 2*** (0.01)	−0.000 2 (0.00)
Constant	0.277 8*** (0.10)	0.218 0 (0.15)	0.211 0*** (0.07)	0.005 6 (0.02)
Observations	270	270	270	270
AR1	0.003 47	0.004 45	0.005 35	0.003 44

续　表

变　量	(1)	(2)	(3)	(4)
	RIC	*RIC*	*RIC*	*RIC*
AR2	0.986	0.838	0.757	0.806
Hansen	0.323	0.346	0.397	0.581

注：（　）内是标准误，***、**、*分别是1%、5%、10%水平下显著。

我们研究时不仅考察数字普惠金融总体影响效果，还进一步将北京大学数字普惠金融指数细化到该指数覆盖广度、使用深度和数字化程度三个层次，并逐一对这三个构成因素进行实证探究。表6-7的研究结果表明，三个分因子回归估计系数均为正，且通过了1%的显著性检验。具体而言，使用深度系数最大，数字化程度系数最小。因此，可以判定数字普惠金融各项分维度均会推动农村产业融合进程，但使用深度推动作用最大。

为什么数字普惠金融中使用深度能够对农村三产融合产生最大促进作用？分析北大数字普惠金融指标体系的构成能够发现，覆盖广度主要以支付宝账户普及率来衡量；主要以移动支付和信用支付等衡量其信息化水平；而使用深度维度内涵丰富，包含了支付、信贷、保险和投资等多项业务。根据前文理论分析可知，其支付业务包含了电子钱包、手机支付、网上支付等多种支付方式，一方面推动了农村地区商品和服务全国流通，另一方面还为农村电商等产业提供了安全、快速、高效的支付支持；信贷业务通过线上、线下渠道，为农村企业提供了更多融资机会，包括小额贷款、供应链金融、消费信贷等，扩大了农村产业链融资渠道；保险业务加固农村地区脆弱的产业链，为农村居民提供农业保险、医疗保险、意外险等多种类型风险保障，在一定程度上降低农村产业链的风险；投资业务通过线上平台、基金等途径，为农村企业提供更多的创新投资渠道，通过聚合社会资源，推动农村产业链创新水平。因此，在数字普惠金融多个维度中，使用深度赋能农村产业融合效果最为突出。

（二）稳健性检验

2015年以来，国家重视农村三产融合发展并下发了多个相关政策文件，各省市纷纷设立农村产业融合试点。政策出台后，试点地区和试点项目受到地方政府高度关注，得到大量优惠政策和资金支持。为了检验在相关政策数字普惠金融对农村三产融合影响出台前后是否具有一致性，我们研究时需要将政策变量纳入模型，并控制其他可能影响实证结果的变量，进而评估政策变量的影响程度。我们以2015年作为时间节点来产生虚拟变量，2015年之前取

0,2015年之后取1,在表6-8给出估计结果。研究结果发现,政策变量估计系数在1%水平下显著为正,验证了政府相关政策对农村产业融合产生显著促进作用。此外,数字普惠金融的回归系数为0.011 2,达到1%水平的显著性,表明排除政策干扰后,数字普惠金融对农村三产融合依旧具有显著促进作用。

表6-8 排除政策干扰影响程度

变量	(1) RIC	(2) RIC	(3) RIC	(4) RIC
$L.RIC$	0.761 8*** (0.03)	0.758 6*** (0.04)	0.695 1*** (0.03)	0.909 1*** (0.01)
FIN	0.011 2*** (0.00)			
$coverage\_breadth$		0.007 2*** (0.00)		
$usage\_depth$			0.008 4*** (0.00)	
$digitization\_level$				0.000 4 (0.00)
$policy$	0.001 5* (0.00)	0.000 2 (0.00)	0.001 1* (0.00)	0.001 0 (0.00)
Control	YES	YES	YES	YES
Constant	0.407 8** (0.20)	0.220 3 (0.15)	0.251 9*** (0.07)	0.012 4 (0.03)
Observations	270	270	270	270
AR1	0.003 62	0.004 73	0.005 09	0.003 31
AR2	0.980	0.842	0.718	0.829
Hansen	0.292	0.291	0.331	0.543

注:( )内是标准误,***、**、*分别是1%、5%、10%水平下显著。

(三) 内生性检验

农村产业融合发展会促进地区信息化和智能化水平,同时带来区域人力资本水平提升,从而加强数字普惠金融供给力度,因此数字普惠金融与农村三产融合之间存在内生性问题。虽然系统GMM估计方法使用可以在一定程度上减轻内生性问题，在利用异质性信息方面具有明显优势，同样存在估计复杂性和数据要求严格性特点。我们参考现有文献做法，采用 2SLS 模型分别选取数字普惠金融指数滞后一期和电话普及率作为工具变量。分析结果分别见表 6-9 中(1)列和表 6-10 中(1)列，利用工具变量纠正内生变量偏误后，FIN 依然在 1% 显著性水平上与 RIC 呈显著正相关关系，且数字普惠金融分维度回归结果与前文分析一致。这表明，尽管数字普惠金融与农村第三产业融合之间存在一定反向因果关系，但数字普惠金融与农村产业融合正向促进作用仍是主要影响，而且该促进效应具有稳健性。

表 6-9 工具变量回归（IV：滞后一期）

变量	(1) RIC	(2) RIC	(3) RIC	(4) RIC
FIN	0.020 5*** (0.00)			
$coverage\_breadth$		0.019 2*** (0.00)		
$usage\_depth$			0.020 4*** (0.01)	
$digitization\_level$				0.015 3*** (0.00)
Control	YES	YES	YES	YES
Observations	270	270	270	270
R-squared	0.714	0.710	0.718	0.661
F	75.34	72.87	78.53	64.99

注：( )内是标准误，***、**、* 分别是 1%、5%、10% 水平下显著。

表 6-10 工具变量回归（IV：移动电话普及率）

变量	(1) RIC	(2) RIC	(3) RIC	(4) RIC
FIN	0.028 7*** (0.01)			
$coverage\_breadth$		0.024 3*** (0.01)		

续表

变量	(1)	(2)	(3)	(4)
	RIC	RIC	RIC	RIC
$usage\_depth$			0.025 2*** (0.01)	
$digitization\_level$				0.017 7** (0.03)
Control	YES	YES	YES	YES
Observations	300	300	300	300
R-squared	0.711	0.719	0.722	0.679
F	82.30	84.27	85.57	65.11

注：（ ）内是标准误，***、**、* 分别是1%、5%、10%水平下显著。

（四）机制分析

为了验证创业活跃度和固定资产投资在数字普惠金融与农村产业融合间作用机制，我们使用中介效应模型进行分析，结果显示在表6-11中。由(1)(2)(3)列可以看出，创业活跃度在数字普惠金融与农村产业融合之间起到部分中介作用，创业机会增加促进农村经济发展，推动乡村三大产业融合。由(1)(4)(5)列可以看出，固定资产投资在数字普惠金融与农村产业融合之间同样起到部分中介作用，揭示数字普惠金融到固定资产投资再到农村产业融合发展传导机制。

表6-11 中介效应回归

变量	(1)	(2)	(3)	(4)	(5)
	RIC	ENT	RIC	INV	RIC
ENT			0.022 9* (0.02)		
INV					0.035 0*** (0.01)
FIN	0.151 1*** (0.02)	0.168 0** (0.07)	0.133 2*** (0.02)	0.652 9*** (0.20)	0.133 4*** (0.02)
Control	YES	YES	YES	YES	YES

续 表

变 量	(1)	(2)	(3)	(4)	(5)
	RIC	*ENT*	*RIC*	*INV*	*RIC*
Constant	−0.4337** (0.19)	4.1427*** (0.61)	−0.1802* (0.21)	−9.0990*** (1.75)	−0.1401 (0.21)
Observations	300	300	300	300	300
R-squared	0.960	0.937	0.960	0.962	0.961
province	YES	YES	YES	YES	YES
year	YES	YES	YES	YES	YES
F	20.68	25.23	18.11	31.13	23.32

注：（ ）内是标准误，***、**、*分别是1％、5％、10％水平下显著。

五、研究结论

我们采用理论和实证相结合进行分析，理论部分建立数字普惠金融与农村产业融合关系间分析框架，以此为基础分析数字普惠金融影响农村产业融合渠道及其表现形式。实证分析部分基于全国各省（区、市）2011—2020年农村产业融合评价指数和数字普惠金融指数，利用动态面板模型进行实证，探究数字普惠金融如何影响农村三产融合。我们将数字普惠金融细分为覆盖广度、使用深度以及数字化程度等三个层次，分别研究数字普惠金融不同层面及不同业务对农村产业融合产生效用；此外，还检验了创业活跃度和固定资产投资的中介作用。研究结果如下：

（1）数字普惠金融赋能并助推农村产业融合。数字普惠金融不仅在总体上呈现正向作用，其所包含的不同层次同样具有正向效应。其中使用深度影响系数最高，然后是覆盖广度和数字化程度。使用深度水平提升促进信息流动，降低市场交易成本，提高风险管理水平，为金融产品创新和金融生态环境优化提供全面且精准支持；覆盖面提升可以将市场拓展至"长尾客户"群体，广覆盖战略安排不仅弥补了传统金融服务空白，亦体现数字金融普惠、包容和公平优势；数字化程度彰显数字金融技术水平和创新能力，这不仅是增效率、降门槛的手段，更是确保数字金融长期可持续发展动力源泉。

（2）数字普惠金融对农村产业融合发展促进具有科学促进的作用机制；支付便捷、信贷支持和保险支撑是数字普惠金融促进农村产业融合的直接作用机制。数字普惠金融还通过提升农村创业活跃度和固定资产投资间接推动农村产业融合发展。

第三节　数字金融对农业企业投融资影响

一、理论分析

数字金融最重要功能是缓解金融体系与农业企业之间信息不对称程度,金融体系与农业企业之间信息不对称是制约农业企业获取金融支持的一大障碍。一般来说,农业企业财务信息获取难度较大,银行在贷前调查、审批等方面需要投入大量人力成本。数字金融可以使银行通过大数据平台搜集整理农业企业数据,进而对企业相关信息,尤其是财务信息进行全面评估,最终决定是否发放贷款。对于农业企业而言,数字金融出现给农业企业提供了多样化选择。在数字金融出现前,农业企业大多选择本地金融机构进行贷款,选择余地较少。数字金融出现同样减少了企业搜寻成本(文红星,2021),农业企业可以根据自身需要选择合适金融机构进行贷款,企业选择逐渐多元化。

(一) 抑制长尾效应

长尾效应是统计学领域专有名词,但是经济学领域长尾效应仍然存在。当企业需求曲线非常陡峭时,企业通常只关注曲线左端客户群体或市场,忽略曲线右端。这种重视头部市场忽略尾部市场行为被称为长尾效应(童娇娇,2021)。虽然重视曲线头部可以非常容易获取利润,但是尾部市场的总和同样存在巨大利润空间。

金融机构一般遵循"二八定律",传统商业银行将大量资金投向占比仅有20%头部客户,赚取利润。处于曲线右端的尾部客户,即大量中小型农业企业易被忽略。对于金融机构来说,尾部企业数量虽然众多,但是这部分农业企业实力相对弱小,且信息不对称程度较大。数字金融发展显著降低了金融机构获取尾部客户信息能力和水平,有效缓解金融机构与农业企业之间信息不对称程度。数字金融广覆盖、低成本战略优势填补了传统金融体系在尾部市场的空白,不仅能够为小型农业企业提供信贷支持和金融服务,而且可以寻找自身利润增长点。图 6-4 具体展示了数字金融的长尾效应。从图中可以看出,在数字金融出现前,金融体系主要服务于工业企业和少量大型农业企业;数字金融出现将小微型农业企业纳入金融体系服务对象中。

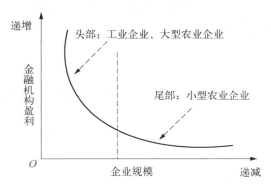

图 6-4　数字金融的长尾效应

（二）缓解逆向选择

为了说明数字金融解决金融服务农业企业面临的逆向选择问题，我们在参考相关研究的基础上（谢进城和张家峰，2003；黄亮等，2005；徐光顺，2020），构建出以下理论分析模型。假设某一农业企业成功概率为 P，银行贷款利率为 r，为了便于分析，假设同一区域农业企业均具有相同期望收益 T，且金融机构明确知道 T 的大小。根据农业企业风险与收益关系可知，必然存在一个临界概率 P^*，当且仅当 $P \leqslant P^* = T/(1+r)$ 时，项目主体才会向银行等具有放贷资格的金融机构申请贷款。在引入数字金融之前，定义 P 在 $[0, 1]$ 区间具有连续的密度函数 $f_B(P)$，分布函数为 $F_B(P)$，则所有申请贷款农业企业成功平均概率 $P[E(B)]$ 为

$$P[E(B)] = \frac{\int_0^{p^*} P f_B(P) dP}{\int_0^{p^*} f_B(P) dP} = \frac{\int_0^{p^*} P f_B(P) dP}{F_B(P^*)} \quad (6.3)$$

在数字金融发展后，P 在 $[0, 1]$ 上具有连续密度函数为 $f_A(P)$，分布函数为 $F_A(P)$，此时所有申请贷款农业企业成功平均概率 $P[E(A)]$ 变为

$$P[E(A)] = \frac{\int_0^{p^*} P f_A(P) dP}{\int_0^{p^*} f_A(P) dP} = \frac{\int_0^{p^*} P f_A(P) dP}{F_A(P^*)} \quad (6.4)$$

分别对式 (6.3) 和式 (6.4) 求解利率 r 偏导数可以得到 $\partial P[E(B)]/\partial r < 0$、$\partial P[E(A)]/\partial r < 0$，这说明无论引入数字金融与否，金融机构贷款利率越高，申请贷款农业企业质量越低，风险越高。当农业企业收益率保持在一

定水平时，金融机构制定较高贷款利率则意味着压缩企业的实际利润，这时低风险的农业企业会被高风险的企业挤出金融机构，此时信贷市场上充斥着高风险企业，由此导致金融机构同样面临着较大风险。虽然数字金融并不能完全消除高利率对低风险企业的"挤出效应"，但是金融机构凭借数字技术拥有了较强的甄别功能。因此，在数字金融发展水平较高的信贷市场中，高风险企业的比例要少于建设数字金融之前的市场，即

$$\left|\frac{\partial P[E(A)]}{\partial r}\right| < \left|\frac{\partial P[E(B)]}{\partial r}\right| \tag{6.5}$$

对于参与支持农业企业的金融机构而言，数字金融建设前后每单位贷款收益分别为

$$R_B(r) = \frac{(1+r)\int_0^{p^*} P f_B(P) dP}{F_B(P^*)} = (1+r) P[E(B)] \tag{6.6}$$

$$R_A(r) = \frac{(1+r)\int_0^{p^*} P f_A(P) dP}{F_A(P^*)} = (1+r) P[E(A)] \tag{6.7}$$

对式(6.4)和式(6.5)的利率 r 分别求导，可以得到

$$\frac{\partial R_B}{\partial r} = P[E(B)] + (1+r)\frac{\partial P[E(B)]}{\partial r} \tag{6.8}$$

$$\frac{\partial R_A}{\partial r} = P[E(A)] + (1+r)\frac{\partial P[E(A)]}{\partial r} \tag{6.9}$$

其中，$P[E(B)]$ 和 $P[E(A)]$ 分别表示数字金融建设前后利率提高对金融机构收入效应，$P[E(B)]$ 表示在数字金融建设前金融机构贷款利率每提高 1 单位，期望收益增加 $P[E(B)]$ 单位，$P[E(A)]$ 表示数字金融建设后金融机构贷款利率每提高 1 单位，期望收益增加 $P[E(A)]$ 单位。$(1+r)\partial P[E(B)]/\partial r$ 和 $(1+r)\partial P[E(A)]/\partial r$ 分别表示数字金融建设前后利率提高给金融机构带来的风险效应，$(1+r)\partial P[E(B)]/\partial r$ 表示在没有数字金融的情况下提高 1 单位利率，期望收益减少 $(1+r)\partial P[E(B)]/\partial r$ 单位，$(1+r)\partial P[E(A)]/\partial r$ 表示数字金融发展情况下，提高 1 单位利率，期望收益减少 $(1+r)\partial P[E(A)]/\partial r$ 单位。数字金融发展后，金融机构利率提升所带来期望收益降低幅度小于数字金融建设前，这说明随着数字金融发展，与金融机构发生业务联系农业企业平均违约概率大大降低，金融机构

参与拓宽农业企业投融资渠道面临逆向选择问题在一定程度上得到缓解。

(三) 降低道德风险

道德风险同样来自农业企业与金融机构之间信息不对称。当农业企业获得金融机构贷款资金后,项目经营者可能不遵守申请贷款合同约定,将贷款资金挪作他用,甚至转投于其他高风险企业,由此产生道德风险。由于部分农业企业所处地区交通不便,金融机构对贷后资金运作监督同样面临较高的成本。道德风险产生会促使金融机构在某些业务上实行信贷配给,可能在整体上降低信贷申请成功的概率。我们参考相关研究(陈舜和席小炎,2005;邹新月和王旺,2022),分析数字金融建设对农业企业道德风险的缓释。假定农业企业获得贷款后有两种选择:一是将获得信贷资金用于合同约定的项目 L,项目成功概率为 P_L,项目成功后获得收益为 R_L;二是违反合同约定,将信贷资金投资高风险企业 H,高风险企业成功概率为 P_H,成功后获取收益为 R_H。假定这两个项目均需要总量为 T 贷款,金融机构贷款利率为 r。申请贷款农业企业遵守合同约定投资 L 项目必须满足如下约束条件。

$$P_L[R_L-T(1+r)] \geqslant P_H[R_H-T(1+r)] \quad (6.10)$$

设定贷款主体选择 L 项目时贷款利率临界值为 r^*,当金融机构贷款利率高于 r^* 时,所有贷款主体将全部违约签订合同,道德风险达到最大。因此金融机构在保证收益最大化的基础上会加强风险管控,金融机构会将贷款利率设定为 r^*,针对利率高出 r^* 时仍然有信贷需求农业企业实行信贷配给,即

$$r \leqslant \frac{P_L(R_L-T)-P_H(R_H-T)}{(P_L-P_H)L}=r^* \quad (6.11)$$

在数字金融建设之前,金融机构为所有农业企业提供最大贷款额度为

$$T_{\max}^B=\frac{P_L R_L-P_H R_H}{(P_L-P_H)(1+r)} \quad (6.12)$$

而数字金融建设可以帮助金融机构通过守信激励和失信惩戒两种方式,促使贷款主体遵守合同约定,降低道德风险,进而缓释信贷配给约束。当信贷主体认真履行合同后,金融机构通过守信激励机制提高贷款主体信用评级,设定信用评级提升带来收益为 R_L^a。当贷款主体违反合同规定,将资金投资于高风险项目后,金融机构会通过失信惩戒机制降低贷款主体信用评级,信用评级的下降将为其带来 R_H^a 损失,此时约束条件将转变为

$$P_L[R_L + R_L^* - T(1+r)] \geqslant P_H[R_H - R_H^* - T(1+r)] \quad (6.13)$$

进一步推导可以求出在乡村开展数字金融建设后,金融机构为农业企业可以提供最大贷款额变为

$$T_{\max}^A = \frac{P_L R_L + P_L R_L^* - P_H R_H + P_H R_H^*}{(P_L - P_H)(1+r)} \quad (6.14)$$

通过对比数字金融发展前后金融机构参与农业企业贷款最大供给量可以发现,$T_{\max}^A > T_{\max}^B$,这说明发展数字金融有助于提升金融机构信贷供给量增加,因此,数字金融缓解了道德风险所导致的信贷配给约束问题。

二、路径分析

(一)发展农村供应链金融模式

农村供应链金融是一种基于农业龙头企业对上游企业赊购行为的应收账款进行融资的模式。农村供应链金融主要包括质押融资、保理融资、资产证券化等多种形式(星焱,2021)。我国各地区农村供应链金融模式各有特色,但在实践中,农村供应链金融资金供给方基本均包括农业龙头企业、合作银行、互联网金融平台等三大主体。从各地区实践探索来看,我国农村供应链金融主要包括以下三种模式(图6-5):第一种模式是由银行搭建的电商平台,组建"互联网+农业企业+银行+农户"平台。第二种模式是由保险公司牵头搭建的"互联网+农业保险"平台。第三种模式是"数字金融平台+农业企业"。

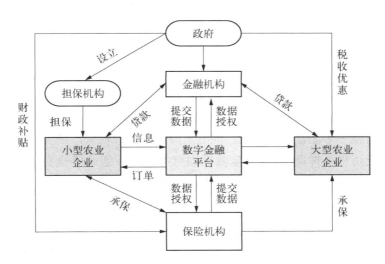

图6-5 供应链金融运行流程

蚂蚁金服"金融＋电商＋农业"闭环农产品供应链金融服务模式以龙头企业为中心，将供应链上所有成员串联成一个整体（图6-6）。蚂蚁金服借助农业龙头企业对产业链上游中小供应商的了解，选择具有融资需求且信用状况良好的产业链上企业作为帮扶对象，为供应链上所有成员提供系统性融资安排，放款效率高于其他贷款方式，贷款可以在申请提交当天到账（廖志明，2018）。供应链金融模式既保障了农资品质，降低了农产品市场价格波动，也在一定程度上增加了农户收入。此外，该模式还能借助淘宝平台信息监控功能，实现实时监督资金用途、产品质量和物流情况的目的，进一步降低资金风险。

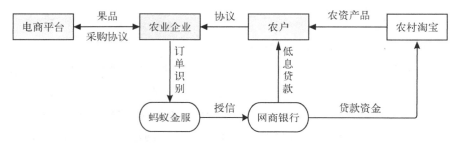

图6-6　蚂蚁金服供应链模式

在供应链金融服务模式中，龙头企业是农村规模化养殖户、种植户生产经营和收入来源主要依托，对农户风险把控能力超过任何金融机构。它们拥有专业人才和丰富实践经验及广泛合作关系，但在面向农户提供金融服务时优势明显。以前是龙头企业通过自己帮助农户找银行、小贷机构放贷，或者将自己饲料、机械赊销给农户，致使企业资金链面临着巨大压力和风险。而现在蚂蚁金服能够为这些企业提供全面金融服务。这不仅降低了企业资金压力，同时也解决了农民的贷款难题，实现了三方共赢。

（二）支持农村电商发展，拓展创业渠道

农村电子商务发展过程中，尤其是以电子商务为创业手段发展模式中，金融支持是一个非常重要环节。但电子商务是一种轻资产创业模式，因此，往往缺乏可供抵押资产，传统金融机构对电子商务创业资金支持不够。这需要创新金融发展模式，以支持农村电子商务发展。数字金融依托大数据、人工智能等技术进行风险评估与控制，与电子商务具有天然的契合性。电子商务能够将农户生产经营过程数据化，使整个流程可视化，为数字金融介入生产流程提供良好基础。数字金融与电子商务的融合能够更好地发挥供应链金融优势，为拓宽农业企业投融资渠道、推动"三农"事业进步作出更大

贡献。

随着移动互联网技术普及,电商开始走进乡村地区,乡村农业企业和普通农户开始借助电商平台销售相关产品。随着农村电商平台崛起,一些具有优势农产品的地区开始大量涌入电商平台,逐渐形成淘宝村[①]。2009 年电商平台在乡村地区的普及程度不够高,全国仅有 3 个淘宝村。随着互联网及手机普及,我国淘宝村的数量呈现逐年增加态势。阿里研究院数据显示,2014 年全国范围内共有 212 个淘宝村,2016 年淘宝村数量攀升至 1 311 个,到了 2021 年全国淘宝村总数达到了 7 023 个。电商平台在农村地区发展催生了淘宝村,而淘宝村具有较强的示范效应,淘宝村邻近的乡村也纷纷学习,逐渐形成集聚,淘宝镇概念亦随之出现[②]。2014 年我国仅有 19 个淘宝镇,2017 年这一数值攀升至 243,到了 2021 年全国范围内的淘宝镇数量高达 2 171 个。

(三) 创新农业保险

农业生产受自然因素影响较大,农业具有天然弱质性。农产品价格同样存在较大波动,农业经营主体需要面对价格波动风险。为了缓解农业经营主体面临各种风险,降低风险损失水平,农业保险逐渐成为重要金融支农手段。随着我国"三农"事业进步,农业保险在经济活动中作用愈发重要,农业保险对于缓解农业可能遭受的损失及推动乡村振兴战略的实施有重要影响。虽然我国农业保险起步较晚,但是农业保险发展速度较快。2007 年,我国正式实施政策性农业保险,当年农业保险保费收入仅有 51.8 亿元。经过多年发展,农业保险保费收入实现了快速攀升,2021 年,我国农业保险保费收入高达 965.18 亿元。党的十八大以来,党中央和国务院高度重视农业保险发展,推出多项政策弥补农业保险发展短板,目前我国农业保险保费规模位居世界第一。虽然我国在农业保险领域取得了举世瞩目成就,但不可否认,我国农业保险仍然存在一些亟须解决的问题:一是农业保险数字化水平偏低;二是农业保险理赔程序较为烦琐复杂;三是农业保险创新水平不高(陈康等,2022)。

数字金融出现不仅能够缓解农业经营主体融资约束,而且为我国解决农业保险发展问题提供了新思路。从农业保险的需求角度来说,数字金融发展使普通农户更容易接触金融产品,金融素养在一定程度上得到提高,农

---

① 淘宝村是指开办网店数量的家庭占村家庭总户数的 10% 以上,且年交易总额不低于 1 000 万元。

② 淘宝镇是指乡镇区划内拥有 3 个或 3 个以上淘宝村。

户对于农业保险认知更加科学,对农业保险需求得到显著提升。从农业保险的供给端来看,传统保险机构同样会受到互联网冲击,在互联网加速发展趋势下,传统保险公司开始努力顺应互联网潮流,拥抱数字化。数字技术进步一方面促使农业保险业务数字化转型,投保、审核等流程逐渐数字化;另一方面保险公司险种创新速度亦在加快。

1. 提升农业保险需求

数字金融发展能够有效提升农业经营主体对农业保险的需求。首先,数字金融发展带来的不仅是新型金融服务模式,现代化金融知识也随着数字技术得到普及,普通农户和农业企业经营者在数字金融平台能够学习到更多金融知识,金融素养得到极大提高。随着农业经营主体金融素养提升,其对农业保险认知更加充分、科学,更多农业经营主体对农业保险的认可度、接受度不断增强。其次,数字技术发展提升了保险公司服务水平,增强了农业经营主体投保便利性。在数字技术普及前,农业保险投保流程较为复杂,农业保险办理流程均在线下完成。随着数字金融平台出现,农业保险数字化程度不断提高,农业保险业务办理逐渐向数字化、便捷化方向转型,农业经营主体投保流程日益方便、快捷。

2. 提高理赔效率降低经营成本

与其他类型保险相比,农业保险具有特殊性。在数字技术普及前农业保险公司理赔效率较低,经营成本较高。农业保险投保主体以普通农户、农业企业为主,这些农业经营主体大多位于偏远农村地区,农业保险公司与其沟通联系较为不便。当投保主体遭受损失时,农业保险公司需要派出相关工作人员查勘定损,经过一系列程序才能最终完成理赔,效率较低。农业保险业务线下运转需要大量工作人员,保险公司查勘定损时更需要投入一定运营成本。数字金融的出现和发展为保险公司提升理赔效率、降低经营成本提供了可能。随着数字技术的发展,保险公司可以通过卫星遥感、无人机侦测等技术手段对农业灾害进行监控,同时结合政府大数据对损失进行测算。

第四节 农业数字金融问题

一、发展不平衡,覆盖广度不足

北京大学数字金融研究中心发布数据表明,目前数字金融在我国发展呈现出显著地区差异,东部地区发展水平明显高于中西部。虽然近年来各金融机构不断增加县域网点,但网点设置仍以传统人工服务方式为主,智能化程度低。同时乡村服务网点内投放的智能化设备较少,仍以传统人工服务为主。尽管目前农村地区在基本公共网络、移动智能终端等基础设施建设上已经取得了明显进步,但仍有较大提升空间。据统计,截至2021年5月全国移动电话用户16.08亿,按照全国人口总数测算,我国手机覆盖率已经达到113.9%[①]。根据中国社会科学院农村发展研究所相关统计数据,2021年我国仅有82.2%农户能使用智能手机,50岁以上农民占使用智能手机群体97.05%。以互联网普及率为例,《中国互联网络发展状况统计报告》显示,2020年年底全国农村地区互联网普及率仅为55.9%,远远低于平均互联网普及率14.5个百分点。

为了推动我国乡村地区数字化进程,国务院先后出台了一系列政策措施来推动数字乡村建设,并取得了显著成效。北京大学发布的《县域数字乡村指数2020》显示,2020年我国数字乡村指数呈现迅猛发展态势,乡村数字基础设施建设取得显著进步,但区域间差距非常明显。图6-7是2020年我国各省(区、市)数字乡村指数具体情况,从图中可以看出,我国各省(区、市)间乡村数字化程度存在较大差异。浙江、江苏和福建的数字乡村指数位列前三,分别为83、70和69;新疆、西藏和青海处于后三位,数字乡村指数分别为40、39和35。

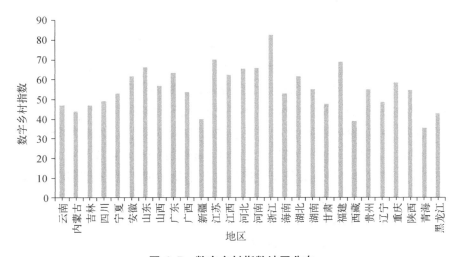

图6-7　数字乡村指数地区分布

---

① 数据来源:工信部。

二、农企对普惠金融认知不足

我国经济、社会和文化发展呈现出较大的不平衡性,偏远地区农户和农业企业经营者金融素养相对较低,偏好使用传统金融模式进行融资,对数字金融了解较少,缺乏信任感(李梦博,2021)。因大量农业企业经营者受教育程度偏低,缺乏现代金融知识,加之金融机构宣传推广力度不够,导致农业企业对数字金融缺乏理性、全面的认知。

许多农企对数字金融的认知仅限于抽象金融概念,很少从数字金融角度尝试拓宽融资渠道。据工商银行潮州分行反映,乡村群体普遍受教育程度较低,对移动支付、电子转账等数字渠道缺乏信任,使用率低,导致银行机构在乡村区域推广数字金融业务存在困难。据建设银行江门分行反映,农村金融消费观念依然传统,部分农村客户只信任银行网点,对手机银行、网点银行等数字金融服务认知度、认可度有待提高。

此外,我国许多县域地区农业现代化水平仍然处于初级阶段,低端产业结构难以与数字金融形成匹配,导致数字金融支持农业企业缺少切入点。据海丰农商银行反映,海丰地区农产品未形成大规模种植,种植分布零散,缺乏完整产业链,难以与数字金融服务所需经济环境匹配。据海湾农商银行反映,农村第一、二、三产业发展不平衡,农业经营创新能力不足,难以与数字金融协同发展。

三、数字化程度不高,推广积极性不足

党的十八届三中全会提出了发展普惠金融总体战略构想,从而使金融普惠有了政策层面的保障。但是目前传统金融机构依靠物理网点仍然占据业务优势,不仅数字化程度较低,而且普遍缺乏数字化转型动力。新兴互联网金融机构目前业务重点在城市,不愿意投入巨大宣传推广成本,下沉数字金融服务。在国家政策指引下,传统金融机构对农业企业发放的贷款利率整体较低,但贷款不良率远高于工业企业,金融机构在面临成本和收益不平衡情况下,难以推动导致传统金融机构的数字化转型。就目前情况来看,广东省金融机构数字化程度仍然不高,一些金融机构推广数字金融积极性不足。

(一)小型商业银行数字化程度不高

农村小型商业银行金融科技基础较为薄弱,数字化转型所需的人才和资金投入不足,数字化转型带来的竞争压力较大。一是国有大型商业银行数字金融业务向县域下沉,农村中小银行技术劣势渐现。以广东省为例,截

至 2021 年 4 月末，广东省国有六大行县域网点智能化率高达 69.96%，农商行县域网点智能化率仅为 34.73%，比国有六大行低 35.23 个百分点，而村镇银行 43 个县域网点均为传统人工服务网点，农商行和村镇银行等农村法人中小银行数字化水平明显低于国有大银行。从存款和贷款增速看，截至 2021 年 4 月末，国有六大行各项存款增速为 8.42%，比农商行 2.45% 高 5.97 个百分点，比村镇银行 2.26% 高 6.15 个百分点；国有六大行各项贷款增速为 19.89%，比农商行 6.35% 高 13.53 个百分点，比村镇银行 10.42% 高 9.47 个百分点，国有大行在农村存贷款市场竞争力已明显超过农商行和村镇银行。二是以蚂蚁金服为代表的大型数字金融平台凭借技术优势，将数字金融服务下沉到乡村地区，占据市场份额，不仅成为涉农金融领域重要服务供给者，而且加剧了金融行业间竞争，提升涉农金融业务效率。据江门农商银行反映，以蚂蚁金服的"花呗"、京东公司的"京东白条"等为代表网络金融科技公司依靠其大数据建设和科技能力，提供快捷、方便融资服务，对农村中青年人具有很强的吸引力，本地银行消费贷款市场份额受到较大影响。

（二）大型金融机构业务流程烦琐

目前，国内大型金融机构已经加速进行数字化转型，头部商业银行数字金融平台建设已经取得一定成效。但是传统金融机构仍然以线下模式为主，经营理念与思维仍然没有较大进步，一些分支机构对数字化不够重视，基层网点数字化程度不高，由此导致数字金融在服务农业企业过程中面临着推广不足、效果不显著等问题。尤其是涉农金融机构基层工作人员对数字化不够重视，在办理相关业务时仍然沿袭传统思想。涉农金融机构开发的线上应用数量较少，涉农信贷业务数字化程度较低，业务办理层级多、手续复杂，数字技术推广程度有待加强（孟庆海，2019）。

第一，涉农金融机构到农村实地调研不足，无法充分挖掘农业企业金融需求并有针对性地设计产品和服务。农村地区生产和消费方式变化刺激了"三农"领域的金融需求增加。然而，涉农金融机构业务人员到农村实地调研不足、与农民沟通交流不够深入，没有深度了解农民生活和生产经营方式。这导致涉农金融机构无法精准掌握农民实际金融需求并以此为导向设计产品和服务，使农村领域金融供给与农民日益增长的金融需求不匹配。以农业贷款为例，若金融机构不清楚农业特定生产周期，将导致贷款还款期限与农业生产周期不匹配。

第二，大型金融机构总部与基层网点难以形成有效联动。总部资金和人才充足、数字技术先进，能有效支持农村数字金融创新。基层网点具有地缘优势，其业务人员生活在农村且与农民有一定接触，相对了解农民的金融需求。但总部与基层网点之间层级多、链条长,两者间沟通交流效率低、成本高,作为市场前沿基层网点了解、收集需求信息无法及时准确地上传至总行。因此,大型银行总行与基层网点联动不足,难以将农民需求信息传递给负责产品开发技术人员,无法有效整合资源、充分发挥各自优势。

(三)农业保险数字化程度偏低

数字技术给保险业带来了巨大变化。与传统保险相比,数字保险利用互联网长尾效应,不断创新消费市场的增量险种,依据渠道反馈和大数据分析,实现保险普惠产品精准设计、生产与营销,涵盖了直销、代理和第三方平台等渠道环节,实现了网络化、碎片化和场景化。农业保险数字化转型进一步拓展了数字金融覆盖广度和使用深度。因此,利用数字技术创新农业保险的相关服务是对传统保险行业的颠覆性变革。

农业对自然环境依赖程度高,抵御风险能力较差,易受天灾等不可控因素影响。农业保险在分散风险、保障农民利益中发挥了重要作用。随着数字技术和保险科技发展,农业保险覆盖深度和广度不断拓展,普惠水平逐渐提高。农业保险市场规模迅速壮大得益于许多新型数字化农业保险产品不断涌现。以江苏人保财险在公司推出"农业保险 V 平台"为例,该平台利用数字技术将从农户出险报案至案件派发调度的平均处理周期由原来的 30 分钟压缩至 5 分钟,极大地提高了工作效率。中国太平洋保险推出的"e 农险"则是数字技术和农业保险有机结合又一范例。"e 农险"自 2015 年 8 月发布以来,至今已经完成了 5 个版本更送,在业务实践推广应用中取得了良好成效。在疫情期间,"e 农险"采用无人机进行验标,远程解决了内蒙古一名牧场企业客户投保和验标难题,高效准确地完成了承保工作。当然数字保险产品也面临同质化倾向、产品和服务信息披露不充分、信息安全风险加大、线上和线下资源整合能力不足、售后服务不到位等问题。具体到农业领域数字保险,最突出问题表现为数字保险产品创新不足,数字技术占比较少,人力投入较多。

传统保险企业在官网上进行销售,效果有待检验。传统保险企业通过设立保险电商平台、移动 APP 等手段,将保险产品销售模式从线下销售为主向线上、线下并举转变。对于农业保险而言,线上销售农业保险可以扩大农业企业选择范围,农业企业等农业经营主体可以非常方便地浏览相关保险产品,更可以在线办理相关业务。需要说明的是,农业保险具有较大的特殊性,农业保险承保、核保、定损、理赔等关键环节仍然需要在线下进行,需要一定人力投入,很难完全转换为线上服务。农业保险数字化转型会侵占线下模式的市场份额,触动线下模式的固有利益,引发农业保险领域矛盾和冲突。大型保险公司基本可以承受涉农保险业务数字化转型的投入成本，但对于地方小型保险公司而言，推动保险业务数字化转型的投入成本负担较大，且小型保险公司服务范围和覆盖地区狭小，数字化转型边际收益相对较低。

（四）其他金融机构创新动力不足

农村金融机构之间竞争缺少主动创新吸引客户的积极性，且相关部门对农村数字金融创新的激励不足。这导致涉农金融机构的创新速度赶不上农民金融需求的增长和变化速度，农业企业日益增长的多样化金融需求与有效金融供给不足之间存在矛盾，成为拓宽农业企业投融资渠道的最大障碍。

农村数字金融创新考核评价机制不完善，对涉农金融机构创新激励不够。虽然政府一直激励金融机构进行农村数字金融创新以更好地促进乡村振兴，但其对涉农金融机构创新成果缺乏定量考核评价指标。2020年3月发布的《金融机构服务乡村振兴考核评估办法（征求意见稿）》将"金融创新"作为定性指标且占比仅为8%，政府监管部门对各金融机构开展农村数字金融业务考核主要集中在涉农贷款总量、贷款结构、贷款比重等指标上。"金融创新"只是定性评价指标，缺乏相应评价细则，如创新农村金融产品的数量、创新产品与农民金融需求的匹配度等在考核评估体系指标中占比并没有明确规定。政府对涉农领域数字金融创新要求不够细化，各种类型涉农金融机构数字化转型积极性不高，对相关政策的执行力度不够。

四、缺乏系统性监督机制

目前我国城乡二元经济体制依然存在，与城市相比，广大乡村地区经济发展相对滞后，经济发展水平落后导致居民收入水平相对较低，农村居民和小型农业企业金融需求较小。由于许多乡村地理位置偏远不便，乡村地区金融基础设施建设较为艰难，加之我国金融领域相关法律法规不健全，金融制度和金融体系不够完善，农村地区金融监管相对薄弱。在网络技术迅猛发展的当下，金融服务与数字技术结合愈发紧密，数字金融以数字技术和网络数据为载体，虽然能够突破时间和空间限制，但是同样给非法融资、洗钱等违法金融行为提供了机会，这对我国现行金融监管制度提出了挑战。在我国各级政府大力推行数字金融的当下，金融监管部门对数字金融产品、数字金融平台和数字金融业务的了解仍然不够充分。在数字金融发展初期，监管机构给予数字金融平台极为宽松空间，在数字金融规模膨胀的同时，数字金融平台集聚金融风险亦在增加。目前我国金融监管由国家金融监管总局、证监会等部门共同实施，而数字金融平台从事信贷、基金、理财等多种类型的金融服务，监管部门对数字金融控制缺位的现象，相关法律法规不够健全，金融监管体系不能完全适应数字金融的发展趋势。政府部门解决数字金融问题所推行政策缺乏实践性，落实也不到位，出现重大风险事件后就采取严苛的"一刀切"清退政策，抑制了金融创新。同时，我国农业经营主体知识水平相对较低，金融素养不高，导致农业企业经营决策者缺乏辨别力，不能基于农业企业自身发展现状选择适当金融产品与服务。尤其是P2P平台爆雷、网络金融诈骗、非法集资等一系列事件的暴发，不但侵犯了农业企业和普通农户合法权益，损害了数字金融的形象，而且加剧了农业经营主体对数字金融的排斥（孙萌，2021）。

在数字金融飞速发展背景下，我国涉农金融监管体系尚不完善，对于数字金融系统性监管尚未形成，目前主要存在三个方面问题：第一，系统审慎监管制度尚未构建完成。我国虽然建立了完整的金融监管制度、监管框架，但现行的监管制度缺乏系统性、审慎性，部分监管指标不规范、不合理。第二，监管主体分散政策协调性有待提高。目前我国金融监管主要由国家金融监督管理总局、证监会以及部分金融行业协会履行配合。第三，监管缺乏差异性，忽略涉农金融业务。农业具有天然的弱质性，农业企业和其他农业经营主体的利润较低，因此涉农金融机构的规模和实力亦普遍较小。但目前监管制度对涉农金融机构的准入设置了较高门槛，对待涉农业务的监管标准较为严格，没有考虑农业行业的特点。尽管我国对金融监管制度进行了改革，但是目前监管制度不够完善，仍然存在较大改进空间。

上述问题表明广东省建立在传统金融生态基础上的金融监管体制和监管手段已不再适应或无法应对金融科技创新活动。监管机构的人员编制、专业知识储备和监管工具等诸多方面存在不足导致监管策略不能及时高效地适应新型风险。监管的滞后效应致使金融机构越界概率增加，市场不稳定性增大。此外，农村数字金融的混业经营趋势不断增强导致监管越来越困难，部分大型金融科技公司拥有多个金融牌照，在农村开展业务范围较为广泛，对目前的分业监管机制提出挑战。

五、信息安全问题突出

在数字金融展现其巨大潜力及内在价值的同时，绝对不能忽视大数据这一技术基础的安全问题。用户账号被盗问题比较普遍，经常有客户受骗、财产受损等事件发生。数字金融交易环境是开放式的，保证信息录入的完整和可靠存在一定难度，保证存储和共享的安全性也有难度。因此，大数据背景下确保信息安全显得尤为重要。电子化、网络化加快发展使信息传播和复制的速度加快,因此要避免数据被改或泄露,防止信息被黑客攻击,保护互联网数据安全。数字金融的数据较敏感,在自然灾害、不可抗力影响下亦可能出现信息泄露,一旦出现信息泄露,后果将不可估量。目前,我国信息安全领域的案件频发,农业经营主体对数字金融平台的信息保护能力存在担忧,对数字金融平台缺乏信任感。

第五节 农业数字金融发展政策优化

一、推动信息基础设施建设

为了发展数字金融,2020年中央一号文件提出要在全国范围内开展"数字乡村"试点,完善乡村地区信息基础设施建设,推动乡村数字化转型。"数字乡村"试点工作的推进为我国数字金融发展提供了新机遇。"数字乡村"建设能够加速偏远地区和乡村地区信息基础设施建设,提升乡村地区互联网普及率,逐渐缩小我国城乡之间的"数字鸿沟",有效弥补乡村数字化转型的短板。同时,乡村数字金融发展能够为"数字乡村"建设提供精准、多样的金融服务(王华,2021)。

目前乡村地区信息基础设施建设以改造光纤、建立移动基站为两大抓手,不断提高乡村地区的信息基础设施建设,为数字金融下沉到乡村提供技术支撑。数字金融平台要不断优化金融服务,切实提升数字金融平台在农业企业中形象,根据不同地区特色提供差异性金融服务与金融产品,不断提升金融服务的覆盖广度。

一是鼓励各级地方政府与通信公司加强合作,不断降低宽带、移动网络使用费用。基层相关机构可以根据农民收入水平低的现状,针对性地推广低价智能手机和性价比较高的网络服务,从需求端满足乡村地区对数字金融需求。二是积极鼓励基层金融机构进行数字化转型,针对当地实际情况推出数字金融平台,满足基层地区多样化、差异性的金融需求。

二、加大宣传推广力度,推进数字素养形成

政府部门和金融机构要加大宣传力度,推动农户和农业企业形成良好的金融素养和数字素养。基层政府尤其是乡镇政府要积极宣传金融知识,定期开展"金融下乡""知识下乡"等宣传活动,引导农业经营主体了解数字

金融,提升金融素养和数字素养。金融机构尤其是数字金融机构要加大宣传推广力度,在乡村地区树立良好金融形象,提升农户和农业企业的信任感(郭家丽等,2021)。

推动金融知识下乡,提升农业经营主体金融素养可以从以下三个层面着手:一是定期开展教育活动,政府部门、金融监管机构、涉农金融机构和数字金融平台要定期开展"金融知识下乡"等一系列活动,在基层广泛普及现代金融知识,提升乡村主体对数字金融了解。二是加强普法教育,目前金融领域犯罪现象呈现高发态势,互联网金融领域违法行为日益增多,广大投资者遭受了一定损失。司法机关和公安部门要加强基层地区普法教育,提升乡村主体法律维权意识。三是数字金融平台应加大宣传推广力度,在乡村地区定期或不定期地推出优惠活动,不断推出新型金融产品,为农户提供便捷高效的金融服务。

三、强化政策扶持,提高金融机构积极性

推动金融机构数字化转型,引导数字金融服务农业企业发展,不仅是拓宽农业企业投融资渠道关键,而且是发展金融服务实体经济的重要体现。加强农业企业与数字金融平台的对接,不断提升数字金融的覆盖广度和使用深度,不仅有利于促进农业企业健康发展,更有利于促进金融系统的内部优化,有助于实现金融体系的转型升级(唐伟,2021)。党的十九大以来,我国乡村地区的数字金融发展水平迅猛,数字金融支农、惠农水平不断提升,在支持农业企业融资方面发挥了显著作用。但是数字金融涉农业务仍然存在一些短板,未来要积极发挥政策的支持作用,推动金融机构进行数字化转型。

(一)充分发挥政策支持作用

党的十八大以来,我国经济发展进入新常态,经济发展模式继续转型。中美贸易冲突和新冠疫情加剧了我国经济增长的压力,后疫情时代如何实现我国农业的高质量发展,如何拓宽农业企业融资渠道成为各级政府决策的重点和难点。虽然我国数字金融发展速度较快,但在全国层面缺少完整性、系统性的规划,党和政府应将乡村地区数字金融发展上升到国家战略高度,从更加宏观、长远的视角规划数字金融的发展,持续协调不同部门,发挥政策合力,推动数字金融在涉农业务领域取得新成绩。

中国人民银行应该从宏观战略高度制定数字金融发展总规划,国家金融监管总局和证监会要加强对数字金融平台监管,防范数字金融无序扩张,引导数字金融服务于国家发展需要。财政部门和税务部门应该加强配合,

一方面要对涉农业务开展给予适当财政补贴,另一方面要为农业企业和数字金融平台提供一定税收优惠。政府各部门要大力出台相关政策,加强政策配合与协调,发挥政策对数字金融引导、支持作用。

(二) 有效提高金融机构积极性

1. 扩大财政支持力度

目前我国数字金融平台以商业性金融为主,商业性金融出于营利性考虑较少涉及乡村,因此要扩大财政支持力度,用财政手段提高金融机构的支农积极性。各级政府应该对在乡村地区开展数字金融业务的金融机构给予财政补贴和税收优惠,发挥财政政策引导作用。

2. 优化金融支农政策

在发挥财政政策作用同时,必须优化金融支农政策。首先,适当降低基层金融机构准入门槛,积极引导社会资本参与涉农金融机构的组建,发挥社会资本的活力,扩大数字金融平台的资金池。其次,提升基层网点相关业务自主权限。金融机构应该提升基层服务网点尤其是涉农业务自主权,提升相关业务审批的灵活性与自主性。最后,优化涉农金融监管,调整考核标准。金融监管部门应该积极调整涉农金融业务的监管模式,实施差异化监管、考核标准,适当增加风险容忍度,引导资金流向农业经营主体。金融机构,尤其是数字金融平台的农业企业贷款增速不小于平均贷款增速,贷款增量不小于同期平均贷款增量。

3. 引入外部金融资本,加强机构竞争

高州是广东荔枝产量第一县,数据显示,高州荔枝种植面积达 55 万亩,2020 年产量达 20 万吨,第一产业产值达 5.8 亿元。荔枝集中上市,将对生产流通主体的现金流造成考验。高州市人民政府联手浙江网商银行,引入外部金融资本,来解决农业企业融资需求。具体业务流程见图 6-8 所示,首先由农业管理部门汇总整理农业企业各种信息,然后向浙江网商银行提供相关数据,浙江网商银行根据政府部门提供的数据判断是否发放贷款,以及贷款额度。为保障农业企业资金流顺畅,满足荔枝经营主体急、频、短的融资需求,浙江网商银行全面推广"310"数字金融服务,即"3 分钟申请,1 秒钟审核放款,全程零人工干预"。在政府提供数据内的农户,通过线上就可申请数字金融信贷资金,授信金额在 1 000 元至 30 万元之间。在数字金融服务基础上,网商银行还将针对荔枝等本地特色农业产业,为小微企业主、个人经营者、农村经营者和农户提供最高 100 万元的经营性产业金融信贷。

目前云浮市已经全面推广这一新型金融服务模式,上线 11 个月以来,已经为农业企业累计提供贷款 9.8 亿元。浙江网商银行在当地并没有

实体营业网点,但是作为外部金融资本,网上银行的参与可以发挥"鲇鱼效应",加强机构竞争,倒逼本土金融机构创新支农业务,降低贷款利率(图 6-8)。

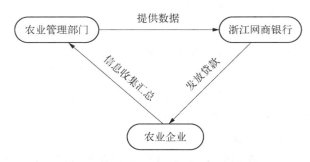

图 6-8　网上银行业务流程

(三) 提升科技水平,推动数字化转型

随着移动通信、大数据等技术深入发展,传统涉农金融机构的资产端与负债端业务均受到较大的挤压与冲击。在这一背景下,传统金融机构需要积极调整自身定位,拥抱数字技术,推动金融服务与数字技术深度融合,加快完成金融机构自身数字化转型,推动金融服务线上化、智能化。传统涉农金融机构应该加强与科技公司合作,利用科技公司新技术加速数字金融平台的建设,为农业企业提供多样化、差异化的数字金融服务。

以"金融科技+"为牵引,引导农村中小银行加强与省联社、上级行沟通合作,加快制定普惠数字金融建设方案,提升金融服务"三农"信息化、数字化水平。围绕涉农产业链,鼓励开发数字化金融产品、创新金融服务模式、支持新型农业经营主体和农村新产业新业态,扩大支农支小信贷支持力度。

四、完善监管体制,防范金融风险

数字金融作为金融服务新业态,虽然出现较晚,但是对现有金融系统冲击较大,更对目前金融监管制度提出了更高要求。虽然数字金融模式较新,但是数字金融其金融本质并未改变。数字金融是传统金融与网络化、信息化结合的产物,其创新主要体现在服务模式上,金融服务的内涵并未发生变化。从目前数字金融的发展来看,数字金融的主要功能仍然以移动支付、互联网理财等业务为主,并没有脱离金融的本质,也应当且必须接受金融监管。长期以来,我国金融监管的重点区域在城市,农村地区金融监管相对比较薄弱。因此,在数字金融下沉的趋势下,必须强化基层协作与监管力量,对涉农金融业务实施分类化、差异化监管。

（一）强化基层协作和监管力量

目前我国金融监管机构主要由中国人民银行、国家金融监管总局、证监会和部分金融行业协会构成，虽然监管体系较为完备，但是监管主体较多，不同机构之间沟通、协作与交流较为欠缺。数字金融平台不只涉及传统存贷业务，而且从事保险、基金销售等其他金融业务，对数字金融进行监管更为复杂，涉及监管部门更多。

根据我国数字金融发展现状，各级政府应基于本地实际情况探索金融监管新制度，协调不同监管机构之间工作，切实发挥金融监管"稳定器"作用。当下金融监管主要针对传统金融机构，监管数字金融需要大量复合型人才，目前监管人员在数字金融领域的知识较为欠缺，因此，必须扩充金融监管的行业队伍，尤其是增加基层监管机构的人员，加强数字金融知识的辅导，提升金融监管的水平。

（二）通过分类差异化监管降低金融风险

目前，我国金融监管采取统一标准，不同地区金融监管指标基本相同，监管缺乏差异性。与工业企业不同，受农业弱质性的影响，农业企业规模相对较小，盈利水平相对较低。因此，涉农信贷业务不良率相对较高，考虑监管指标的要求，金融机构不愿意开展涉农业务。因此，金融监管部门应当进行分类化、差异化监管，适当放宽涉农业务监管指标，提升涉农业务在考核指标中的权重。分类化、差异化的金融监管模式离不开地方政府配合，因此金融监管机构要加强与地方政府配合，利用网络数据及时有效地发现风险漏洞，提升金融监管技术水平和科技含量。

五、加强人才队伍建设，维护信息安全

数字金融平台的平稳健康运行必须有信息安全的保证，因此，要高度重视数字金融平台的信息安全，培育数字金融领域的相关人才，加强政府、监管机构、数字金融平台之间的交流，保障农业企业和农户交易过程中的数据隐私与安全。

（一）培育数字金融的高质量人才

人才是经济社会发展的重要动力，改革开放以来，我国培育了大量专业型人才，有力支撑了社会主义现代化建设。数字金融作为新生事物，出现的时间较晚，我国数字金融人才也相对较少。未来，我国在数字金融领域亟须三个方面人才：一是数字金融研发人才，二是数字金融管理人才，三是数字金融监管人才。数字金融平台要广泛吸收数字金融研发人才，不断推动数字金融平台的优化、完善；农业企业要培育数字金融管理人才，利用数字金

融平台服务企业发展需要；政府和金融监管部门需要大量的数字金融监管人才，持续加强对数字金融业务的监管，保证数字金融健康发展。

（二）加强信息沟通交流

以数字金融建设为载体，汇集梳理所有农业企业基本数据，特别是经营数据、财务数据，建立相对完善企业信息库，适时建设企业价值评估体系，将数据与各类金融机构共享对接，打通融资供求信息渠道，有效改善农业企业与金融机构的互相了解。并与"广东省中小融平台"建立数据交互机制，对接"广东金融支农联盟"平台，减少企业融资信息不对称性，降低金融机构的信息获取成本，加快中小企业融资速度，减少企业融资成本，实现信息整合、资源共享。

（三）维护信息数据安全

立法部门应该细化相关法律法规，明确数据资产的产权界定和归属，不能为了过度保护个人隐私而完全限制数字金融平台对数据的挖掘和分析，更不能完全放任企业将数据占为己有，应该在隐私保护与数据利用之间取得平衡。企业应当树立高度的社会责任意识，自觉主动维护数据安全，强化员工道德意识，优化企业数据管理体系，实现数据全流程专业管控。

第七章　产融合作与农业产业振兴

在金融业和产业发展过程中,产业对金融业起着重要支撑作用,而金融业对产业起着重要推动作用,金融业与产业之间相互作用关系在农业产业振兴中至关重要。近年来,乡村振兴战略大力推进,金融信息化建设在服务农业产业振兴过程中发挥着重要作用,上市企业亦开始走向产融合作发展道路,以精准扶贫的行为模式,有效衔接脱贫攻坚成果以推进中国式农业产业的现代化。本章首先介绍产融结合与产融合作概况,然后说明产融结合给各参与主体带来的收益;借助于信息化建设,金融机构不仅可以有效降低经营管理成本,更能深入了解乡村农业产业振兴主体的信用信息,提升金融服务乡村农业产业振兴的水平;并且以源于精准扶贫阶段的证据论证上市企业投资农业产业振兴亦具有同群效应,即上市公司的模仿行为有利于获得更多政府补贴、降低债务成本、增加销售,最终提升企业业绩,实现与乡村农业产业振兴的协作共赢;采用耦合协调度模型和空间计量模型,探讨金融发展与乡村振兴间影响机制、金融发展对乡村振兴的空间溢出效应;最后提出有关产融合作融资风险补偿的政策优化。

第一节　产融结合与产融合作概况

一、产融结合概况

(一) 基本概念

马克思在关于社会再生产理论中指出,产业资本循环过程分为购买、生产、销售三个阶段;在循环中依次采取生产资本、商品资本、货币资本三种形式;它们在时间上继起,在空间上并存,在每一种形式中完成对应的职能,共同构成产业资本。生产资本的职能在于生产价值和剩余价值;商品资本的职能是实现价值和剩余价值,产业资本循环过程是生产过程和流通过程的统一;货币资本职能是为生产剩余价值准备条件,产业资本循环与周转离不开货币资本桥梁作用。随着商业信用出现,一部分货币从工商业资本中游离出来,转化为生息资本从而形成一种相对独立的借贷资本,并出现了专门经营货币这一借贷资本具体形态的信用中介机构。在现实经济生活中,银行资本和商业银行是这类借贷资本和这一类信用中介机构的典型代表。当产业资本与银行资本通过货币资本这一形式相互作用时,就产生了本书所说的产融结合。

在传统意义中,产融结合主要有两种定义:第一种定义是指产业部门与金融部门为了谋求利润最大化,通过相互持股和人事参与等方式而进行一种联结。第二种定义更加侧重结果,认为产融结合会促使金融部门与产业部门相互进入彼此的业务领域(林强,2017)。

(二) 基本模式

关于产融结合定义,学界将其界定为金融资本和产业资本以股权为纽带的相互结合(何德旭和郑联盛,2017)。从目前世界各国产融结合实践探索来看,产融结合主要以"由产到融""由融到产"两种模式为主(图7-1)。第一种模式是产业部门主动结合金融部门,一般表现为产业端企业主动持有金融机构股权,或者在公司内部设立专门财务公司,这一模式被统称为"由产到融"。与之相对应的模式则是"由融到产",金融机构投资参股实体企业,

图 7-1 产融结合模式

介入企业经营运转。产融结合的这两种模式并无优劣之分,而我国产融结合主要以"由产到融"的模式为主(庄仲乔和郭立宏,2019)。其背后原因有两个:一是我国相关法律对商业银行等金融机构投资实体企业进行了限制;二是我国资本市场发育仍然不够成熟。随着我国资本市场完善,大量风险投资基金、产业投资基金纷纷成立,"由融到产"模式逐渐得到各方重视。

(三) 产融结合动因

1. 产业集团实现多元化投资,提高企业竞争能力

在经济快速发展过程中,许多企业开始实行多元化投资。对产业部门而言,实行产融结合是分散风险的重要途径。而对农业企业而言,主营产业财务风险较大,为减轻企业所面临风险、获得更高经济收益、提高企业综合实力,许多农业企业开始多元化经营,而多元化经营最大挑战就是资金不足,以自身资本积累很难在短时间内扩大企业规模。参股或建立自己金融平台可以稳定企业资金来源,降低交易成本,防止企业出现资金链断裂现

象,以上几点是农业企业多元化驱动进行产融结合的最重要原因。

2. 获得金融行业高额投资收益,提高企业净利润

目前国内金融市场制度还不够完善,国家对金融业有较严格管制程序,金融行业长期处于国家垄断地位,拥有超过实体行业的高额利润,金融行业发展前途及丰厚利润吸引越来越多的产业集团控股、参股。对于产业部门而言,在企业运营过程中出现资源过剩导致产业部门实行多元化投资策略,这在提高资源利用效率、扩大盈利能力同时也会面临很多财务风险。企业投资实体项目时,经常会出现许多不可控的现象,市场前景较难预料,导致企业投资风险较高。对投资回报率高、收入丰厚的金融业进行投资,相应的投资风险较低、收益回报较为稳定,有助于抵御在投资回报期内面临的财务风险。对高额利润的追求刺激农业企业实行产融结合多元化战略。

3. 减轻融资难度,降低融资成本

产融结合产生在一定程度上说明我国银行体系的政策性借贷等措施远远不能满足当今产业发展资本运作的需求。我国经济发展速度较快,实体经济的发展需要金融资本支持,许多企业在投资扩张时会出现资金不足、融资渠道窄现象,而我国商业银行属于国有控股企业,受企业性质约束(以盈利为目的),同时受资产负债表的制约,这导致国有银行不能为产业资本提供长期、大量信用资金。为了摆脱对传统融资渠道约束,大多数实体企业产生了介入金融业动力。产业资本与金融资本主动融合,可以为企业提供有保障的经营资本,从而促进企业进行跨行业经营,在横向、纵向上两个维度扩大企业生产链,实现企业间合并收购,增强企业竞争力,提高企业经营利润。

4. 减少企业贷款本息回收和坏账等风险

产融结合一定程度上促进了企业资金运转与银行信贷行为的紧密联系,有助于银企间合作。企业可以获得更加便利融资通道,比较方便获得低成本融资资金和金融服务。金融产业可以通过投资或者控股参与产业资本日常生产经营管理,了解企业财务状况,全面及时了解企业生产经营情况和财务水平,进而判断企业经营面临的风险。此举可以大大减少金融机构的信贷业务风险,防止应收账款的坏账产生。

二、产融合作概况

(一) 基本概念

与产融结合强调以股权结合为紧密联系的思路有所不同,产融合作则是指产业部门与金融部门之间加强沟通、强化联系,进而引导金融资源流向

图 7-2 产融合作基本概念示意图

产业的一种方式。因此,李扬等(1997)认为实体企业投资参股金融机构的这种产融结合模式仅仅是其中一种具体表现形式,并不是产融合作的唯一模式。产融合作立意要高于产融结合,其内涵比以股权持有为纽带的产融结合要广泛,具体示意图见图 7-2。产融合作可以切实促进储蓄向投资转化,从而有效缓解金融支持产业发展力度不足的难题。金融是对资本的一种安排,资本又代表了对资源的占有程度。从经济发展现实来看,实体企业与金融机构间以普通债权为联系各种互动都可以归结为产融合作(张鹏和杨珩昱,2020)。

(二)主要特点

从中国产融合作实践探索历程来看,产融合作具有整体性、复杂性、多样性和特殊性四大特点。

(1) 整体性。从全球范围产融合作实践来看,产融合作涉及金融机构、实体企业、政府部门甚至是担保机构等众多的经济主体,这些经济主体之间相互沟通、相互依存,共同组成了产融合作这一有机联系整体。

(2) 复杂性。产融合作复杂性主要表现在两个方面:一是如何协调参与产融合作经济主体,实现效率最大化。在产融合作开展过程中,不同经济主体发挥不同作用,如何协调各经济主体运行,确保产融合作效率达到最大,是一项复杂工程。二是参与产融合作主体如何实现集体价值最大化及利益分配合理化。企业参与产融合作的目的是获取资金支持,金融机构则是要在确保风险可控的前提下谋求一定利润,政府则希望产融合作机制能够有效运行,从而确保经济平稳健康发展。因此,如何协调不同经济主体的利益关系同样具有较强的挑战性和复杂性。

(3) 多样性。对于不同类型产业和企业而言,产融合作有不同表现形式。对于数量众多的中小企业而言,产融合作的金融端以商业银行为主,银行贷款是产融合作最突出表现形式;对于大型企业尤其是上市公司而言,产融合作金融端包括多种类型金融机构,它们既可以通过商业银行信用贷款获取信贷资金,也可以深度参与资本市场,通过资本市场直接融资;大型国企和行业领域头部企业更可以通过参股、控股金融机构及成立财务公司等方式实现产融合作。

(4) 特殊性。产融合作是社会生产力发展的必然产物,内生于经济发展需要,但在不同历史时期及在不同国家和地区,产融合作又表现出其特殊性。西方发达国家金融市场经过长久发展已经相对完善,大型金融机构众多,其产融合作主要采取"金融控股公司"的模式,产业部门多依赖资本市场进行直接融资。而社会主义市场经济具有中国特色,具有资本主义国家所不具备的制度优势。"有为政府"和"有效市场"的结合构成了我国市场经济最显著的特征,因此我国产融合作同样不同于西方国家。我国产融合作具有"政府引导、银企合作"特点,政府积极促进商业银行与实体企业对接,引导金融系统服务企业发展。这种做法能够有效减少金融体系不完善所导致的资金约束和金融抑制现象。

三、产融合作对农业企业融资影响

(一) 信息作用

在传统融资模式下,农业企业存在"融资难、融资慢、融资贵"等难题,是因为农业企业财务信息相对比较缺乏,银行很难全面掌握农业企业的财务和经营信息,银行与农业企业之间的信息不对称程度较高。而金融业与产业部门之间的产融结合可以有效降低不对称程度,进而缓解农业企业的融资约束。

首先,金融机构与农业企业之间进行产融结合,能够通过股权、人事等多个层面建立联系,使得农业企业与金融机构之间沟通联系逐渐紧密。农业企业与金融机构联系增多能够帮助金融机构了解农业企业相关信息,降低金融机构审核、调查成本,缓解信息不对称的矛盾。其次,金融机构与农业企业之间结合有助于贷后交流,金融机构可以持续加强对资金管理与监督,有效避免逆向选择、道德风险等现象发生(周卉、谭跃,2018)。最后,农业企业通过参股金融机构等手段进行产融结合,农业企业可以树立经营良好、财务稳健等正面积极形象,进而能够向资本市场传递良好信号,增强农业企业声誉和认可度,有利于促进农业企业在资本市场上获得更多的融资,拓宽农业企业融资渠道。

(二) 关联作用

我国法律明确禁止商业银行投资参股实体企业,我国目前产融结合主要表现为"由产到融",实体企业投资参股金融机构。对于大型农业企业尤其是上市农业企业来说,当农业企业持有超过金融机构5%的股权时,农业企业可以选派人员进入机构的董事会。当农业企业人员进入金融机构董事会时,农业企业与金融机构关联愈发紧密,不仅可以影响金融机构信贷资金配置,更可以影响金融机构重大战略决策。

即使农业企业对金融机构的持股比例达不到5%的底线,但是基于股权联系所构建关系网络足以在一定程度上影响金融机构信贷决策,农业企业同样可以获得大量信贷资金。以我国为例，目前已经上市的农业企业大部分均持有金融机构，尤其是商业银行股权。早在1996年新希望集团便参股设立民生银行，并一度成为第一大股东；2008年隆平高科联合多家企业共同出资成立桃江建信村镇银行。但目前我国大部分村镇银行发起人和股东仍然以金融机构为主，大型农业企业持股金融机构比例仍然受限制，大型农业企业仍然缺少话语权。

第二节　产融结合主体收益

一、产融结合主体预期收益形态

（一）合作共赢

合作共赢情况下，产融双方预期收益均超过预期成本，同时双方互相友善地参与对方的生产经营或管理过程，这使得双方总收益最大化。处于种子期或者创业初期的中小企业与天使投资人、私募股权基金等机构在产融结合过程中，很重要的一点就是投资人对被投资企业股权的持有特征，在这种特性作用下，产融双方都积极投身企业发展，并促进双方自身的迅速发展，最终达到利益最大化的目的。

（二）各得其所

各得其所情况下，产融双方预期收益超过预期成本，但与合作共赢的情况不一样的是：产融双方结合程度基本停留在资金或者其他基本所需层面，没有进一步深入结合。产融双方更多是一种借贷关系，没有在更深层面结合。当然，这种方式的好处是产融双方可以有更多时间、精力来关注自身业务拓展，而不必关注对方经营管理状态，其潜在风险亦较小。

（三）一方占优

一方占优情况下，产融双方只有一方预期收益超过预期成本，而另一方处于收益与成本均衡或总收益较小的状态。这时具有正收益一方将主动积极地参与产融结合的制度变迁过程中，而收益较小一方则处于被动状态。一般情况下，一方占优的结合方式，很难推动制度变迁，但如果有外界辅助因素的推动，则可能推动这种情况下的制度变迁。最常见的外部推动者是政府，政府可以通过一些鼓励措施或者财政政策增加被动方的收益，或者推动政策性机构参与产融结合，以达到产融结合宏观收益为正的目的。

(四) 损人利己

损人利己情况下，产融双方只有一方预期收益超过预期成本，而另一方处于收益与成本失衡状态。这时，占优的一方会积极主动地推动产融结合发展，而处于劣势一方会积极抵制其发生。两种情况会导致这种损人利己的现象：第一种情况是占优方或者外界因素的强制介入；第二种情况是劣势方受到欺骗性或误导性信息干扰。

二、产业端收益

首先，从国家层面来看，产融结合为经济社会发展服务。农业企业项目建设周期较长，资金需求量较大。一些农业企业的融资需求具有期限短、规模大等特点，单纯依靠企业自有资金或财政补贴远远不能满足需求，这时候让金融资本进入这个领域是一个较为理性的选择。其次，从产业层面来讲，产业结构升级是产业发展的永恒主题和不变诉求，对于农业产业来说，社会各界主要关注如何实现其结构升级，怎样提升其全要素生产率，降低农业的弱质性，提升其盈利水平。最后，从企业层面来看，产融结合是大型农业企业投融资的一种途径。企业进行产融结合在本质上仍然是追求企业自身利润最大化。无论是战略方面考虑还是其他方面考虑，归根到底还是为了盈利，即便短期来看不能盈利太多，但从长期来看一定需要具有盈利性，否则农业企业不会选择产融结合。大型农业企业，尤其是农业上市企业选择产融结合不仅可以降低企业自身融资成本，还可以扩大企业融资规模、改变融资结构、拓宽融资渠道（谭小芳、范静，2016）。

（一）降低融资成本

农业企业融资成本是指农业企业在获得资金使用权时需要支付给资金所有者的报酬。目前金融市场中，农业企业融资成本由利息和手续费两部分组成。从利息角度看，当农业企业向商业银行申请贷款时，商业银行让渡了贷款资金使用权给农业企业，因此农业企业需要支付一定利息。从手续费角度看，农业企业在融资过程中需要支付数额不等的手续费。

当农业企业采取间接融资模式，即申请银行贷款时，手续费是最低的，农业企业只需要按时偿还利息即可。但当农业企业缺少抵押物时，寻找担保机构进行信用担保则需要向担保机构支付一定担保费。当农业企业采取直接融资模式时，则需要支付较高手续费。大型农业龙头企业发行股票直接融资时，需要经过一系列程序，包括：企业需要委托专业会计师事务所对资产进行全面评估，并对企业财务状况进行审计，相关费用较高。当企业进入证券监管机构审核程序时，农业企业需要委托专业证券公司参与股票保荐、发行工作。在农业企业股票上市过程中,除了要向参与机构支付手续费外,还要支付大量宣传费、推广费、公关费等。与股票融资相比,农业企业利用债权融资同样要支付一定手续费,但一般来说,债券融资涉及主体相对较少,手续费要显著低于股票融资,但债券融资仍要定期向投资者支付利息。因此,从融资成本角度来看,直接融资与间接融资成本很难比较。虽然银行贷款只需要支付利息,但商业银行对于涉农业务慎贷、惜贷心理较严重;股票融资虽然不需要支付利息,但是手续费用较高,债券融资手续费用低于股票融资,需要定期支付利息。无论采用哪种融资方式,农业企业均需要付出一定成本。如果农业企业采用产融结合模式进行融资,则可以有效降低融资成本。一方面,农业企业持股金融机构在一定程度上可以影响金融机构信贷决策,降低贷款利息水平;另一方面,农业企业与金融机构产融结合有助于企业树立良好社会形象,降低直接融资费用。

(二) 扩大融资规模

大型农业企业通过参股金融机构进行产融结合有利于企业拓展融资渠道,扩大融资规模。农业企业与金融机构产融结合可以通过直接渠道、间接渠道两条路径扩大企业融资规模。直接渠道主要是指农业企业实施产融结合可以直接从金融机构获得资金一种方式。从产融合作金融端进行划分,农业企业产融结合可以划分为三种类型,一是与商业银行进行产融结合;二是与证券公司等机构进行产融结合;三是在企业内部设立财务公司进行产融结合。

当农业企业与商业银行进行产融结合时,参与产融结合农业企业主动出资参股商业银行,其作为投资方在一定程度上可以拉近与商业银行间关系,在一定情况下甚至可以影响银行信贷决策。因此与没有进行产融结合企业相比,参与产融结合农业企业更容易从银行获得信贷资金,融资规模较大。当农业企业与证券机构、基金公司进行产融结合时,农业企业可以利用自身与金融机构关系利用股票、债券等金融工具进行直接融资,提升直接融资规模。当农业企业在内部设立财务公司进行产融结合时,财务公司可以有效汇集企业内部资金,提升企业内部资金的使用效率(范静,2015)。

产融结合间接渠道主要包括关联交易、担保贷款及关联方拆借等。农业企业产融结合可以通过关联交易形成商业信用,短期商业信用不仅可以有效缓解农业企业资金周转压力,而且可以起到融资作用。农业企业产融结合涉及众多关联机构,这些关联机构可以为农业企业提供信贷担保,增加农业企业申请贷款成功概率。关联方拆借是指农业企业与金融机构可以在法律许可的范围内进行资金拆借,这在一定程度上可以满足企业短期的大量的资金需求。

（三）改变融资结构

农业企业融资结构是指农业企业在融资时，各种融资渠道有机构成及其融资额所占比重关系。按照融资方式的不同，可以将农业企业融资渠道划分为直接融资和间接融资两种，其中，间接融资是银行信贷，直接融资包括股票融资、债权融资等多种类型。按照融资类型划分，可以将农业企业融资分为内源性融资、外源性融资两类。

农业企业进行产融结合可以有效拓宽企业外源性融资渠道，尤其是在债券融资领域。农业企业通过投资参股银行等金融机构可以迅速实现"资本市场的内部化"，进而有效缓解企业自身与金融机构之间信息不对称程度，最终加速推进债券融资进程。因此，农业企业与金融机构之间产融结合不仅可以拓宽间接融资渠道，而且有利于提升直接融资比重。产融结合可以改变农业企业的融资结构，但是间接融资与直接融资之间的比重变化情况需要进一步研究。

三、金融端收益

（一）降低交易成本

在社会主义市场经济体制下，农业企业与金融机构均是具有独立法人资格的微观经济主体。虽然农业企业主要从事商品生产，金融机构则从事金融活动，但是这两大经济主体均坚持市场化运营，追求自身利益最大化。在现代经济运行模式下，金融行业处于核心地位，掌握大量资金，而农业企业普遍面临较强的融资约束、缺乏资金，亟须金融行业支持。因受地理区位条件制约及农业企业自身财务不规范等因素影响，农业企业与金融机构之间信息不对称程度较高，金融机构在处理涉农业务时需要投入大量人力和资金成本。而产融结合的出现可以有效缓解金融机构与农业企业之间的信息不对称的矛盾，从而有助于简化涉农金融业务办理流程，降低金融交易成本（严志，2007）。

（二）降低风险

农业具有天然弱质性，农业企业规模普遍较小。金融机构更愿意将资金投放到规模相对较大、盈利水平较高的工业企业。金融机构出于盈利性及防范化解金融风险的需要，不愿意将资金投放给农业企业。产融结合可以增强金融机构对农业企业的了解，降低金融机构与农业企业之间信息不对称程度。金融机构在贷前可以有效了解农业企业财务信息，在贷款发放后可以增强资金管理，进而降低金融机构可能面临的风险。

（三）获得协同效应收益

协同效应是指农业企业与金融机构通过资源共享等方式联合在一起，

获得协同收益。协同效应主要包括经营协同效应和财务协同效应两种。经营协同效应主要是指结合双方企业经济上互补,规模经济等,产融结合通过将双方公司一体化,给企业生产经营活动在效率方面带来了变化,也带来了因生产效率的提高而产生的效益。经营协同效应主要是双方通过共用渠道、销售终端和客户群来降低两种产品的成本,结合之后两种产品的成本之和小于结合之前两者成本之和,这些减少的成本就是产融结合双方获得的收益。财务协同效应是指产融结合给企业在财务方面带来的种种效益,可以表现为资金在结合企业间有效配置使得产融结合后的企业资金使用效益得到提高。

(四)分享产业利润

资本天生就有追逐利润的动力,金融业资本也不例外,只要有机会和途径能够获得更高利润,金融资本就不会错过这种攫取利润的机会。在现代经济中,总有一些实体产业能够获得超额经济利润,它们可能在市场上拥有垄断地位,通过技术垄断阻止其他竞争者进入自己所在行业,或者通过规模效益降低自身生产成本,压缩竞争者的利润,这些都可以使得企业在市场上获得垄断利润。它们也可以通过填补市场空白而获得超额利润,通过向市场提供一种以前市场上不存在的商品而制造供不应求的局面,从而使产品价格即便非常高也依然有强劲需求,这时候企业就能够获得高额利润。由于高额利润诱惑和资本追逐利润的本性,金融机构不再仅仅满足于向资金需求方提供债权类融资,而是开始寻求参股或者控股那些能够创造高额利润的行业或者企业,分享行业或者企业带来的高额利润。

(五)获得流动性补偿

金融业与农业企业进行产融结合时,金融业可以通过向农业企业提供流动性需要获得流动性补偿。金融业向农业企业提供流动性的行为很常见,具体方式可以是金融机构同农业企业签订战略合作协议或者贷款协议,约定农业企业在流动性困难时有优先获得向金融机构融资的权利。但是这种流动性保障并不是无偿的,农业企业必须为这种流动性保障提供一定补偿,即流动性补偿。

流动性补偿成本其实是一种机会成本,即金融企业不将资金提供给产融结合的对方,而是提供给其他资金需求者,也能够从对方那里获得一定利息或者其他形式利润。金融市场本身就是一个买卖资金使用权的市场,为企业提供流动性就等于让渡了资金在一定时期内的使用权,这种让渡应该是有偿的,至于价格到底是多少,一般由涉农金融市场上的各个主体通过竞争和供求来决定。

第三节　金融发展信息化建设与农业产业振兴

长期以来中国农业产业发展资金主要来自两个方面，一是各级政府财政投入；二是金融机构贷款。与政府有限的财政投入相比，从金融机构获取资金不仅可以优化乡村资源配置，更能够借助市场化手段调动社会资本参与农业产业振兴。因此，金融在服务农业产业振兴过程中发挥着重要作用。早在 2018 年，国务院印发的《乡村振兴战略规划（2018—2022 年）》已经明确提出，要大力引导金融资源流向乡村发展的重点领域和薄弱领域，不断满足农业产业振兴工程的大量资金需求和多样化金融需求。然而，受农业天然弱质性与资本逐利性矛盾的影响，金融服务农业产业振兴仍然面临着乡村地区征信体系不健全、抵押担保机制缺失、坏账率高等一系列问题（李阳和于滨铜，2020），由此导致金融服务农业产业振兴积极性较低，金融支农效率不高。在众多影响因素中，交易成本高与信息不对称成为制约金融服务农业产业振兴重要原因。一方面，与城镇相比，乡村地区人口较少且居住较为分散、人口密度较小，加之部分山区和偏远地区交通不便，因此，金融机构在乡村地区开展金融服务时，面临着较高经营管理成本（张云，2015）。出于盈利目的考虑，以商业银行为代表的金融机构逐渐收缩乡村服务网点，出现"离乡进城"现象（庄希勤和蔡卫星，2021）。另一方面，乡村主体受各种主客观因素制约，很难将自身信用信息有效地传递给金融机构，导致金融机构与乡村主体之间"信息鸿沟"逐渐加深。金融机构为了尽可能降低涉农贷款的不良率，会通过资金配给等措施，减少农业产业振兴资金投放。各种因素叠加导致金融服务农村振兴能力在一定程度上不断弱化，乡村主体不得不花费较多时间成本和交通成本来获取金融服务。以互联网和移动通信技术为代表的新一代信息技术手段具有广覆盖、低成本和便捷迅速等优势，借助于信息化建设，金融机构不仅可以有效降低经营管理成本，而且更能够深入了解乡村主体信用信息。因此，信息化水平的快速提高为金融服务农业产业振兴提供了新机遇。

近年来，针对金融发展、信息化建设与农业产业振兴之间的关系，相关学者进行了一些研究。成果总体上可归纳为三个方面：一是关注金融服务和信息化建设对于农业产业振兴的重要意义（王燕等，2018；Chen et al.，2021）。二是致力于金融服务农业产业振兴的现状分析与路径研究（张芳和康芸芸，2020；张林和温涛，2021；陆静超，2021）。三是具体分析金融对农业产业振兴某一方面的影响（余春苗和任常青，2021）。然而，上述文献对农业产业振兴的关注明显是不充分的：一方面，尽管有部分学者定量分析了金融对农业产业振兴的影响(熊正德等，2021；葛和平和钱宇，2021)，但遗憾的是，这些研究对于农业产业振兴评价指标的选取较为单一；另一方面，信息化的作用被严重忽略(徐光顺和蒋远胜，2017)，尤其是信息化建设对于改善金融服务的重要意义，目前并没有得到有力诠释。因此，我们试图拓展上述研究思路，实证分析金融发展与信息化建设对农业产业振兴的影响，同时厘清信息化建设是否能够优化金融服务，进而揭示出未来引导金融参与农业产业振兴的着力点与方向。

一、理论机制分析

（一）金融服务农业产业振兴

产业兴旺是农业产业振兴的核心与基础，但当前中国乡村产业发展普遍处于高耗能、高污染、低附加值阶段，推动乡村产业从粗放型向集约化转变需要投入大量资金，而金融机构可以为乡村产业升级提供所需资金。金融机构参与农业产业振兴不仅有助于盘活乡村地区土地资源，而且有利于引导人才、技术向乡村地区流动(张婷婷和李政，2019)。随着经济发展方式转变，绿色金融逐渐成为金融发展新理念，金融机构在绿色金融理念指导下，将环境保护与污染治理纳入日常经营活动中，通过引导信贷资金流向环境友好型农业项目，推动乡村地区更加生态宜居(蔡兴等，2019)。金融发展在促进乡村产业兴旺的同时，更能够有效提升居民的受教育水平和文化素养，从而改善乡风文明。金融机构规范化、制度化运行能够为乡村地区的社会治理形成示范，倒逼乡村治理走向更加制度化、民主化与法治化的道路。生活富裕主要体现在居民收入水平提高，金融发展不仅为乡村居民提供更加丰富的投资渠道，而且产业兴旺能够为农民提供稳定的收入来源，促进生活更加富裕。因此，金融发展完全契合农业产业振兴的总体要求，可以有效推动乡村振兴战略的实施。

（二）信息化助力农业产业振兴

信息化建设助力农业产业振兴的路径可以从三个维度加以阐释：第一，通过加强双向信息沟通，降低产销双方信息不对称程度，让乡村各主体能够充分获取价格信息，从而降低成本投入，增加销售收入。以普通的种植农户为例，随着乡村地区网络设施的完善和移动智能手机的普及，农户获取农药、化肥等农业生产资料的价格信息获取日益便捷，这有效解决了长久以来农村地区因信息闭塞而导致的生产资料价格偏高问题，同时也让农户随时掌握农产品价格与需求量等信息。信息化建设不仅有效降低了产品销售前的搜寻成本,更提升了普通农户在销售环节的谈判能力和话语权。

第二,电商平台搭建,传统农业生产资料销售大多采用多层经销商模式,由于乡村地区交通不便且经销商数量有限,乡村地区生产资料销售缺乏竞争,基层经销商处于垄断地位,导致农户购买的生产资料价格偏高。而电商平台的出现直接将农户与厂商联系起来,可供农户选择的厂商逐渐增多,此举不仅增加了生产资料市场的竞争程度,更促使生产资料市场价格的相应下降。随着乡村物流系统的完善,越来越多的农户利用移动手机进入电商平台销售农产品,不仅有效减少了农产品销售的中间环节,更提高了农产品的销售价格。

第三,信息化建设可以通过促进乡村地区教育、医疗、金融等社会服务水平提升,从而促进乡村振兴。

(三) 信息化对金融服务农业产业振兴影响

信息不对称是金融机构参与农业产业振兴面临的最大难题,加之农村地区地广人稀,以物理网点为主的传统金融服务模式面临较高的经营成本。信息化建设不仅提高了金融机构对乡村主体信息的掌握程度,降低了信息搜集成本,而且更有助于解决逆向选择问题;此外,互联网和移动通信技术的普及便于金融机构进行贷后监督,从而有助于降低道德风险的发生概率。

二、模型设定与变量

(一) 模型设定

在使用中国省级面板数据实证分析金融发展与信息化建设对农业产业振兴影响时,必然会涉及金融发展与信息化两个变量,鉴于信息化建设在缓解金融支农面临的逆向选择与道德风险方面发挥的重要作用,传统的线性估计方法失灵。因此,我们将金融发展与信息化的交互项(乘积项)引入模型之中,设定包含交互项的模型如下:

$$rural_{it} = \alpha + \beta_1 fin + \beta_2 net + \beta_3 fin \times net + \gamma X + \varepsilon_{it} \quad (7.1)$$

其中,i 表示省(区、市)、t 表示时间;$rural$ 表示乡村农业产业振兴,fin 表示金融发展,net 表示信息化建设;$fin \times net$ 是金融发展与信息化建设的交互项;X 表示经济发展水平、固定资产投资等控制变量,ε 表示随机扰动项。

(二) 变量选取

1. 被解释变量

早期对于乡村农业产业振兴评价体系的研究,大多从物质文明、精神文明、制度文明和生态文明四个维度着手,后来逐渐转变为从生活宽裕、乡村文明、村容村貌和基层民主等角度构建评价体系(闫周府和吴方卫,2019)。

随着国家乡村振兴战略的推进及基层试点探索,相关研究逐渐以中央政府的政策导向为指引,来构建评价体系。我们在参考相关研究的基础上(张挺等,2018;贾晋等,2018),以乡村振兴的五项总要求作为出发点,在综合考虑数据可得性的基础上,从产业兴旺、生态宜居、乡风文明、治理有效、生活富裕这五个维度着手,选择13个分项指标和28个微观具体指标(表7-1),使用熵权法测度乡村农业产业振兴发展状况。

表7-1 乡村农业产业振兴评价指标体系

总指标	维度	分项指标	具体指标
乡村农业产业振兴	产业兴旺	产业结构水平	非农产业占比
			非农产业从业人员占比
			人均第一产业产值
		产业科技水平	每万人农业科技人员数
			农作物耕种综合机械化率
		产业效率水平	单位面积农产品产量
	生态宜居	自然环境	村庄绿化覆盖率
			森林覆盖率
			每公顷农药使用量
		人工环境	道路硬化率
			自来水普及率
			卫生厕所改造户占比
			乡村医生和卫生员数
	乡风文明	文化	农村文化活动场所数
			人均公共文化设施面积
			县级以上文明村占比
		娱乐	农村人均教育文化娱乐消费支出
		教育	乡村中小学数量占比
			农村居民平均受教育年限

续表

总指标	维度	分项指标	具 体 指 标
乡村农业产业振兴	治理有效	村民自治	村务公开率
		乡村法治	全国民主法治示范村占比
			万人刑事案件立案数
	生活富裕	收入水平	农村居民人均可支配收入
			城乡居民收入比
		消费水平	农村居民消费水平
			城乡居民消费比
		生活质量	汽车拥有量
			人均食品消费蛋白质含量

2. 解释变量

核心解释变量包括金融发展和信息化建设两个指标,这里使用互联网普及率作为信息化的代理变量。对于如何构建金融发展评价指标,现有研究大多从渗透性、可得性和实用性三个维度着手(陈银娥等,2020;李建军等,2020),同样使用熵权法从金融服务可得性、渗透性与使用程度三个层面构建金融发展评价指标体系(表7-2)。

表7-2 金融发展评价指标体系

总指标	维度	分 项 指 标	具 体 指 标
金融发展	可得性	金融机构网点密度	每万平方公里拥有金融机构网点数
		金融机构服务人员密度	每万人拥有金融机构服务人员数
	渗透性	存款余额	农村金融机构人均存款余额
		贷款余额	农村金融机构人均贷款余额
		农业保险	农业保险密度
			农业保险深度
		涉农贷款	涉农贷款/GDP

续 表

总指标	维度	分项指标	具体指标
金融发展	使用程度	存款占比	金融机构存款余额/GDP
		贷款占比	金融机构贷款余额/GDP
		保险赔付	农业保险理赔支出/农业保险保费收入

3. 控制变量

经济发展水平（eco），一般而言，经济发展水平越高的地区，综合实力相对较强，更有实力推动农业产业振兴，考虑到各省（区、市）整体经济发展水平的高低对农业产业振兴的影响，使用人均GDP来衡量经济发展水平。固定资产投资（inv），农户固定资产投资在促进农业发展、农民增收、乡村振兴等领域发挥重要作用，是拉动乡村经济增长的重要动力，因此，我们使用农户固定资产投资来衡量各地区固定资产投资水平。财政支出（pub），农业产业振兴的资金来源主要来自两个方面，一是金融机构，二是政府财政。苏春红和解垩（2015）发现财政支出和转移支付对乡村减贫与发展具有重要影响，因此我们使用各省（区、市）农林水事物支出占财政总支出的比重衡量财政参与农业产业振兴的力度。城镇化（city），随着工业化和城镇化的推进，乡村逐渐转变为向城市提供土地、食物和劳动力，城乡价值失衡逐步加剧（黄祖辉和马彦丽，2020）。因此，要实现农业产业振兴必须跳出乡村的视角，发挥城乡互动与城镇化对乡村的带动作用，使用城镇人口占总人口的比重衡量城镇化发展水平。科技创新（tec），创新是引领乡村发展的第一动力，实施乡村振兴战略必须以农业科技创新作为支撑。为了衡量科技创新对农业产业振兴的影响，我们使用各地区科研经费投入强度作为科技创新的代理变量。

（三）描述性统计

数据主要来自各省份统计年鉴，部分数据来自Wind和EPS。表7-3为数据描述性统计结果，其中，经济发展水平与固定资产投资是取对数后的结果。

表7-3 主要指标描述性统计

变量	符号	均值	标准差	最小值	最大值
农业产业振兴	$farm$	0.465	0.22	0.037	0.963
金融发展	fin	0.869	0.12	0.291	0.999

续表

变量	符号	均值	标准差	最小值	最大值
信息化	*net*	0.486	0.154	0.151	0.851
经济发展水平	*eco*	9.69	0.886	6.986	11.587
固定资产投资	*inv*	5.338	1.174	0.405	6.874
财政支出	*pub*	0.113	0.032	0.036	0.19
城镇化	*city*	0.564	0.128	0.299	0.896
科技创新	*tec*	1.591	1.103	0.34	6.315

图 7-3 展示了 2009—2019 年中国各省份金融发展、信息化与农业产业振兴平均水平的时间趋势。从图中可以看出，2009 年各省（区、市）农业产业振兴的平均水平仅为 0.08，而到了 2019 已经达到 0.723；金融发展从 2009 年的 0.688 攀升至 2019 年的 0.975；信息化水平从 2009 年的 30.5% 攀升至 2019 的 64.8%。伴随着金融发展和信息化水平的提高，农业产业振兴水平也呈现出逐年上升的趋势。这说明了金融发展、信息化建设与农业产业振兴之间的正相关关系。

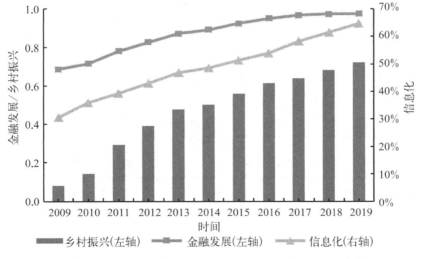

图 7-3　2009—2019 年中国各省（区、市）金融发展、信息化与农业产业振兴平均水平时间趋势

三、实证结果分析

我们首先使用固定效应模型进行基准回归,来估计金融发展和信息化对农业产业振兴的影响,探究信息化建设能否缓解逆向选择与道德风险,能否提升金融服务农业产业振兴的能力和水平;然后针对中国不同地区进行区域异质性检验,分析金融发展与信息化对农业产业振兴的影响在不同地区间的差异;接着使用动态面板模型进行稳健性检验;最后使用工具变量进行内生性分析。

(一)基准回归

表 7-4 是使用固定效应模型得到的估计结果,表 7-4 的前两列没有加入交互项。从表中结果可以看出,金融发展 fin 和信息化 net 的系数估计值均显著为正,这表明金融发展和信息化建设均显著地促进了农业产业振兴。从第(2)列的估计结果来看,eco 的估计系数在 1% 的显著性水平上显著为正,表明地区经济发展水平与农业产业振兴正相关;inv 的估计系数同样在 1% 的显著性水平上为正,意味着固定资产投资能有效促进乡村地区的发展;pub 的估计系数同样为正,这意味着政府财政投入仍然是推动农业产业振兴的重要动力;tec 的系数估计值显著为正,说明科技创新水平的提高有利于推动乡村产业实现跨越式发展,从而推动乡村地区产业兴旺;$city$ 的系数不显著,表明中国当前的城镇化进程并未显著反哺乡村发展。

表 7-4 基准回归结果

变量	(1)	(2)	(3)	(4)
fin	0.475*** (6.26)	0.148** (2.18)	0.524*** (6.18)	0.218*** (2.90)
net	0.009*** (17.39)	0.003*** (4.31)	0.008*** (16.59)	0.003*** (3.76)
$fin \times net$			0.002 (1.28)	0.004** (2.12)
eco		0.277*** (5.67)		0.265*** (5.43)
inv		0.124*** (5.97)		0.135*** (6.34)
pub		1.923*** (4.95)		1.714*** (4.30)

续表

变量	(1)	(2)	(3)	(4)
tec		0.138*** (5.12)		0.116*** (4.00)
$city$		0.004 (1.31)		0.006* (1.95)
时间固定	YES	YES	YES	YES
地区固定	YES	YES	YES	YES
N	330	330	330	330
R^2	0.825	0.889	0.826	0.890

注：***、**、* 分别代表在 1%、5%、10% 水平上显著，括号内数据为 t 统计量。下同。

表 7-4 中的第（3）列和第（4）列分别是加入交互项的估计结果。从结果可以看出金融发展 fin 和信息化 net 的系数均显著为正，与第（1）列和第（2）列相比，加入交互项后的 fin 系数估计值得到了显著提升，这说明信息化建设可以有效缓解金融参与农业产业振兴面临的逆向选择与道德风险等问题，有助于提升金融服务农业产业振兴的能力和水平。

（二）异质性分析

虽然对中国省级面板数据的实证检验论证了金融发展与信息化建设对农业产业振兴的积极影响，但是从发展现状来看，中国各地区之间存在较大发展差异，这势必会导致金融发展与信息化建设对农业产业振兴的影响在区域间存在明显差别，因此，必须在区域层面进行更深入的分析。我们将各省（区、市）归入东部、中部和西部地区①，进行区域异质性分析。表 7-5 是区域异质性的检验结果。可以看出，考虑到区位因素后，核心解释变量 fin 和 net 的系数估计值呈现出较大差异，金融发展与信息化对农业产业振兴的影响在三大地区间存在显著的分化。金融发展 fin 在东部地区和中部地区的系数估计值不显著，而在西部地区非常显著。这可能由于东、中部地区金融发展水平较高，金融资源丰富，金融服务农业产业振兴的提升空间较小，而

---

① 东部地区包括北京、天津、河北、山东、江苏、上海、浙江、福建、广东和海南 10 省（市）；中部地区包括黑龙江、吉林、山西、河南、安徽、江西、辽宁、湖南和湖北 9 省；西部地区包括内蒙古、四川、云南、贵州、重庆、广西、陕西、甘肃、青海、宁夏和新疆 11 省（区、市）；因西藏数据缺失，故没有列入。

西部地区金融发展水平较低，金融资源较为匮乏，金融参与农业产业振兴仍然存在较大的提升空间。与金融发展的估计结果相反，信息化 net 的系数值在西部地区不显著，而在东部地区和中部地区非常显著。这表明东中部地区的信息化建设正在转变为农业产业振兴的动力，东、中部地区应该通过信息化建设优化金融资源的配置，引导资金流向农业产业振兴领域；而西部地区的金融资源较为缺乏，信息化建设对金融资源配置的影响较小。通过系数对比可以发现，目前金融发展与信息化建设对中国农业产业振兴的影响在区域间存在显著差异，中国东部地区已经进入以信息建设引导金融资源服务农业产业振兴的新阶段，而西部地区仍然处于以发展金融为主的阶段。

表 7-5 区域异质性的检验结果

变量	东部		中部		西部	
	(1)	(2)	(3)	(4)	(5)	(6)
fin	0.224 (1.46)	0.242 (1.54)	−0.145 (−1.06)	−0.007 (−0.04)	0.176* (1.82)	0.321** (2.54)
net	0.004*** (3.75)	0.004*** (3.78)	0.007*** (4.02)	0.006*** (3.91)	0.002 (1.50)	0.001 (0.91)
$fin \times net$		−0.002 (−0.58)		0.006 (1.18)		0.005* (1.76)
控制变量	YES	YES	YES	YES	YES	YES
时间固定	YES	YES	YES	YES	YES	YES
地区固定	YES	YES	YES	YES	YES	YES
N	110	110	99	99	121	121
R^2	0.897	0.898	0.838	0.841	0.929	0.931

（三）稳健性检验

考虑研究结论的稳健，我们尝试引入动态面板数据模型，对总体样本和区域异质性的结论进行稳健性检验，表 7-6 是稳健性检验的结果。其中第（1）列和第（2）列是对总体研究对象进行检验，第（3）列是东部地区的检验结果，第（4）列和第（5）列分别是中部地区与西部地区的检验结果。从表 7-6 显示，AR(1)的 P 值小于 0.05，AR(2)的 P 值大于 0.05，说明存在一阶自相关，但不存在二阶自相关，因此可以接受扰动项无自相关的原假设，而

Sargan 检验的 P 值接近于 1,显示不存在工具变量的过度识别问题,呈现出良好的稳健性。金融发展对农业产业振兴的影响在东部地区和中部地区表现得不显著,在西部地区则较为显著;信息化对西部地区农业产业振兴的直接影响不显著,但在东部地区和中部地区的影响较为显著。检验结果和上文基本保持一致,说明研究结论具有较强稳健性。

表 7-6　稳 健 性 检 验

变量	总体		东	中	西
	(1)	(2)	(3)	(4)	(5)
$L.farm$	0.644*** (7.90)	0.648*** (7.71)	0.595*** (7.44)	0.598*** (7.69)	0.686*** (7.62)
fin	0.442** (2.55)	0.409** (2.21)	0.063 (0.45)	0.072 (0.54)	0.337** (2.09)
net	0.001*** (2.67)	0.001** (2.34)	0.006** (2.55)	0.006*** (3.18)	0.001 (0.83)
$fin \times net$		0.002 (0.69)	0.005 (0.70)	0.005 (0.79)	0.014* (1.85)
控制变量	YES	YES	YES	YES	YES
N	300	300	100	90	110
AR(1)_P	0.001	0.001	0.002	0.001	0.001
AR(2)_P	0.253	0.312	0.317	0.248	0.267
Sargan_P	0.901	0.923	0.925	0.892	0.898

（四）内生性检验

上文分析表明金融发展和信息化建设有利于推动农业产业振兴,但农业产业振兴水平的提高同样可能促进该地区的金融发展,这种反向因果联系会产生严重的内生性问题。为了避免内生性问题,同时降低模型估计偏误,我们在参考相关研究基础上,使用 20 世纪初中国各地区基督教教堂的数量($church$)和金融机构的数量($inst$)作为工具变量来克服金融发展内生性问题(陈冬华等,2013;吕朝凤,2017)。选择这两个变量作为中国各地区金融发展水平工具变量,主要原因如下:

中国现代金融制度建立始于改革开放,但现代金融机构与金融制度框架源于向西方学习,中国金融发展固然有其独特性,但在某种意义上中国金融体系发展与完善亦离不开向西方学习的历史。20世纪初西方传教士在中国开始大范围传教,传教范围基本覆盖除西藏以外所有地区,传教士在开办教堂同时亦带来了现代数学和商科领域的启蒙知识。因此,我们认为20世纪初各地区基督教教堂数量与中国当时的金融发展有一定联系,可作为中国金融发展水平工具变量。在现代金融机构建立之初,中国各地区存在大量钱庄等传统类型金融机构,这些金融机构对当下金融发展同样具有深远影响,因此,我们使用20世纪初中国各地区金融机构数量作为工具变量。新中国成立前的基督教教堂数量和金融机构数量均是历史上的真实数据,与中国当下农业产业振兴之间没有直接联系。需要说明的是,各地区基督教教堂数量数据来自中华续行委员会1922年编著的统计报告,金融机构数量数据来自民国政府编制的《全国统计总报告》[①]。

我们首先使用不可识别检验来判断工具变量与金融发展之间相关性,不可识别检验的LM统计量为19.98,该检验的P值为0,因此在1%的显著性水平上拒绝了工具变量和金融发展不相关的原假设。虽然选择工具变量与金融发展相关,但是这两个工具变量可能是弱工具变量,我们使用Stock/Yogo检验来判断是否存在弱工具变量问题,弱工具变量检验F值为20.93,远远大于10%对应16.38,可以判断不存在弱工具变量问题。检验工具变量有效性另一个条件是外生性,使用过度识别检验来判断工具变量是否外生,检验结果接受过度识别原假设,说明工具变量是外生的。综合工具变量有效性检验可以看出,20世纪初中国基督教教堂数量与金融机构数量不仅是外生的,而且与当下金融发展密切相关,是有效的工具变量。

表7-7报告2SLS估计结果,与上文的估计结果相比,金融发展的系数值得到了大幅度提升,这说明金融发展内生性严重低估了其对农业产业振兴影响。在解决金融发展内生性问题后,不仅金融发展系数估计值得到了大幅度提升,而且金融发展与信息化交互项系数估计值也有显著提升。因此选取工具变量能够有效缓解内生性问题,提高了金融发展与信息化对中国农业产业振兴解释力。

---

① 本文依据新中国成立后的行政区划对数据进行了调整。

表 7-7　内生性检验

变量	(1) 一阶段 IV *fin*	(2) 二阶段 IV *rural*
church	0.108*** (16.49)	
inst	0.012** (2.41)	
fin		1.827*** (5.03)
net	0.001*** (4.32)	0.003*** (4.49)
fin×*net*	0.007*** (3.98)	0.019*** (3.44)
控制变量	YES	YES
N	330	330
R^2	0.677	0.620

四、影响机制检验

农业产业振兴的首要问题是资金短缺,而金融发展能够为农业产业振兴提供更加充足的资金,进而助力农业产业振兴项目。为了分析金融发展影响农业产业振兴机制,选用涉农贷款(*loan*)作为中介变量,构建以下模型:

$$farm_{it} = \alpha_0 + \alpha_1 \cdot fin_{it} + \alpha_3 \cdot X_{it} + e_i + v_{1it} \quad (7.2)$$

$$loan_{it} = \beta_0 + \beta_1 \cdot fin_{it} + \beta_2 \cdot X_{it} + e_i + v_{2it} \quad (7.3)$$

$$farm_{it} = \gamma_0 + \gamma_1 \cdot fin_{it} + \gamma_2 \cdot loan_{it} + \gamma_3 \cdot X_{it} + e_i + v_{3it} \quad (7.4)$$

式(7.2)中系数 α_1 表示金融发展对农业产业振兴的总效应;式(7.3)中系数 β_1 表示金融发展对中介变量涉农贷款(*loan*)的影响;式(7.4)中 γ_1 表示金融发展对农业产业振兴的直接影响,$\beta_1 \cdot \gamma_2$ 表示经过中介变量的中介效应,即金融发展通过涉农贷款影响农业产业振兴的大小。

由表 7-8 可知,金融发展对农业产业振兴的影响显著为正,第(1)列的系数估计值在 1% 的显著性水平上显著为正,满足中介效应检验条件;金融发展对涉农贷款的系数估计值 β_1 同样显著为正,γ_2 在 1% 的显著性水平上为正,这表明中介效应显著。因为列(3)中金融发展系数值不显著,所以涉农贷款在金融发展对农业产业振兴的影响中起着完全中介效应。信息化 net、金融发展与信息化的交乘项 $fin \times net$ 的系数值均显著为正,这说明信息化显著降低了金融服务农业产业振兴面临的道德风险与逆向选择等问题,在金融发展与农业产业振兴之间发挥着调节的作用,能够切实有效促进资金流向农业产业振兴领域。

表 7-8 机 制 检 验

变 量	(1) farm	(2) loan	(3) farm
fin	0.218*** (2.90)	0.253** (1.98)	0.079 (1.11)
$loan$			0.143*** (4.16)
net	0.003*** (3.76)	0.003*** (2.60)	0.002*** (2.69)
$fin \times net$	0.004** (2.12)	0.011*** (3.61)	0.006*** (3.39)
控制变量	YES	YES	YES
N	330	300	300
R^2	0.890	0.929	0.893

五、结论与建议

基于中国省级面板数据分别构建农业产业振兴与金融发展评价指标体系,实证分析发现,金融发展和信息化建设均能有效促进农业产业振兴,但在不同区域间存在较大差异,金融发展对西部地区农业产业振兴影响较为显著,而信息化建设对东部地区和中部地区影响较强。信息化建设有效改善了金融参与农业产业振兴所面临的逆向选择和道德风险等问题,信息技术发展拓宽了乡村地区金融服务渠道,在有效降低金融交易成本的同时,更有效提升了金融服务农业产业振兴的能力和水平。在此基于研究结论,提出以下政策建议。

首先,强化政策支持力度,提升乡村地区金融发展水平,尤其要重点推动西部地区乡村金融体系的完善。金融监管部门应该进一步降低农村金融机构的准入门槛,引导社会资本参与村镇银行等乡村金融机构建设,鼓励证券、保险等金融机构拓展乡村业务,引导金融服务进一步下沉,为农业产业振兴提供多层次、差异化的金融服务。鼓励金融机构创新金融产品与金融服务,针对不同乡村主体提供差异化金融服务。财政部门应该对符合国家乡村振兴战略导向的贷款给予更加优惠政策支持。人民银行可以对涉农银行存款准备金率和考核标准,给予更大政策宽容度。

其次,加强信息技术建设,完善乡村基础设施。信息技术发展一方面可以直接促进农业产业振兴,另一方面能够有效降低金融交易成本,改善信息不对称程度,从而降低金融系统参与农业产业振兴成本和风险水平。因此,要加强互联网基础设施建设,为金融机构开展网络服务,发展数字金融创造条件,鼓励农户参与电商平台,扩大农产品网络销售渠道,提升收入水平。

最后,加强乡风建设,提升乡村农业产业管理能力。虽然乡村振兴目标是要通过产业兴旺、生态宜居、乡风文明、治理有效和生活富裕五个方面实现农业、农村、农民的现代化,但是农业产业振兴的落脚点最终要回归到人。乡风文明的滞后及乡村农业产业管理能力的不完善,在一定程度上导致涉农贷款不良率偏高,这严重挫伤金融机构参与农业产业振兴的积极性,更加剧了金融机构惜贷、慎贷的心理。因此,地方政府应该进一步加强乡村地区精神文明建设,合理有序推进乡风文明建设。同时,加强乡村地区基层党组织建设,强化乡村基层治理能力,服务农业产业振兴长效机制的运行。

第四节　企业投资农业产业振兴同群效应
——源于精准扶贫阶段证据

一、中国农业产业振兴衔接精准扶贫

党的二十大提出,全面推进乡村振兴,巩固拓展脱贫攻坚成果,增强脱贫地区和脱贫群众内生发展动力。在社会主义市场经济体制下,企业是市场经济的主要参与者和资源配置的组织者,如何利用"无形的手"助推企业参与脱贫地区的内生发展是未来农业产业振兴工作的关键。我们研究精准扶贫阶段企业参与精准扶贫的同群效应,可以为农业产业振兴工作提供参考借鉴。一方面，未来仍存在基础脆弱的脱贫户因疫情、疾病或意外等发生返贫致贫的可能①，利用扶贫经验防止返贫致贫十分有必要。另一方面，精准扶贫与农业产业振兴的有效衔接是现阶段的主要任务，脱贫攻坚中的工作经验完全可以应用于农业产业振兴工作中，2021年中央一号文件也提出未来五年帮扶政策保持稳定。因此有必要对精准扶贫进行深入的研究，总结精准扶贫中的宝贵经验，助力农业产业振兴事业。

企业是新发展阶段我国扶贫和农业产业振兴工作最重要的社会力量。企业是以盈利为目的的组织，企业参与扶贫和农业产业振兴工作并不是自发的。企业参与扶贫和农业产业振兴工作需投入大量资金，同时面临收益的不确定性。在无法准确估计扶贫和农业产业振兴工作收益与成本的情况下，参照其他企业的决策是明智之举。事实上，已有研究发现企业的资本结构（Leary and Roberts，2014）、企业社会责任（Cao et al.，2019）、企业慈善行为（Marquis and Tilcsik，2016）等公司行为都会借鉴其他企业的决策。我们在已有研究基础之上探究企业参与精准扶贫决策是否同样受到同群企业的影响。

我们研究企业的代表——上市企业②——参与精准扶贫的行为模式和动机，为巩固脱贫攻坚成果和与农业产业振兴有效衔接提供参考。具体来说，研究发现我国上市企业参与精准扶贫决策会受同行业或者同地区其他上市公司影响，并且竞争机制能够解释上市公司精准扶贫决策的同群效应。我们还探究了上市企业同群效应的影响结果，发现上市企业的追随行为有助于同时实现农业产业振兴与自身发展。

我们研究的边际贡献如下：第一，拓展了扶贫相关研究。以往关于扶贫的研究主要从单个群体、援助计划或者政府政策角度出发，缺乏从扶贫主体之间的交互作用和影响的考察。我们基于上市公司参与精准扶贫视角，首次研究上市公司之间的精准扶贫决策的同群效应。有别于杜世风等（2019）研究企业自身特征对参与精准扶贫的影响。

第二，拓展了同群效应相关研究。以往文献大多数从经济利益角度出发，研究上市公司之间的学习与模仿行为，研究表明上市公司在社会责任方面，尤其是精准扶贫方面，同样存在互相影响机制。不同于Cao等（2019）关

---

① 中共中央和国务院也下发了《中央农村工作领导小组关于健全防止返贫动态监测和帮扶机制的指导意见》，要求加强对返贫的动态监测和帮扶，可见防止返贫致贫仍具有很大的挑战。

② 上市公司是中国企业的优秀代表，是中国经济的支柱力量。我国上市公司涵盖了国民经济全部90个行业大类，占国内500强企业的七成以上。

于企业社会责任同群效应的研究,我们研究的是上市企业精准扶贫,精准扶贫本身在很多方面区别于传统的企业社会责任(比如职工权利、债权人利益等),因此在企业动因方面存在区别。

第三,研究成果能够为未来我国农业产业振兴工作提供参考借鉴。党的二十大报告提出高质量发展是全面建设社会主义现代化国家的首要任务,而全面推进乡村振兴是关键要务之一。同时,"脱贫攻坚成果巩固拓展,乡村振兴战略全面推进"是"十四五"规划和2035年远景目标纲要的重要内容。面对当前及未来我国返贫致贫问题,如何广泛动员企业参与,关乎中国农业产业振兴工作的成败。研究表明企业在扶贫决策上存在同群效应,通过学习与模仿,上市公司的精准扶贫决策会受到地区和行业其他上市公司的影响。同群效应具有显著的社会乘数效应,这为助力中国农业产业振兴提供了启示。

二、制度背景与理论分析

(一) 制度背景

改革开放以来,我国走出了一条中国特色的扶贫开发道路,并取得巨大成功。中国是世界上减贫人口最多的国家,也是世界上最早完成联合国千年发展目标中减贫目标的国家。从扶贫主体来看,大部分国家的政府一直在减贫工作中占据主导地位(宫留记,2016)。因此,早期文献主要研究了政府的公共支出等政策对于减贫的影响(林伯强,2005;吕炜和刘畅,2008)。然而随着脱贫攻坚战的深入,我国贫困问题的复杂性、多元性特征显现,贫困主体出现分散性、动态性特征(王介勇等,2016)。"大水漫灌"粗放式的扶贫方式不再适用当代农村贫困问题实际情况。在此背景下,2012年党的十八大以后,我国开始实施精准扶贫战略,改变过去"大水漫灌"式扶贫方式,形成"三位一体"的大扶贫格局,即专项扶贫、行业扶贫与社会扶贫相结合。

政府主导,社会、市场参与,这是当代中国扶贫开发工作的重要经验(张琦和冯丹萌,2016)。企业参与是精准扶贫和乡村振兴战略的关键一环。2013年,中共中央办公厅、国务院办公厅出台《关于创新机制扎实推进农村扶贫开发工作的意见》指出,使市场在资源配置中起决定性作用和更好发挥政府作用,更加广泛、更为有效地动员社会力量,构建政府、市场、社会协同推进的大扶贫开发格局。2016年,证监会出台《中国证监会关于发挥资本市场作用服务国家脱贫攻坚战略的意见》,支持和鼓励上市公司、证券基金期货经营机构履行扶贫社会责任。2016年3月,七部门联合印发《金融助推脱贫攻坚实施意见》,强调各金融机构应该精准对接扶贫过程中各项金融需求。在脱贫攻坚与农业产业振兴衔接时期,2021年,我国制定的"十四五"规划和2035年远景目标纲要提出鼓励社会力量积极参与帮扶等机制、基层治理,兴办农村公益事业,肯定了社会力量在农业产业振兴事业中的积极作用。2021年颁布的《中华人民共和国乡村振兴促进法》也明确指出鼓励创新投融资方式,引导社会资本投向农业产业,并且鼓励金融机构依法将更多资源配置到农业产业发展的重点领域和薄弱环节。

如何促进企业自发参与农业产业振兴工作是新发展阶段农村发展和建设的关键。从现有企业参与精准扶贫的经验来看,乡村振兴的关键在于农业产业振兴(罗必良,2021),龙头企业的带动和引领作用至关重要。乳业龙头伊利集团将产业扶贫作为重要抓手,在宁夏、内蒙古、河北等地投建产业基地,不仅能够帮扶奶农,同时带动物流、服务、饲料等相关上下游产业链发展,助力内蒙古、宁夏等偏远地区的脱贫攻坚和高质量发展。伊利集团也斩获新华网颁布的"2018中国企业社会责任优秀案例——社会责任特别贡献奖",并在社科院2018年发布的《中国上市公司环境、社会及管治(ESG)蓝皮书》高居ESG榜单食品行业第一名。此后,优贝康、君乐宝、红星美羚等乳业公司也纷纷参与扶贫和农业产业振兴工作,让群众迈向共同富裕之路。

(二) 理论分析

同群效应最早被发现存在于个体行为和决策中,近年来在金融领域,国内外学者发现公司行为同样存在大量的同群效应。公司资本结构(Leary and Roberts,2014)、财务不端(Parsons et al.,2018)、企业社会责任(Cao et al.,2019)、企业慈善行为(Marquis and Tilcsik,2016)、银行信贷(张雪兰、李佳宁,2022)等公司行为都受到同群效应的影响。

一般来说,企业进行决策时,通常选择同行业或者同地区的企业进行学习和模仿(李志生等,2018;Marquis and Tilcsik,2016)。在地区层面,企业之间的距离更近,而且同一地区内部的社会规范、文化特征更为接近,给企业管理者决策的学习与模仿创造了条件(Parsons et al.,2018)。地区上市公司的精准扶贫政策,往往会受到当地媒体的报道,而且地区也会设立精准扶贫工作奖项,奖项起到了反馈、传递信息、社会认同等激励作用(Frey and Neckermann,2008)。当地区上市公司的精准扶贫获奖时,同样会影响到该地区其他上市公司的精准扶贫决策。

此外,同一行业的企业易发生组织间的模仿行为。同行业其他上市公司是企业的直接竞争对手,企业有强烈动机瞄准并模仿行业竞争对手的投资策略,避免在竞争格局中处于下风。企业虽然很难直接估计精准扶贫对当前现金流的压力,以及信贷支持、税收优惠和形象改善对企业绩效的正向影响,但同行业企业的资本结构与业务模式类似,模仿同行业其他企业的精准扶贫决策能够降低投资风险。企业依托自身产业优势,通过精准扶贫可以获得巨大经济效益。例如,在贫困地区设厂,充分利用当地天然资源和劳动力;电商企业推销贫困地区农产品,获得更多收入与流量。这些都是可复制的投资模式,企业有动机模仿同行业其他企业的精准扶贫模式。因此,我们提出假设 H1:

假设 H1:我国上市公司精准扶贫存在地区(省、区、市)和行业同群效应。

我们认为精准扶贫的模仿行为是由竞争机制导致。面对激烈的市场竞争,企业可以执行差异化竞争或同质竞争策略(Deephouse,1999)。执行差异化竞争策略的企业较少受到其他企业投资决策和业务调整的影响,但这种策略风险巨大。竞争对手很可能率先开拓新的市场或领域,并逐渐抢占市场份额。特别是在高度竞争的环境下,企业面临巨大破产风险,企业有强烈动机模仿竞争对手的策略,而不是执行差异化竞争策略(Peress,2010)。在面对激烈的市场竞争时,企业通过模仿其他企业的策略提高相对竞争地位。即使竞争地位没有实质提升,企业也希望跟随竞争对手的决策,尽可能维持当前竞争格局,避免在未来的竞争中落败(Lieberman and Asaba,2006)。任何投资决策都蕴含不确定性和风险,管理者很难估计投资决策的收益和损失,但模仿竞争对手的投资决策能够在一定程度上降低投资风险,同时压制竞争对手的激进策略(Leary and Roberts,2014)。

出于竞争目的,企业同样会模仿其他企业的精准扶贫决策。一方面,国家出台了一系列政策支持企业参与精准扶贫,参与精准扶贫不仅能够获得政策上的支持,如税收优惠(邓博夫等,2020)、更多的政府补贴和信贷优惠(甄红线和王三法,2021)。另一方面,参与精准扶贫能够提升企业形象(甄红线和王三法,2021)、缓解融资约束(董竹和张欣,2021)。此外,履行企业社会责任能够获得市场认可,获得超额收益(Cao et al.,2019)。当企业所处同行业或同地区的企业参与精准扶贫时,由于资源的稀缺性,不论是市场资源还是政府资源,都会对企业带来的竞争压力,出于维持自身竞争力的考虑,企业有动力去模仿同行业或同地区的企业进行精准扶贫。

当企业处于竞争激烈的行业时,破产风险更大、经营和投资的不确定性更高,上市公司会倾向于跟随同行业其他企业的投资决策。Chen 和 Chang (2019)就发现产品市场高度竞争时,持有现金的企业对同群企业的行动响应更加积极。虽然我们无法观测企业之间的竞争行为,但如果竞争机制成立,竞争激烈程度更高的上市公司的精准扶贫决策更可能受到行业内其他上市公司的影响,上市公司精准扶贫的同群效应会更强。因此,我们提出假设 H2(a)：

假设 H2(a)：对于竞争更加激烈的行业，上市公司精准扶贫的行业同群效应更强。

竞争机制不仅体现在不同行业上，由于资源的稀缺性，竞争机制也在地区之间发挥作用。虽然所处行业可能不同，但同一地区的不同上市公司同样面临激烈竞争。精准扶贫能够帮助企业获得更多财政支持和信贷支持，同时能够帮助企业宣传，改善其在消费者眼中的形象。但一方面，同一地区的财政支持和信贷支持是有限的；另一方面，媒体和消费者的关注是有限的。精准扶贫省级及以上获奖是同一省份内上市公司竞争最直接体现，精准扶贫的获奖提高了企业在当地的知名度，有助于企业形象提升，进而提升企业获得政治关联和市场认可的能力。同时，获奖行为在社会中传递获奖背后的目标和意义等信息，从而激励更多的同类参与竞争(Bandura，2014；Frey and Neckermann，2008)。因此，精准扶贫工作的获奖会鼓励更多企业参与精准扶贫工作。因此，我们提出假设 H2(b)：

假设 H2(b)：地区其他上市公司精准扶贫获奖能够对上市公司精准扶贫决策造成影响，使地区(省、区、市)同群效应更强。

三、研究设计

(一) 模型

借鉴现有对同群效应的研究(Marquis and Tilcsik，2016)，我们使用 logit 模型检验上市公司精准扶贫是否存在显著的地区和行业同群效应。具体模型如下：

$$Pr(Alleviation_{i,p(j),t}) = \beta_0 + \beta_1 Peer\_Province(Peer\_Industry)_{-i,p(j),t-1} + \beta_2 Controls_{i,t-1} + \varepsilon_{i,t} \tag{7.5}$$

模型(7.5)中下标 i、$p(j)$ 和 t 分别表示公司、地区(行业)和年份，$-i$ 表示省份 p(行业 j)内除公司 i 的其他所有上市公司。$Alleviation$ 是上市公司精准扶贫虚拟变量，$Peer\_Province(Peer\_Industry)$ 是地区 p(行业 j)除上市公司 i 外其他所有上市公司 $Alleviation$ 的平均值。$Controls$ 是控制变量，ε 是随机扰动项。

为了检验精准扶贫同群效应对企业绩效的影响，构建了面板固定效应模型(7.6)：

$$Subsidy(Debt\ Cost, Sales, ROA)_{i,p(j),t} = \beta_0 + \beta_1 Effects\_Province(Industry)_{i,p(j),t-1} + \beta_2 Controls_{i,p(j),t-1} + \varepsilon_{i,t} \tag{7.6}$$

被解释变量分别为政府补贴($Subsidy$)、债务成本($Debt\ Cost$)、企业销售($Sales$)和企业绩效(ROA),解释变量是地区同群效应$Effects\_Province$和行业同群效应$Effects\_Industry$。参考李志生等(2018)构建同群效应大小的方法,使用对模型(7.7)分年份和地区(行业)回归的R^2来度量地区同群效应$Effects\_Province$(行业同群效应$Effects\_Industry$):

$$Alleviation_{i,\ p(j),\ t} = \beta_0 + \beta_1 Peer\_province(Peer\_Industry)_{-i,\ p(j),\ t-1} + \varepsilon_{i,\ t} \tag{7.7}$$

(二) 变量

1. 被解释变量

精准扶贫($Alleviation$)是被解释变量。$Alleviation$是虚拟变量,如果公司i在当年进行精准扶贫,则$Alleviation$等于1,否则等于0。

2. 解释变量

(1) 地区和行业精准扶贫。参考以往对地区和行业同群效应的研究(Ahern et al.,2014;李志生等,2018),地区精准扶贫($Peer\_Province$)通过省份p所有上市公司(公司i除外)在$t-1$年$Alleviation$的平均值来计算,行业精准扶贫($Peer\_Industry$)通过行业j所有上市公司(公司i除外)在$t-1$年$Alleviation$的平均值来计算。

(2) 精准扶贫工作获奖。我们度量了地区(省、区、市)精准扶贫工作的获奖变量($Awards$),如果地区p内存在上市公司获得了国家级精准扶贫工作奖项,则$Awards$等于1,否则等于0。

(3) 竞争程度。借鉴Haushalter et al.(2007)和欧锦文等(2021),我们使用赫芬达尔指数(HHI)和行业进入成本($Entry\ Costs$)来衡量行业竞争程度,赫芬达尔指数(HHI)通过上市公司占行业资产规模的比值的平方和计算。HHI越高,意味着行业集中度越高,行业竞争程度越低。行业进入成本($Entry\ Costs$)使用行业内上市公司固定资产加权平均计算,权重是每家上市公司营业收入占行业的比值。行业进入成本越高,行业竞争程度越低。

(4) 异质性收益。股票收益显著影响上市公司的投资决策(Campello和Graham,2013),股票收益可能影响上市公司的融资约束,上市公司可以通过股权融资,进而影响上市公司精准扶贫决策。股票收益分为共同影响收益与个股异质性收益,个股性异质收益剔除了市场和地区(行业)的共同影响因素,对于某一上市公司而言,地区(行业)内的其他上市公司的异质性收益对这一上市公司的投资决策和企业特征是外生的(Leary and Roberts,2014)。借鉴Leary and Roberts(2014),我们使用同地区(行业)其他上市公司的平均股票异质收益作为工具变量。以样本期间作为事件期,以样本期间前 5 年(60 个月)作为估计窗口期,来估计模型的 α 和 β 系数。例如估计 2019 年的股票异质收益,则以 2014—2018 年的股票收益数据作为估计窗口期样本。具体的模型如下:

$$r_{i,j,t} = \alpha_{i,j,t} + \beta_{i,j,t}^{M}(r_{m,t} - r_{f,t}) + \beta_{i,j,t}^{Pro(Ind)}(\overline{r}_{-i,j,t} - r_{f,t}) + \eta_{i,j,t} \tag{7.8}$$

其中,下标 i,j,t 分别是指公司、地区(行业)和月份,$r_{i,j,t}$ 是股票的原始收益率,$r_{m,t}$ 是市场收益率,$r_{f,t}$ 是无风险利率,$\overline{r}_{-i,j,t}$ 是股票 i 所在省份(行业)所有股票(股票 i 除外)的加权平均收益率。通过估计 α 和 β 系数,可以计算股票 i 的异质性收益,计算公式如下:

$$\begin{aligned} Idiosyncratic\ Return_{i,j,t} &= \hat{\eta}_{i,j,t} \\ &= r_{i,j,t} - \hat{\alpha}_{i,j,t} - \hat{\beta}_{i,j,t}^{M}(r_{m,t} - r_{f,t}) \\ &\quad - \hat{\beta}_{i,j,t}^{Pro(Ind)}(\overline{r}_{-i,j,t} - r_{f,t}) \end{aligned} \tag{7.9}$$

计算出个体股票的月度异质性收益后,对月度异质性收益取平均值,得到个体股票的年度异质收益。研究将地区(行业)和行业同群上市公司的异质性收益作为省份和行业同群上市公司精准扶贫决策的工具变量,因此,通过对省份和行业同群上市公司的年度异质收益取平均值,最终得到省份和行业同群上市公司平均异质性收益。

3. 控制变量

控制变量包括上市公司的基本财务信息变量和股票交易变量,具体包括公司规模(*Size*)、杠杆水平(*Leverage*)、成长性(*Growth*)、盈利能力(*ROA*)和股票回报(*Return*),还包括公司治理相关变量,具体包括独立董事比例(*Inde_ratio*)、董事会规模(*Board size*)和持股集中度(*Concentration*)。此外,我们控制了企业所在地的经济发展和人口情况,具体包括省人均 GDP(*gdp*)、省第一产业比值(*First Industry*)、省人口总数(*Population*)。

(三)数据

上市公司精准扶贫数据来自国泰安 CSMAR 数据库。CSMAR 数据库中,上市公司精准扶贫基本信息和工作获奖数据最早追溯到 2016 年,因此,研究选取 2016—2019 年 A 股上市公司为研究样本。行业分类采用证监会行业分类标准(2012 年版)[①],其中一级行业划分为农、林、牧、渔业、金融业、

---

① 本文同时使用证监会行业分类标准(2001 年版)和申银万国一级行业分类标准作稳健性检验,实证结果依然保持一致。

房地产业和制造业等 13 个门类,并进一步细分为 90 个行业大类。考虑到行业大类下上市公司的主营业务和企业特征更加接近,我们使用行业大类对行业进行划分。剔除数据缺失的样本,并对所有连续变量进行 1% 和 99% 的缩尾处理,最终得到 7 915 个样本。

(四)描述性统计

表 7-9 展示了我国 2016—2019 年行业精准扶贫统计情况。表 7-9 显示,金融业,电力、热力、燃气水生产和供应业,农、林、牧、渔业是参与精准扶贫工作比例最高的三个行业。电力、热力、燃气及水生产和供应业,还有农、林、牧、渔业能够依托自身产业,更有效地参与地方产业扶贫。金融业能够通过信贷投放、网点与服务终端布设,引导金融资源精准"滴灌"贫困地区。此外,金融业也是精准扶贫投入物资最多的行业,金融业扶贫在我国上市公司扶贫工作中发挥着关键作用,未来可以进一步提升金融体系普惠性,帮助乡村地区培育特色优势产业。相对而言,信息传输、软件和信息技术服务业,科学研究和技术服务业等行业参与精准扶贫的比例不高,未来应该积极促进这些行业在精准扶贫与乡村振兴工作方面的产业和消费融合。

表 7-9 行业精准扶贫统计情况

行业	上市公司数量	参与精准扶贫工作比例	投入物资合计(单位:万)
农、林、牧、渔业	41	51.22%	19.12
采矿业	74	49.32%	20.44
制造业	2 003	27.31%	688.27
电力、热力、燃气及水生产和供应业	104	56.39%	39.51
建筑业	85	36.09%	28.49
批发和零售业	159	35.64%	117.09
交通运输、仓储和邮政业	94	43.09%	6.72
信息传输、软件和信息技术服务业	249	15.29%	8.21
金融业	89	80.45%	1.57
房地产业	122	29.04%	23.67
租赁和商务服务业	48	17.10%	0.52

续　表

行　业	上市公司数量	参与精准扶贫工作比例	投入物资合计（单位：万）
科学研究和技术服务业	41	15.95%	0.15
水利、环境和公共设施管理业	46	32.43%	15.08
文化、体育和娱乐业	52	34.95%	1.26
综合	21	9.52%	0.19

表 7-10 显示了研究相关变量的描述性统计结果。由于解释变量和控制变量滞后一期处理，因此，精准扶贫变量的样本期间是 2017—2019 年，其他变量的样本期间是 2016—2018 年。精准扶贫（$Alleviation$）的平均值为 0.344，意味着样本期间内，34.4% 的上市公司实施了精准扶贫项目。超过 1/3 的上市公司参与精准扶贫，说明当前我国上市公司参与扶贫工作的情况并不少见，在脱贫攻坚战中主动发挥榜样作用。此外，我国上市公司参与精准扶贫的比例逐年上升，2016 年我国上市公司参与精准扶贫的比例为 22.8%，2019 年这一比例攀升至 36.7%。

表 7-10　相关变量描述性统计

Variable	N	Mean	Std	Median	Min	Max
$Alleviation$	7 915	0.344	0.475	0.000	0.000	1.000
$Peer\_Province$	7 915	0.287	0.144	0.247	0.000	1.000
$Peer\_Industry$	7 915	0.286	0.173	0.247	0.000	1.000
$Awards$	7 915	1.317	1.227	1.099	0.000	3.689
HHI	7 915	0.089	0.095	0.063	0.014	1.000
$Entry\ Costs$	7 915	0.184	0.447	0.090	0.000	6.802
$Size$	7 915	22.51	1.369	22.33	19.63	27.29
$Leverage$	7 915	0.448	0.212	0.437	0.059	0.950
$Growth$	7 915	0.080	0.342	0.112	−1.761	0.824
ROA	7 915	0.027	0.075	0.031 0	−0.361	0.187

续 表

Variable	N	Mean	Std	Median	Min	Max
Return	7 915	−0.186	0.280	−0.234	−0.636	2.409
Management	7 915	0.115	0.176	0.005 00	−0.344	0.690
Board size	7 915	2.125	0.202	2.197	1.609	2.708
Concentration	7 915	0.147	0.110	0.116	0.001 00	0.794
gdp	7 915	11.22	0.402	11.30	10.23	11.85
First Industry	7 915	0.061	0.044	0.047	0.003	0.234
Population	7 915	17.74	0.656	17.86	15.01	18.55

四、精准扶贫同群效应及其机制检验

(一) 基本回归结果

表 7-11 显示了上市公司精准扶贫地区和行业同群效应 logit 模型下的回归结果,第(1)列和第(3)列显示的是没有加入其他控制变量的回归结果,第(2)列和第(4)列显示的是加入了所有其他控制变量的回归结果。从回归结果可以看出,第(1)列和第(2)列 Peer_Province 的回归系数分别为 4.018 和 3.144,均在 1% 的水平上显著为正。第(3)列和第(4)列 Peer_Industry 的回归系数分别为 3.978 和 2.122,同样均在 1% 的水平上显著为正。表 7-11 的回归结果支持上述假说 H1,说明上市公司的精准扶贫决策受到同地区和同行业其他上市公司的影响,上市公司精准扶贫存在显著的地区和行业同群效应。如果同一地区或同一行业内其他公司实施了精准扶贫项目,该公司会受到其他上市公司的影响,通过学习与模仿机制,同样实施精准扶贫项目。

表 7-11 上市公司精准扶贫的地区和行业同群效应

Variable	Alleviation			
	(1)	(2)	(3)	(4)
Peer_Province	4.018*** (0.228)	3.144*** (0.338)		

续　表

Variable	Alleviation			
	(1)	(2)	(3)	(4)
$Peer\_Industry$			3.978*** (0.180)	2.122*** (0.200)
Controls	No	Yes	No	Yes
Year	Yes	Yes	Yes	Yes
Pseudo R^2	0.037	0.153	0.061	0.155
Observations	7 915	7 915	7 915	7 915

注：***、**和*分别代表1%、5%和10%的显著性水平，括号中的值是回归系数的标准误。

此外，表7-11中显示，$Size$ 的回归系数显著为正、$Leverage$ 的回归系数显著为负、ROA 的回归系数显著为正，说明当规模越大、盈利能力越强和杠杆水平越低时，上市公司参与精准扶贫的概率也越高。规模越大、杠杆水平越低、盈利能力越强的上市公司越可能参与精准扶贫工作，这与杜世风等（2019）的研究发现是一致的。$Return$ 的回归系数显著为正说明，上市公司的超额收益越高，上市公司更可能做出精准扶贫决策。这支持Campello and Graham（2013）与胡凡、李科（2019）的研究假说，股票收益能够显著影响上市公司的决策，原因在于股票价格表现影响了上市公司的融资约束，进而影响上市公司的投资决策。

（二）机制检验

实证研究表明，不论是在地区层面还是在行业层面，上市公司精准扶贫都存在显著同群效应。上市公司精准扶贫决策受地区和行业其他上市公司的影响，竞争机制可能是精准扶贫同群效应产生的潜在机制。行业竞争会影响企业的投资决策，在竞争激烈的行业，上市公司更可能瞄准并跟随竞争对手的投资决策，行业竞争程度高的上市公司更容易受到同群企业的影响。我们研究添加精准扶贫变量与行业竞争的交乘项，检验行业竞争程度高低是否影响行业精准扶贫同群效应。

表7-12显示了行业竞争假说的回归结果。第（1）列和第（2）列 $Peer\_Industry * HHI$ 的回归系数分别为 -8.020 和 -6.042，均在1%的水平上显著为负。第（3）列和第（4）列 $Peer\_Industry * Entry\ Costs$ 的回归系数分别为 -3.271 和 -2.709，均在1%的水平上显著为负，说明随着行业竞争程

度上升(HHI 或 $Entry\ Costs$ 下降),上市公司精准扶贫行业同群效应越强。表7-12的实证结果支持我们提出的假设H2(a),竞争机制能够解释上市公司精准扶贫的同群效应,面对激烈的行业竞争时,上市公司面临巨大生存压力,执行差异化的竞争策略蕴含巨大风险,跟随竞争对手的策略能够尽可能维持相对竞争地位(Lieberman and Asaba,2006)。

表7-12 行业竞争与精准扶贫同群效应

Variable	Alleviation			
	(1)	(2)	(3)	(4)
$Peer\_Industry * HHI$	−8.020*** (1.402)	−6.042*** (1.596)		
$Peer\_Industry * Entry\ Costs$			−3.271*** (0.489)	−2.709*** (0.535)
Controls	No	Yes	No	Yes
Year	Yes	Yes	Yes	Yes
$Pseudo\ R^2$	0.065	0.157	0.072	0.168
Observations	7 915	7 915	7 915	7 915

注:***、**和*分别代表1%、5%和10%的显著性水平,括号中的值是回归系数的标准误。

表7-13 地区精准扶贫工作获奖对上市公司精准扶贫的影响

Variable	Alleviation			
	(1)	(2)	(3)	(4)
$Peer\_Province$	2.993*** (0.423)	0.153 (0.517)	3.371*** (0.436)	0.465 (0.530)
$Peer\_Province * Awards$	0.609** (0.244)	0.713*** (0.268)	0.797*** (0.250)	0.758*** (0.269)
$Awards$	0.194*** (0.060)	0.401*** (0.070)	0.254*** (0.062)	0.433*** (0.071)
Controls	No	Yes	No	Yes
Year	No	No	Yes	Yes
$Pseudo\ R^2$	0.060	0.187	0.067	0.189
Observations	7 915	7 915	7 915	7 915

注:***、**和*分别代表1%、5%和10%的显著性水平,括号中的值是回归系数的标准误。

竞争机制不仅在行业层面体现，而且在地区层面也能发挥作用。我们研究检验了地区精准扶贫工作获奖情况对上市公司精准扶贫决策的影响。表7-13中，研究工作关心的是交乘项 $Peer\_Province * Awards$ 的回归系数，表7-13第(1)列和第(2)列 $Peer\_Province * Awards$ 回归系数分别是 0.609 和 0.713，至少在 5% 的水平上显著。第(3)列和第(4)列 $Peer\_Province * Awards$ 的回归系数分别是 0.797 和 0.758，均在 1% 的水平上显著。这说明当地区上市公司精准扶贫工作获得省级以上奖项时，地区同群效应更加显著。表7-13的实证结果与上文提出的假设H2(b)是一致的，地区上市公司之间存在学习和模仿行为，当有上市公司获得精准扶贫省级及以上奖项时，会引起社会关注，对其他上市公司释放了积极竞争信号，引导其他上市公司进行学习与模仿，从而实施精准扶贫项目。

（三）进一步机制检验——异质性分析

1. 龙头企业与精准扶贫同群效应

在行业层面，上市公司通常会学习与模仿同行业优秀的公司，行业龙头企业往往是其他公司学习与模仿的对象。行业龙头企业是行业内的佼佼者和标杆，决策自主性更强，同时在竞争中处于绝对优势地位。非龙头企业面临更多的竞争压力，实施差异化竞争策略的风险巨大，模仿龙头企业的投资决策是更加理性的选择。如果竞争机制存在，那么行业龙头往往是被模仿的对象，行业非龙头企业更可能受到行业龙头企业精准扶贫决策的影响。借鉴李志生等（2018）的研究资料，此处，将行业龙头定义为总资产排在行业前10%的上市公司。

表7-14 行业龙头对上市公司精准扶贫的影响

Variable	Alleviation			
	龙头企业		非龙头企业	
	(1)	(2)	(3)	(4)
$Peer\_Industry$	0.734 (0.576)	0.625 (0.523)	4.024*** (0.197)	2.433*** (0.220)
Controls	No	Yes	No	Yes
Year	Yes	Yes	Yes	Yes
R^2	0.041	0.092	0.063	0.133
Observations	994	994	6 921	6 921

注：***、** 和 * 分别代表 1%、5% 和 10% 的显著性水平，括号中的值是回归系数的标准误。

表 7-14 显示了具体的回归结果。第(1)列和第(2)列是龙头企业样本的回归结果,第(3)列和第(4)列是非龙头企业样本的回归结果。从中可以看出,第(1)列和第(2)列 Peer_Industry 的回归系数分别是 0.734 和 0.625,且均不显著。第(3)列和第(4)列 Peer_Industry 的回归系数分别是 4.024 和 2.433,均在 1% 的水平上显著为正。表 7-14 的回归结果说明行业龙头上市公司受到行业内其他上市公司的影响较小,而行业非龙头上市公司显著受到行业其他上市公司的影响。行业非龙头上市公司往往会学习与模仿行业内其他企业,当龙头上市公司实施精准扶贫项目时,其他上市公司实施精准扶贫项目的可能性显著上升。

2. 企业性质与精准扶贫同群效应

国有企业作为国民经济发展的中坚力量,模范执行各项改革决策,同时也是践行社会责任的"先行者"。因此,国有企业可能在精准扶贫工作上起到引领和带头作用,国有企业的精准扶贫决策更可能影响其他企业。因此,此处通过区分非国企和国企样本,检验国有企业和非国有企业的同群效应。由于国有企业一般在行业中处于龙头地位,且上文已经考察了行业龙头和非行业龙头企业的同群效应,接下来我们重点考察地区层面企业性质与同群效应的关系。表 7-15 中的第(1)列和第(2)列检验非国企样本下的地区同群效应,第(3)列和第(4)列检验国企样本下的地区同群效应。

表 7-15 企业性质与精准扶贫同群效应

Variable	Alleviation			
	非国有企业		国有企业	
	(1)	(2)	(3)	(4)
Peer_Province	5.219*** (0.325)	3.532*** (0.484)	0.463 (0.334)	0.585 (0.483)
Controls	No	Yes	No	Yes
Year	Yes	Yes	Yes	Yes
R^2	0.037	0.129	0.022	0.105
Observations	4 987	4 987	2 928	2 928

注:***、** 和 * 分别代表 1%、5% 和 10% 的显著性水平,括号中的值是回归系数的标准误。

表 7-15 的回归结果显示,第(1)列和第(2)列非国有企业样本下,Peer_Province 回归系数分别为 5.219 和 3.532,且两者均在 5% 的水平上显著。

说明非国有企业存在显著的同群效应,非国有企业在精准扶贫的决策上主要是追随者角色,会受到其他上市公司精准扶贫决策的影响。第(3)列和第(4)列国有企业样本下,$Peer\_Province$ 的回归系数分别为 0.463 和 0.585,且均不显著,说明国有企业的精准扶贫决策不受其他上市公司的影响。表 7-15 的回归结果说明国有企业在精准扶贫工作上起到了引领和表率作用,能够带动非国有企业更多地参与精准扶贫工作。

(四) 稳健性检验

1. 工具变量:同群上市公司平均异质收益

借鉴 Leary 和 Roberts(2014),此处使用同群上市公司的异质收益作为工具变量。首先,股票收益是上市公司投资决策的重要影响因素。股票价格上涨缓解了上市公司的融资约束,增加了企业的现金流,上市公司能够对外进行更多的投资(胡凡和李科,2019)。同群企业的股票价格会提供关于企业成长性的信息,提高企业投资水平(Bade,2016)。此外,比同群企业履行更多企业社会责任可以获得超额收益(Cao et al.,2019)。因此,同群上市公司的股价异质收益冲击能够对企业的精准扶贫决策产生影响。其次,股票收益同时受到市场共同因素和个股异质因素的影响,与市场共同因素有关的收益反映了全市场的信息,与个股异质因素有关的收益只反映了个体信息。如果直接将同群上市公司的股票收益作为工具变量,与市场共同因素有关的收益可能会与上市公司 i 的经营与决策有关。因此,我们研究将剔除市场共同影响因素的异质收益作为工具变量,同群上市公司的异质收益反映的是同群上市公司的异质信息冲击,如财务丑闻、CEO 发生意外等,这些异质信息冲击对于上市公司 i 来说是外生的。因此,同群上市公司的异质收益满足工具变量的两个条件,与同群上市公司的精准扶贫决策相关,同时与上市公司 i 的投资决策和财务状况无关。

表 7-16　上市公司精准扶贫的同群效应:2SLS 回归

Variable	$Peer\_Province$	$Alleviation$	$Peer\_Industry$	$Alleviation$
	(1) 第一阶段	(2) 第二阶段	(3) 第一阶段	(4) 第二阶段
$Peer\_Return\_P$(IV)	0.100*** (0.014 3)			
$Peer\_Return\_I$(IV)			0.209*** (0.023)	

续表

Variable	Peer_Province	Alleviation	Peer_Industry	Alleviation
	(1) 第一阶段	(2) 第二阶段	(3) 第一阶段	(4) 第二阶段
Predicted Peer_Province		1.222*** (0.266)		
Predicted Peer_Industry				0.738*** (0.131)
Controls	Yes	Yes	Yes	Yes
Year	Yes	Yes	Yes	Yes
R^2	0.598	0.184	0.280	0.192
Observations	7 915	7 915	7 915	7 915

注：***、** 和 * 分别代表 1%、5% 和 10% 的显著性水平，括号中的值是回归系数的标准误。

表 7-16 显示了 2SLS 第二阶段回归的结果，第（1）列和第（2）列是以省份同群上市公司的平均异质收益（Peer_Return_P）作为工具变量，第（3）列和第（4）列是以行业同群上市公司的平均异质收益（Peer_Return_I）作为工具变量。第（1）列和第（3）列显示的是第一阶段的回归结果，Peer_Return_P 和 Peer_Return_I 的回归系数分别是 0.100 和 0.209，且均在 1% 的水平上显著，说明工具变量与内生解释变量相关，符合有效工具变量的前提条件。第（2）列和第（4）列显示的是第二阶段的回归结果，回归结果显示 Peer_Province 和 Peer_Industry 的回归系数均在 1% 的水平上显著为正。同群上市公司的异质收益对于上市公司的投资决策具有外生性，将同群上市公司的平均异质收益作为工具变量，能够排除遗漏变量等内生性问题的干扰。表 7-16 的回归结果进一步支持我们提出的研究结论，也即上市公司精准扶贫决策存在显著的地区和行业同群效应。

2. 其他稳健性检验

我们研究还进行了其他一系列稳健性检验，包括将精准扶贫虚拟变量替换成精准扶贫金额；变换估计方法，使用面板固定效应模型进行检验；剔除金融行业样本。稳健性检验显示实证结果依然保持一致。

五、精准扶贫同群效应影响结果

首先，通过模仿行为，企业能够实施可复制扶贫模式。例如，制造企业能够与贫困地区深度合作,充分利用当地特色资源与产品,形成稳定供货模式,降低原材料成本。互联网企业依托网络平台,通过开设线上店铺、直播带货等模式,帮助贫困地区特色产品销售,企业自身也能够获得更多收入与用户流量。其次,上市公司参与精准扶贫能够获得政策支持。政府往往会对参与精准扶贫上市公司给予税收优惠和政府补贴等资源,上市公司积极参与精准扶贫也能够获得更多信贷支持,从而缓解上市公司融资约束,提升企业绩效。最后,上市公司积极参与精准扶贫,扩大了社会影响,提升了企业形象,有助于拓宽产品销售渠道,提升企业未来绩效。

表7-17 精准扶贫同群效应与企业绩效

Variable	Subsidy		Debt Cost		Sales		ROA	
	(1)	(2)	(3)	(4)	(5)	(6)	(7)	(8)
$Effects\_Province$	0.158* 0.092		−0.016* (0.009)		0.075** (0.037)		0.008* (0.005)	
$Effects\_Industry$		0.287* 0.148		−0.028** (0.014)		0.152*** (0.036)		0.012* (0.007)
Controls	Yes	Yes	Yes	Yes	Yes	Yes	Yes	Yes
Year	Yes	Yes	Yes	Yes	Yes	Yes	Yes	Yes
R^2	0.295	0.297	0.038	0.037	0.046	0.049	0.076	0.075
Observations	5 136	5 113	5 103	5 046	5 741	5 631	5 476	5 414

注:***、**和*分别代表1%、5%和10%的显著性水平,括号中的值是回归系数的标准误。

表7-17显示,第(1)列和第(2)列以政府补贴(Subsidy)作为被解释变量时,$Effects\_Province$和$Effects\_Industry$的回归系数分别为0.158和0.287,均在10%的水平上显著,说明上市公司参与精准扶贫有助于获得更多政府补贴。第(3)列和第(4)列以债务成本(Debt Cost)作为被解释变量时,$Effects\_Province$和$Effects\_Industry$的回归系数分别为−0.016和−0.028,均至少在10%的水平上为负,说明地区和行业层面的精准扶贫同群效应有助于降低企业债务成本。第(5)列和(6)列以企业销售收入(Sales)作为被解释变量时,$Effects\_Province$和$Effects\_Industry$的回归系数分别为0.075和0.152,均至少在5%的水平上为负,精准扶贫同群效应帮助企业改善了企业形象,增加了企业销售。第(7)列和第(8)列以企业绩效

（ROA）作为被解释变量时，$Effects\_Province$ 和 $Effects\_Industry$ 的回归系数分别为 0.008 和 0.012，均在 10% 的水平上显著为正，说明精准扶贫同群效应有助于提升企业绩效。

六、结论与建议

我们研究结果揭示出在市场竞争机制下，企业在行业层面和地区层面精准扶贫存在同群效应，企业参与扶贫和乡村农业产业建设能够实现与贫困地区协作共赢。竞争机制能够在一定程度上解释上市公司精准扶贫同群效应，在竞争性行业，企业面对更大生存压力，模仿竞争对手精准扶贫决策是理性选择。地区精准扶贫工作获奖传递了竞争信号，能够激励更多上市公司参与精准扶贫工作。其中，国有企业和行业龙头企业更能发挥引领作用，带动其他企业参与精准扶贫工作。最后研究发现，精准扶贫带动效应能够给企业带来"好处"，上市公司精准扶贫的同群效应能够缓解企业融资约束、降低企业融资成本，提升销售收入和企业业绩。根据上述研究结论，我们提出农业产业振兴的下一步展望和政策建议。

第一，积极鼓励行业市场化竞争行为。我们研究发现市场竞争机制能促进企业精准扶贫的同群效应，政府应该鼓励民间领域企业的市场化竞争行为，激发企业发展动力和创新活动，充分发挥企业同群效应，带动企业共同参与农业产业振兴工作。

第二，设立农业产业振兴工作国家和地区奖项，对获奖单位和组织给予奖励。研究结果表明，企业获奖制造了"光环效应"，可以在社会传递扶贫和共同富裕目标等信息。设立与农业产业振兴相关的国家和地区奖项，给予适当奖励，不仅能够充分调动企业积极性，更重要的是提升企业声誉和知名度，从而激励更多企业参与农业产业振兴工作。

第三，发挥国有企业在农业产业振兴中的"领头羊"作用，推动民营企业深度参与农业产业振兴。民营企业具有数量多、分布广和经营灵活的特性，国有企业能够引导更多民营企业参与农业产业振兴工作，地方政府应该充分整合资源要素，为各类企业提供便利条件，让企业之间形成合力，深入参与农业产业振兴。

第四，加强媒体对企业投资农业产业振兴的宣传力度，积极报道企业投资农业产业振兴的先进典型和优秀案例。上述研究表明，不论是在地区层面还是行业层面，上市公司都存在显著的同群效应。媒体的宣传和报道，起到了信息传递和激励作用，能够放大社会力量的同群效应，广泛调动企业投资农业产业振兴。

第五节　农村金融发展和乡村振兴耦合及空间溢出效应

推进乡村振兴战略需要基本生产要素支持，金融作为实体经济血脉，金融要素最为基础。2020年12月，中共中央、国务院在《关于实现巩固拓展脱贫攻坚成果同乡村振兴有效衔接的意见》中特别强调金融服务政策的重要性。与此同时，乡村振兴亦使得农村金融发展更具潜力和可持续性，两者交互影响，形成一个耦合整体（邢霞，2019）。因此，研究金融发展与乡村振兴之间耦合协调关系及其空间溢出效应具有理论意义和现实作用。

一、金融发展与乡村振兴理论分析

乡村振兴各方面发展离不开金融的支持。金融在乡村振兴中发挥着提供资金支持、提高资本配置效率、分散风险等作用；发展农村金融市场和农村金融系统，建立"农村金融市场范式"以优化农村地区社会经济结构（冯兴元等，2019）。乡村振兴亦是农村金融发展基础，将通过产业兴旺带动乡村金融繁荣、生态宜居改善乡村金融环境、乡风文明培育乡村金融之风、治理有效保障乡村金融安全、生活富裕拉动乡村金融发展等五个实现路径改善金融环境和优化金融服务，推动乡村金融发展。

（一）金融发展对乡村振兴影响机理

乡村振兴战略推进众多要素中，金融要素缺一不可，金融对乡村振兴顺利实施的重要作用主要体现在提供资金支持、提高农村资本配置效率和分散风险三个方面。

1. 提供资金支持渠道

金融市场功能之一就是融资功能。农村经济现代化建设过程中需要源源不断资金投入乡村基础设施建设中，乡村基础设施特点是前期投资资金量大、建设周期长，这要求创造多元化资金供给渠道。如广东省金融机构与农业龙头企业成立支农联盟，结合广东美丽宜居乡村建设规划，推出"美丽乡村贷""环保治理工程贷"等多元化特色综合金融产品，支持农村公路建设、农村电网建设、农村信息进村入户和人居环境改造工程建设，持续加大对县域学校医院、旅游文化、健康养老等幸福产业支持力度。此外，金融中介服务和资金支持也促进了金融要素聚集与流动，进一步保障乡村振兴战略的实施。

2. 提高资本配置效率

金融市场具有聚敛、配置、调节及反馈等功能。其中配置功能是金融市场将资源从低效率部门转移到高效率部门,从而使社会经济资源有效地配置在效率高或效用大的用途上,实现稀缺资源合理配置和有效利用。农村金融市场可以有效调节资源在农业各个领域或各个环节流动,调节金融要素投入农业发展项目,促进农村经济与生态环境建设的高质量融合。中央强调金融对"三农"的支持也是基于金融本身的功能。促进乡村振兴的发展,除了政府财政支持、行政的帮扶,亦离不开金融市场的持续支持。金融机构根据"三农"发展需要,结合各地市客观实际情况,因地制宜开发各种支农产品,有效实现资金在农产品加工、水产养殖等行业的高效配置。

3. 实现风险分散功能

市场经济各经营主体往往会面临各种各样的风险,金融市场可为参与者提供降低风险的机会,让投资者利用组合投资理论分散投资风险,避免金融资产面临的非系统风险。农业企业风险来源于自然灾害和生产周期较长导致农民收入不确定性。金融市场可发挥风险分散功能,确保农民收入相对稳定性。例如,广东生猪养殖行业 2019 年以来遭到重创,中国太平洋保险公司在广东省湛江市试点猪饲料成本指数"保险+期货"模式,并陆续在惠州、阳江等地推广。2020 年 8 月,蛋鸡饲料成本指数、蛋鸡养殖利润指数"保险+期货"的创新农险项目在清远市佛冈县、清新区签约落地,广东首个鸡蛋价格指数"保险+期货"产品在珠海市斗门区落地。这些金融市场为参与者提供降低风险的创新举措,保障农业企业生产顺利实施,实现农业企业风险转移、化解经营主体风险及补偿经济损失起到了良好效果。

(二)乡村振兴对金融发展作用机理

乡村振兴对金融发展亦能起到推动作用。乡村产业兴旺能带动金融业的发展,乡村生态宜居能改善金融环境,乡村乡风文明能培育金融文化,乡村有效治理能保障金融安全,乡村生活富裕能促进金融发展。

1. 产业兴旺带动金融发展

产业是基础经济平台,金融起到催化剂和倍增剂作用,金融与产业互动创造新的价值,加快乡村财富累积;反之,金融亦只有与产业融合发展才能产生放大效用,发挥金融本质功能。产业兴旺是实现乡村振兴基础和前提条件,金融则是影响乡村农业产业蓬勃发展的关键因素。乡村振兴战略是一个系统工程,农业产业振兴是其中重要构成和物质基础,是解决农村一切问题的前提。因此,特别重视农业企业产业的发展,拓展农业企业融资渠道,让农业企业高质量发展促进乡村产业兴旺,形成各地市金融发展和经济繁荣双赢局面。

2. 生态宜居改善金融环境

生态宜居着重在构建乡村振兴环境基础建设。生态宜居包括两个内涵,一是形成绿色生产方式和产业结构,二是形成绿色生活方式和人居空间。一方面传统的农业企业生产方式需要变革,由粗放式经营模式向集约式大规模现代农业发展;另一方面乡村人居环境需要改善,目前乡村基础设施建设较为落后,公共卫生服务不够健全,导致环境被破坏、水域污染,这与生态宜居理念背道而驰。因此,生态宜居这两方面需要变革,需要巨额资金支持以促进金融创新发展。无疑良好的农村生活环境亦为各地市金融发展带来新机遇,保障绿色金融在农村经济中发挥重大作用。

3. 乡村文明培育金融文化

乡村文明是乡村振兴文化的灵魂。农村建设改革的关键在人,人的内在精神是乡村文明的灵魂。经济基础决定上层建筑,上层建筑反作用于经济基础。金融机构通过支持教育发展、开展素质活动、普及知识等活动提高乡村居民整体素质,提升农村人力资本水平和素质。反之,良好的乡村文明对于金融创新发展亦能够起到助推作用。广东省就陆续在乡镇开展"整村授信"信用评定工作,有些金融机构如中国农业银行会对无负面信息的农户一般给予3万以内的信用贷款,个别农户贷款最高可达20万元信用贷款。这对于培育农户守信意识,净化农村信用环境起到良好典范效用,即农业企业、农户诚信经营进一步改善了农村金融生态环境,形成良好金融文化。

4. 治理有效保障金融安全

村民自治组织能力是乡村治理现代化重要内容,亦是乡村振兴的组成部分,有效乡村治理,能够确保金融市场在乡村高质量培育;无疑农村金融市场又赋能乡村治理现代化建设。农村金融一直是加强乡村治理重要力量,为提升乡村治理效能持续发挥重要作用。广东乡村金融机构基层网点积极推进金融法治进村入户,通过开办金融夜校、乡村振兴课堂等渠道,加强对金融守法者宣传奖励,突出对金融失信者惩戒警示,营造农村金融市场遵法守法、守信重信的良好氛围,进一步夯实乡村治理法治基础。

5. 生活富裕促进金融发展

生活富裕是乡村振兴的目的,是实现全体人民共同富裕的必然要求。农村地区居民生活富裕,增收脱贫效果凸显,就越能有效促进各地市金融发展。农业企业和农户拥有较多投资工具和渠道,随着收入不断增加,投资理财意识亦不断增强,从而金融服务的广度和深度要求不断提高。在大力推广普惠金融的情况下,农村信贷资金的获得难度有所降低,农村中小微企业以及家庭作坊获得金融扶植,农业企业得以迅速发展,农村居民得到更多就业机会。这就间接提高了农村居民收入,改善了农民生活水平(Weber等,2012),生活富裕促进金融进一步创新发展。

综上,金融发展与乡村振兴影响机制表现为:乡村振兴与金融发展密不可分,乡村振兴是金融发展的基础,而金融发展又会推动乡村振兴蓬勃发展。两者相辅相成,既互相推动,又互相制约。乡村振兴农业产业发展为农村金融市场培育奠定坚实基石;金融行业尤其是商业银行和保险业对乡村振兴进行持续支持,成为整个乡村建设的重要活水之源。金融发展与乡村振兴间作用机制分析详见图7-4。

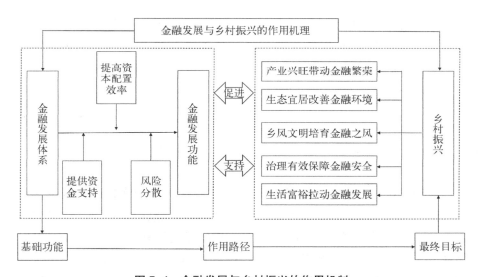

图7-4 金融发展与乡村振兴的作用机制

二、研究方法与指标体系构建

(一)研究方法

1. 熵值法

在以往乡村振兴评价综合体系研究中,张挺等(2018)、马振国(2019)均结合采用层次分析法与熵权法来确定乡村振兴评价指标的权重;闫周府等(2019)则采用主客赋值法,利用主成分分析法和专家打分法共同衡量乡村振兴指标权重。主观赋权法较为主观、偏差较大,因而大多数专家学者利用计算结果剔除主观因素的熵值法来计算权重。故各项具体指标的权重采用客观赋权法中的熵值法来确定。计算过程如下。

第一,分别计算金融发展和乡村振兴各项指标 x_{ij} 的权重 w_{ij}:

$$w_{ij} = \frac{x_{ij}}{\sum_{i=1}^{m} x_j} \tag{7.10}$$

第二，计算第 j 个指标的熵值 e_j：

$$e_j = -\frac{1}{\ln m} \sum_{i=1}^{m} (w_{ij} \cdot \ln w_{ij}) \tag{7.11}$$

其中，m 是样本数量。

第三，计算第 j 个指标的差异系数 c_j：

$$c_j = 1 - e_j \tag{7.12}$$

其中，c_j 值代表某项指标信息效用值，数值越大说明该指标在综合评价体系中的综合权重越大。

第四，确定指标 x_j 的综合权重 z_j：

$$z_j = \frac{c_j}{\sum_{j=1}^{n} c_j} \tag{7.13}$$

其中，n 是指标数量。

2. 功效函数

先对指标分别进行无量纲化处理，消除指标因类型多样和量纲不统一所带来的差异影响。标准化值 $\mu_i (i=1, 2)$ 表示"金融发展—乡村振兴"的系统序参量，是第 i 个序参量的第 j 个指标的标准化值，$i=1$ 代表金融发展系统，$i=2$ 代表乡村振兴系统，$\min(X_{ij})$ 和 $\max(X_j)$ 分别为系统稳定临界点上的最小值和最大值。金融发展和乡村振兴两个子系统对耦合系统有序的功效参数 μ_{ij} 用公式表示为

$$\mu_{ij} = \begin{cases} \left[\dfrac{X_{ij} - \min(X_{ij})}{\max(X_j) - \min(X_j)}\right] \times 100\% \\ \left[\dfrac{\max(X_{ij}) - X_{ij}}{\max(X_j) - \min(X_j)}\right] \times 100\% \end{cases} \tag{7.14}$$

其中，$X_{ij}(1=1, 2, \cdots, m; j=1, 2, \cdots, n)$ 表示两个子系统中各个指标的初始值，μ_{ij} 为负向指标，取值范围在 0～1 之间。

金融发展和乡村振兴两个子系统相互影响且有差异，因此通过集成方法求解出综合序参量 μ_i，即为子系统对总系统有序度的贡献：

$$\mu_i = \sum_{j=1}^{n} \lambda_{ij} \mu_{ij}, \text{且} \sum_{j=1}^{n} \lambda_{ij} = 1, \lambda_{ij} \geqslant 0 \tag{7.15}$$

其中，μ_i 描述的是子系统对总系统有序度的贡献，λ_{ij} 指各项指标在系统中的权重。

3. 耦合度和耦合协调度

耦合属于物理学概念，但广泛应用于经济学领域研究中，是探究一定时间和空间范畴内，两个及以上系统之间的交互影响。目前，国内较少文献从系统耦合角度来研究金融发展和乡村振兴之间的关系，我们的研究在借鉴王志章等(2020)的学术成果基础上构造金融发展和乡村振兴的耦合模型：

$$C_V = \frac{2\sqrt{\frac{(\mu_1-\mu_2)^2}{2}}}{(\mu_1+\mu_2)} = \sqrt{2(1-C^2)} \tag{7.16}$$

$$C = \frac{2\sqrt{\mu_1\mu_2}}{(\mu_1+\mu_2)} \tag{7.17}$$

其中，μ_1 为金融发展子系统，μ_2 为乡村振兴子系统。C_V 表示金融发展与乡村振兴两者的偏差情况，数值越小表明偏差越小、耦合关系越紧密。C 表示耦合度的大小，取值范围在 0~1 之间。当耦合度 $C=1$ 时，表明两个子系统之间偏离程度小、耦合水平高；当耦合度 C 接近 0 时，表明两个系统之间偏离程度大、耦合水平低。

耦合度虽然可以反映金融发展与乡村振兴之间的相互作用程度，但在区域建设中具有动态特征，特别在空间对象较多的情况下，其不足以完全反映出它们之间的协调程度，甚至出现"伪评价"现象，大大降低了评价结果可信度。因此，将地区之间相互作用纳入研究范围建立耦合协调度模型，可以更科学、客观地判断各地级市之间的协调水平。公式如下：

$$\begin{cases} D = (C \times T)^{\frac{1}{2}} \\ T = a\mu_1 + b\mu_2 \end{cases} \tag{7.18}$$

其中，D 为耦合协调度；T 为金融发展与乡村振兴的综合协调指数，反映两个系统整体发展水平对两者协调度的贡献程度；a、b 为待定系数，$a+b=1$。在我国整体经济繁荣发展过程中，金融发展和乡村振兴均起着巨大作用，具有重要现实意义，且难以客观权衡两者之间谁更重要，故研究时将系数 a、b 均取值 0.5。参考唐未兵等(2017)的耦合度和耦合协调度分类等级，将金融发展与乡村振兴的耦合度划分为低强度、中强度、较高强度和高强度耦合四个等级，将两者的协调度划分为六个等级，包括严重失调、中度失调、轻度失调、基本协调、良好协调和高度协调，具体划分见表 7-18 和表 7-19。

表 7-18　耦合度分类等级及特征说明

耦合度取值	耦合等级	特　征
$0 < C \leqslant 0.3$	低强度	相互关联性不强
$0.3 < C \leqslant 0.5$	中强度	相互关联增强,同时产生抑制
$0.5 < C \leqslant 0.8$	较高强度	系统进入良性耦合
$0.8 < C \leqslant 1$	高强度	良好共振,共同促进发展

表 7-19　耦合协调度分类等级及特征说明

协调度	协调等级	特　征
$0 < D \leqslant 0.2$	严重失调	协调程度很低,无整体协同效应
$0.2 < D \leqslant 0.4$	中度失调	协调程度低,整体协同效应轻微呈现
$0.4 < D \leqslant 0.5$	轻度失调	协调程度较低,整体协同效应稍有呈现
$0.5 < D \leqslant 0.6$	基本协调	基本协调,整体协同效应呈现
$0.6 < D \leqslant 0.8$	良好协调	协调较好,整体协同应呈现较好
$0.8 < D \leqslant 1$	高度协调	共同发展,协调共生

4. 空间计量模型

金融发展能够推动乡村振兴顺利实施,而乡村振兴将进一步带动当地经济繁荣。因此,金融发展是乡村振兴内生发展动力,乡村振兴为金融发展创造良好环境。如今空间互动频繁便利,资源跨区域流动规模增大,某个地区金融发展和乡村振兴均会受到周边地区影响,且这种影响具有"双向"效应。邻近地区示范和激励攀比效应促使该地区乡村振兴具有地区相似性。此处建立空间计量模型探究金融发展各指标对乡村振兴的关联测度及市与市之间的空间溢出效应情况。

首先,引入全局空间自相关模型和局部自相关模型检验金融发展与乡村振兴之间是否存在空间收敛情况,以便识别金融发展与乡村振兴两者在地级市间的空间关联特征,分析其空间聚集态势。采用莫兰指数(Moran's I)和 local Moran's I 指数测度两个系统之间的空间相关性,其计算公式如下:

$$\text{Moran's } I = \frac{\sum_{i=1}^{m}\sum_{j=1}^{m}\omega_{ij}(d_i-\bar{d})(d_j-\bar{d})}{s^2\sum_{i=1}^{m}\sum_{j=1}^{m}\omega_{ij}},$$
$$(i=1,2,\cdots,m;j=1,2,\cdots,m) \tag{7.19}$$

$$\text{local Moran's } I = \frac{(d_i-\bar{d})}{s^2}\sum_{j=1}^{m}\omega_{ij}(d_j-\bar{d}),$$
$$(i=1,2,\cdots,m;j=1,2,\cdots,m) \tag{7.20}$$

其中，d_i 表示第 i 个地级市综合指数值，m 为地级市个数，s^2 为所有地级市综合指数方差，ω_{ij} 为空间权重矩阵。并且 I 取值为 $[-1,1]$，当 I 为正值且显著时，表示存在正空间自相关，说明观测值相似区域趋于空间聚集；I 值为负值且显著时，表示观测值相似区域趋向于分散分布；若 I 接近于 0，则表示观测值空间分布是随机的，不存在自相关问题。

其次，构建空间计量模型测度空间溢出效应的大小。空间面板模型一般可具体分为空间滞后模型（SLM）、空间误差模型（SEM）与空间杜宾模型（SDM）。借鉴陶长琪等（2014）对空间计量模型的推导，同时考虑乡村振兴的空间滞后项与空间滞后解释变量对乡村振兴实施的影响，采用空间滞后模型和空间误差模型的一般形式，即空间杜宾计量模型（SDM）：

$$Rural_{it} = \rho\sum_{j}\omega_{ij}rural_{ij} + \beta X_{it} + \sum_{j}\omega_{ij}X_{ij}\theta + \mu_i + \pi_t + \varepsilon_{it} \tag{7.21}$$

其中，$Rural$ 代表乡村振兴综合指数；X 代表一系列控制变量，包括（1）金融机构覆盖率（FIC），即金融机构个数与乡镇个数的比值；（2）金融相关率（FIR），即贷款加储蓄资金与当地 GDP 数值的比值；（3）金融市场发展状况（LDR），即贷款与存款的比值。θ 为待估计的常数回归参数；i 和 t 分别表示城市和年份；ρ 为空间滞后系数；ω_{ij} 是空间权重矩阵；μ_i 和 π_t 分别是个体效应和时间效应；ε_{it} 为扰动项。

（二）指标体系构建

为了剖析金融发展与乡村振兴时空耦合协调演变过程，遵循科学性、系统性和可操作性等原则，我们研究时分别构建广东省金融发展和乡村振兴的评价体系。数据主要来自《广东统计年鉴》《广东农村统计年鉴》《广东社会统计年鉴》《中国区域经济统计年鉴》《中国城市统计年鉴》及各个地级市国民经济和社会发展统计公报等。

1. 金融发展评价体系

随着时代变迁、金融的不断改革深化，金融发展对乡村振兴实施效果必然产生重要影响,且该影响具有时变性。但衡量数字金融的指标不统一,数据获取难度较大。在二级指标上,唐未兵等(2017)利用金融效率、金融力度、金融规模等三个维度来构建指标体系说明金融支持水平;刘赛红和朱建(2017)则采用金融发展规模和金融发展效率构建指标体系。在各具体指标上姜春等(2008)把存贷比作为衡量金融效率的一个重要指标;蔡兴等(2019)则用金融机构各项贷款余额占GDP的比重作为指标;Tiwari,Shahbaz和Islam(2010)用私营部门的国内信贷占GDP的比例衡量金融发展状况。综上,常用的衡量金融发展的指标主要有麦金农提出的M2/GDP、戈德史密斯提出的FIR的指标,或通过证券市场、保险市场和信贷市场等金融体系的不同部门来衡量金融发展。但随着金融创新的加快发展,衍生金融工具的种类越来越多,麦金农的M2/GDP指标已不能恰当反映金融发展情况。此处,我们选取金融发展效率和金融发展规模来综合衡量金融发展水平,参考已有文献确定具体指标和详细的编制过程,运用熵值法计算金融发展的3个二级指标,其权重分别为0.722 2、0.152 2和0.125 6,具体如表7-20所示。

表7-20 金融发展综合评价体系及指标权重

一级指标	二级指标	序号	指标定义	权重	属性
金融发展	金融机构覆盖率FIC	1	农村金融机构个数/乡镇行政村个数	0.722 2	正
金融发展规模	金融相关率FIR	2	贷款和储蓄之和与当地gdp的比值	0.152 2	正
金融发展效率	金融市场发展LDR	3	金融机构贷款余额/金融机构存款余额	0.125 6	正

2. 乡村振兴评价体系

复合指标法所选取的各项指标不大相同,但总体上设立的指标和采集的数据均遵循有效性、系统性和可操作性等原则,也大都涵括了乡村振兴战略的五大总要求。乡村振兴的五大总要求是相互联系、有机统一的整体,以这五大总要求作为乡村振兴实施情况的衡量指标具有一定合理性,但对这五大总要求下设的具体指标方面争议颇大。以产业兴旺为例,陈秧分等(2018)侧重乡村生产功能;韦家华等(2018)更多地将产业兴旺归纳为农村产业在生产方式上的多样性;闫周府等(2019)从农业生产条件、生产效率、产业化水平等角度衡量产业兴旺水平,认为选取指标要体现农业内涵式增长。参考 Biling-Wen Huang 等学者(2018)的文献,借鉴以往学者研究成果,结合广东省地级市实际情况以及数据可得性,我们将五大总要求设定为一级指标,细分为 18 个二级指标,并根据前文熵值法的计算过程得到一级、二级指标的权重,如表 7-21 所示。

表 7-21 乡村振兴综合评价体系及指标权重

一级指标	一级指标权重	二级指标	序号	指标定义	属性	权重
乡村振兴						
产业兴旺	0.308 2	劳动生产率	1	农林牧渔业总产值/农村人口	正	0.048 7
		土地生产率	2	农林牧渔业总产值/耕地面积	正	0.107 6
		劳均耕地面积	3	耕地面积/第一产业就业人数	正	0.061 5
		农业机械总动力	4	农业机械总动力	正	0.090 4
生态宜居	0.167 6	化肥施用量	5	化肥施用量	负	0.018 8
		人均公园绿地面积	6	人均公园绿地面积	正	0.054 8
		垃圾集中处理率	7	垃圾集中处理率	正	0.018 7
		无害化卫生厕所普及率	8	无害化卫生厕所普及率	正	0.041 8
		生产生活污水处理率	9	生产生活污水处理率	正	0.033 5
乡风文明	0.220 0	教育支出占财政支出的比例	10	教育支出/地方一般预算支出	正	0.039 0
		公路通车里程	11	公路通车里程	正	0.064 2
		农村科普示范村	12	农村科普示范村	正	0.116 8
治理有效	0.107 6	城乡生活差距程度	13	城市居民消费支出/农村居民消费支出	负	0.025 4
		村卫生室数	14	村卫生室数	正	0.065 0
		违反治安管理案件处理数	15	违反治安管理案件处理数	负	0.017 2

续表

一级指标	一级指标权重	二级指标	序号	指标定义	属性	权重
乡村振兴	生活富裕 0.1966	城乡居民收入比	16	城镇居民可支配收入/农村居民可支配收入	负	0.0218
		农村居民人均可支配收入	17	农村居民人均可支配收入	正	0.1460
		农村居民最低生活保障人数	18	农村居民最低生活保障人数	负	0.0288

三、金融发展和乡村振兴时空耦合变化分析

（一）时序耦合演变分析

利用以上构造金融发展和乡村振兴综合评价体系及其指标权重，分别计算出 2012—2020 年广东省 20 个地级市的金融发展与乡村振兴耦合度，以及耦合协调度的年平均值（表 7-22）。

表 7-22　2012—2020 年金融发展和乡村振兴耦合协调情况分析

年份	乡村振兴综合得分 (μ_1)	金融发展综合得分 (μ_2)	耦合度 (C)	耦合协调度 (D)	综合协调指数 (T)
2012	0.356	0.277	0.992	0.560	0.316
2013	0.396	0.279	0.985	0.576	0.337
2014	0.414	0.284	0.983	0.585	0.349
2015	0.417	0.279	0.980	0.584	0.348
2016	0.416	0.285	0.983	0.587	0.350
2017	0.392	0.283	0.987	0.577	0.337
2018	0.402	0.278	0.983	0.578	0.340
2019	0.370	0.288	0.992	0.572	0.329
2020	0.392	0.295	0.990	0.583	0.344

通过表 7-22 可看出，不论是乡村振兴综合得分还是金融发展综合得分均在逐年增长，但总体发展水平低。乡村振兴综合得分在 2015 年达到最

高,但也仅有 0.417,到 2019 年甚至倒退回到近 2012 年的水平。金融发展综合得分大体亦是逐年增长,2020 年综合得分达最高 0.295,不可忽略的是 2018 年综合得分下降较明显。综合来看,金融发展在 2018 年下降明显,导致乡村振兴得分在 2019 年大幅度下降,金融发展和乡村振兴的综合得分均在 2020 年有所回升。两者耦合度的时空演变分析具体如下。

在耦合度时序演变上,2012 年广东省金融发展与乡村振兴耦合度为 0.992,是研究期的最高值,其余年份在 0.980～0.992 波动且变化幅度小,虽有所下降。但总的来说,广东省金融发展与乡村振兴耦合水平较高,属于高强度的耦合等级。值得注意的是,金融发展和乡村振兴两个子系统的综合得分 μ_1 和 μ_2 明显偏低且数值相近,单以耦合度大小说明两者是否存在良好交互影响的可信度较低,这表明"伪评价"现象发生的可能性。2012—2020 年乡村振兴和金融发展的综合得分都小于 0.5,严重偏低,而两者耦合度高达 0.98 以上,具有明显的低发展、高耦合特点,这进一步说明仅使用耦合度指标并不能够很好解释系统各要素、系统之间是否协调,无法全面反映金融发展与乡村振兴之间的差异。

在耦合协调度时序演变上,结合表 7-22 可知,2012—2020 年广东省金融发展与乡村振兴的耦合协调度均在 0.5～0.6 波动,属于基本协调阶段,整体上呈基本协同状态。从 2012—2016 年耦合协调度逐年增长,最高在 2016 年达 0.587,之后耦合协调有所下降,2019 年金融发展与乡村振兴系统间的耦合协调度最低。这些说明广东省金融发展与乡村振兴这两个系统在研究期内并未取得较大协调发展效果。

(二)空间耦合演变分析

区域经济发展和资源禀赋的差异导致广东省各地级市金融发展与乡村振兴实施深度不一,耦合协调度与对应的等级类型也呈现一定的区域差异性。

根据上文我们给出耦合度判别标准,2012 年广东省地级市耦合关系中处于中度失调的有 3 个地级市,即汕尾、茂名和潮州,而在 2020 年处于中度失调的地级市减为 2 个,即汕尾和潮州,而茂名发展为轻度失调。从图中可清晰看到,珠三角地区经济相对发达,处在这个地区的城市大都呈现出金融发展与乡村振兴协调增长、互相促进的局面,一直保持在良好协调阶段。2012 年处于轻度失调和基本协调阶段的地级市均有 6 个,处于良好协调阶段的地级市有 5 个,2020 年处于轻度失调、基本失调和良好协调的地级市个数和 2012 年一样。与 2012 年情况相比较,汕头、佛山、梅州、惠州和茂名等地市金融发展与乡村振兴耦合协调度状况都有所改善。其中佛山的改善程度尤为明显,是 2020 年 20 个地市中唯一一个耦合协调度达到高度协调的。而清远是唯一一个降级的,由基本协调降为轻度失调。结合考虑其他社会经济因素综合影响,研究时间区间内广东省各地级市金融发展与乡村振兴之间的耦合协调度整体呈现南高北低,且以粤港澳大湾区为辐射圈、以广州省会城市为辐射点往外在逐步下降。

四、空间溢出效应分析

(一)空间自相关性检验

使用空间计量模型的一大前提是必须通过空间自相关性检验,确保数据存在空间依赖性。我们采取"莫兰指数"(Moran's I)和地理相邻权重矩阵(王红亮等,2010)检验是否存在空间依赖性,若两个城市在地理上相邻,则 ω_{ij} 取 1,否则取 0。检验结果见表 7-23。

表 7-23 2012—2020 年两系统综合指数的空间自相关检验

年 份	I	E(I)	sd(I)	z	p-value*
2012	0.376	−0.053	0.141	3.047	0.001
2013	0.354	−0.053	0.145	2.797	0.003
2014	0.374	−0.053	0.147	2.905	0.002
2015	0.390	−0.053	0.147	3.009	0.001
2016	0.314	−0.053	0.147	2.496	0.006
2017	0.417	−0.053	0.146	3.213	0.001
2018	0.339	−0.053	0.145	2.700	0.003
2019	0.194	−0.053	0.146	1.690	0.046
2020	0.023	−0.053	0.146	0.518	0.302

从上表中可知,2012—2020 年广东省金融发展与乡村振兴之间大部分年份莫兰指数均在 1% 的显著性水平下拒绝"无空间自相关"的原假设,这说明广东省金融发展水平与乡村振兴实施效果在空间上并非呈随机分布状态,而是存在显著的空间依赖性,同时也表明使用空间计量模型分析有效,且两者间的相互影响存在空间溢出效应。

(二) 空间计量模型回归结果分析

由于 SLM 和 SEM 是 SDM 特例,在进行空间回归前进行 OLS 估计是必不可少的,利用 LM 检验确定计量模型的类型。在 LM 检验中,针对空间误差(Spatial error)的三个检验均拒绝了"无空间自相关"的原假设,而针对空间滞后(Spatial lag)的两个检验中,Robust LM lag 没有通过显著性水平检验,说明应该使用 SEM 这一模型构建空间计量模型进行估计,但滞后项和误差项均存在空间自相关性。为了保证实证数据的稳健性和实证分析的说服力,我们研究综合使用 SEM 和 SDM 进行实证估计,并通过 Wald 统计量进一步判断 SDM 是否可以退化为 SEM,SEM 和 SDM 两个模型的检验结果详见表 7-24。

表 7-24 金融发展各指标对乡村振兴的影响

变量	SEM			SDM		
	个体固定(1)	时间固定(2)	双向固定(3)	个体固定(4)	时间固定(5)	双向固定(6)
FIC	0.381 4*	0.155 3***	0.259 5	0.138 6*	0.130 9***	0.015 2
FIR	0.232 6**	0.181 9***	0.229 7**	0.080 7**	0.235 1***	0.094 2**
LDR	0.266 0***	0.302 2***	0.179 5*	0.273 0***	0.161 7***	0.098 7*
Rho/lambda	0.440 6***	0.022 1	0.027 0	0.398 1***	−0.239 4**	−0.011 2
Log-L	210.783	72.231	232.963	219.443	107.460	246.709
R^2	0.419 2	0.447 3	0.418 4	0.574 3	0.386 8	0.226 6

注:***、**和*分别表示通过 1%、5% 和 10% 水平下的显著性检验。

通过 hausman 检验和联合显著性检验,并结合对数似然值 Log-likehood 和 R^2 值大小的比较,我们研究采用个体固定效应模型。再经 Wald 检验发现基于地理相邻权重,均通过 1% 的显著性水平检验,这表明 SDM 模型是最合适的,故接下以 SDM 模型分析为主。

理论上,根据地理学第一定律,地理距离越靠近的地区受到溢出效应的可能越大,这也是地理位置相近的地区更容易形成联系紧密的经济圈的原因,例如京津冀地区、长三角地区、粤港澳大湾区的形成。实证上,SDM 模型的空间回归系数 ρ 达到 1% 的显著性水平,说明金融发展各指标对乡村振兴良好实施的耦合作用及在市与市之间的空间相关性显著。金融发展各变量的回归系数亦均在允许范围内显著，但是系数大小和方向各不相同，说明其贡献度和作用亦不相同。FIC（金融机构个数/乡镇个数）回归系数为0.1386，表示本地区金融覆盖率每提高1%，对周围城市乡村振兴的贡献度是0.1386%，这也表明金融机构的建设对乡村振兴实施与发展有着正向的促进作用；FIR（金融相关率）衡量的是金融体系的发展程度、国民财富程度，回归系数为0.0807，是三项系数中最小的，即该指标在乡村振兴的实施进程中所起作用较小，在金融相关率提高1%时仅对周边城市乡村振兴具有0.0807%的贡献度；LDR（存贷款比率）用来衡量一个地区金融发展的安全性与稳定性，回归系数为0.2730，通过了1%的显著性检验，是三项系数中最大的。可见，稳健的金融环境是一个地区通过经济金融促进乡村振兴持续有效发展的必备条件。此外，以上结论还说明，若一个地区金融发展能带来金融的正向空间溢出效应，那么这个地区就亦可推动周边城市乡村振兴的发展。

五、结论与启示

我们利用广东省2012—2020年除深圳外20个地级市的面板数据，首先运用熵值法计算金融发展和乡村振兴的综合得分，使用耦合协调度模型探究两个系统之间的耦合协调水平，其次采用莫兰指数测度广东省金融发展与乡村振兴的空间自相关性，最后构建空间计量模型研究广东省金融发展与乡村振兴之间的空间溢出效应。得出如下结论。

从时序耦合协调角度看，2012—2020年广东省金融发展与乡村振兴的综合得分逐年增高，耦合度均保持很高的状态，但其协调度则是呈先上升后下降的态势，且数值均较小，协调度低，整体的平均水平处于基本协调阶段。从空间耦合协调的角度看，广东省金融发展与乡村振兴耦合性及耦合协调性在地区上存在一定差异。广东省各个地级市之间金融发展与乡村振兴的耦合度呈不同程度的上升，但却只有极少数城市能跨越原本所处的协调阶段。从空间溢出效应上看，SDM空间计量模型实证表明，广东省各地区金融发展各指标对乡村振兴综合指数具有显著正向的空间溢出效应。总之，金融发展对乡村振兴存在显著的正影响与空间溢出效应。因此，未来更应重视农村金融高质量发展，注重农村金融机构和农业企业之间供给与需求间衔接，推进农村信用体系建设，形成良好的乡村金融生态环境和社会环境。加强各政策工具的协调性，建立信息共享机制，提供宽松政策环境，利用金融发展带来的空间溢出效应推动周边地区乡村振兴的实施效果，实现全省乃至全国共同富裕。

第六节 产融合作融资风险补偿政策优化

一、因地制宜确定入库贷款利率上限

根据目前广东省产融合作实行的风险补偿资金入库条件，2023年8月入库贷款利率不高于1.1倍当期1年期LPR（目前为3.45%），根据该条件，目前贷款利率须不高于3.795%。如根据中国人民银行清远中心支行下发的《清远市市场利率水平表》，清远市2023年6月份发放的1年期浮动利率贷款加权平均水平为3.9653%，较5月份的4.691%下降明显。清远农商银行1000万元以下涉农贷款的平均利率为4.43%，为支持清远普惠涉农金融发展，清远农商银行已根据清远当地实际情况，将1000万元以下涉农最低利率定为3.8%，低于清远金融市场利率平均水平，但仍然无法达到风险补偿资金入库条件。

产融合作风险补偿资金入库利率水平如果仅根据金融市场规模较大的珠三角地区进行设定，粤东、粤西、粤北等珠三角区外金融市场利率将无法达到设定的利率条件，风险补偿资金使用将集中于珠三角地区利率水平较低的金融发达市场，对乡村振兴融资需求更迫切的粤东、粤西、粤北等非珠三角地区反而支持力度更小。因此，风险补偿资金入库条件可根据各地市金融市场的利率水平进行设定，并充分考虑当地涉农占比较高的金融机构涉农贷款利率水平，有效扶持当地乡村振兴融资业务的发展。

二、针对性制定专项贴息政策

粤东、粤西、粤北等等非珠三角地区的地方农村商业银行资金成本较高，利率水平难以降低，造成农业经营主体融资成本攀升，四大国有银行向涉农经营主体发放贷款过程中，易于依赖短期低贷款利率（普惠金融产品）优势对当地农商银行形成打压，此举对于粤东、粤西、粤北地区金融发展并不健康亦不可持续，在金融助力乡村振兴、实现高质量发展目标上乏力，当地农业经济也就难以形成比较优势。同时，广东省现行财政补贴政策存在结构失衡，财政支农资金规模较小，2021年广东省地方财政农林水事务支出1108.69亿元，占地方财政一般预算支出比重仅为6.1%，落后于江苏省、浙江省和山东省。为此，广东省制定专项贴息政策，即贴息规模需要因地制宜，向经济欠发达地区中经营管理水平高的金融机构提供充足的贴息规模，

并根据不同项目情况设立部分或全额贴息。对现存贴息项目，商业银行可实行市场化利率政策，贴息方仅对固定利息进行补贴，以便于客户自由选择办理项目的商业银行。特别在产融合作风险补偿资金项目上给予更多利率优惠，降低农业经营主体融资成本。

三、适当增加杠杆扩大风险补偿范围

2023年广东省联社获得首档4000万元风险补偿资金配套支持，仅清远农商银行一家就已向省联社上报2771万元，产融合作风险补偿资金配套支持力度实在有限。既然风险补偿资金已经设定暂停机制，总合作业务融资不良率超过3%，或支出的风险补偿资金额达到合作资金50%（即2000万元）时，将暂停审批新增风险补偿业务。可见，广东省风险补偿资金举措稍显谨慎，补偿资金额度规模太小，针对广东省农业企业接近6000亿级别的融资缺口，且农业企业通过银行贷款进行间接融资的意愿强烈，结合粤东、粤西、粤北地区现有信贷需求市场承载能力，是否考虑增加杠杆，将风险补偿资金放大10倍至15倍数，同时新增风险补偿资金额度规模，以期撬动百亿元信贷资金满足农业企业融资需求，支持偏远地区乡村振兴工作。

省级补偿金合作项目撬动资金主要流向当地农业产业化龙头企业、示范性农民合作社等新型农业经营主体，凸显出涉农市场主体享受信贷支持门槛较高的问题，造成筛选出来的只有优质企业，符合入库白名单条件的企业数量为数不多的情况。截至2023年7月，清远农商银行向省联社申报符合风险补偿资金条件的信贷业务共17笔16户合计2771万元，低于合作银行对风险补偿资金方案预期效果。满足入库条件涉农经营主体仅百余户，在实践过程中风险补偿资金项目流于形式，大量具有融资需求的涉农经营主体无福消受。可见，广东省补偿金合作项目应同担保基金合作扩大担保对象和范围，吸收"政银担"扶助对象，根据地区实际情况放宽风险补偿资金合作项目扶助对象的入库条件，将项目扶助对象扩大到家庭农场、小微农业企业、种养规模户的农业经营主体，尽可能扩大农业企业风险补偿经营范围。

四、简化报备流程应报尽报

产融合作商业银行对涉农经营主体发放贷款时，面临"填表多、审批难"问题，目前在风险补偿资金入库申报流程中，需集中向省联社申报，并根据其贷后投向、借款人资质等进行筛选，相关流程较为烦琐，用户信息在机构间交换存在屏障，且无法及时跟进入库具体情况，难以在项目运作初期快速

形成客户规模。

结合我们清远市调研情况，可成立公共信息平台或在现有门户网站上新增电子入库申报渠道。以人民银行企业和个人信用信息数据库为基础，将分散在银行、财政、税务、工商、社保、农业、林业、发改等部门信用信息整合成一个统一公共信息平台，形成能有效覆盖各类经营主体信用档案系统，解决银行与农业企业、农业经营主体、农户间信息不对称问题。通过电子化手段简化报备流程，缩短报备入库时间，并对乡村振兴融资业务在借款主体、贷款用途等认定设定具体量化指标，有效简化入库申报流程，做到应报尽报简化报备流程。

五、规范风险补偿资金标准及其时限

产融合作机构面临风险补偿专项资金发放迟滞难题，在风险补偿项目发生不良运作情况后，当贷款本息逾期超过90天，启动补偿程序，合作商业银行可向广东股权交易中心股份有限公司申请项目损失补偿。风险补偿专项资金对合作商业银行风险补偿的总额度，存入商业银行风险补偿资金专户，风险补偿专项资金支付完毕后，剩余资金风险由商业银行承担。目前广东省内各市县农业农村局存在风险补偿基金资金到位情况和补偿标准均不统一的问题，应加强省级统筹，规范风险补偿资金的补偿标准和时限，避免频繁出现不良贷款迟迟未能补偿情况，由上至下打造标准、为实践提供借鉴，提高风险补偿项目整体影响力。

六、政府牵头开展农村资产评估

新型农业经营主体数量大、规模小、企业信息不透明，囿于此类主体普遍存在信息不对称、报表参考价值低的特点，加上产融合作银行面对纷繁复杂的不动产抵押也难以做决策，诸多问题造成产融合作银行在实际执行中面临贷前评估难、贷后监管难的困境。新型农业经营主体的主要抵押物往往是农村承包土地经营权和大型农机农具等财产所有权，可抵押物价值难以得到金融机构认可。为此，政府牵头指定农村土地、资产价格专业评估公司，对农村资产出具专业评估报告，同时成立一个专业的交易流通平台，覆盖城镇、农村集体"三资"（资金、资产、资源），引入数字信息以期望加强资源管理、带动业务实现，让农村资产有专业、开放的交易和流通途径。在条件成熟的地区，鼓励成立农村集体股份合作公司、农村资产管理公司、农村投资公司等形式的公司，分散的农户在部分村民的带领下实现规模化、产业化经营，推动组织开展资产评估、产权交易和资产抵押，缓解来自商业银行的信贷约束。

七、提高合作银行风险补偿风险容忍度

金融机构推行普惠金融面对涉农经营主体,基于潜在利润损失忧虑,会将利润损失风险转嫁到贷款准入门槛及利率水平上,造成农业企业获得金融服务其代价过高,以至于损害农业经营主体的预期利益时,以至于出现农业企业不愿贷款的矛盾。我们在肇庆市调研,当地产融合作银行在涉农贷款合作业务上持有乐观态度,设置涉农贷款不良率和普惠型涉农贷款不良率分别高于各项贷款不良率年度目标的2%和3%,提高风险容忍度上限(考核不扣分)。在宽容的风险容忍度支持,减轻金融服务涉农经营主体的差别类型,风险补偿资金项目得到金融机构高度重视,将优惠让利实实在在落到农业经营主体。因此,引导产融合作银行综合考量当地农业经济发展情况,合理放宽风险补偿专项资金项目贷出资金的风险容忍度,放宽涉农贷款不良率的考核措施(不纳入扣分项),充分发挥金融创新顺应涉农经营主体融资需求,有效发挥风险补偿资金的撬动作用,切实提高金融服务乡村振兴的效率。

八、建设交易平台保障抵押物安全

目前动物活体资产抵押交易仍然缺乏相关登记规范,如生猪养殖企业,生猪活体资产确认过程中,"银行授信"难以认可;生猪作为抵押物监控手段较为单一,暂无相关技术手段得以监控,监控安装成本高,风险控制难以得到金融机构认可。乡村涉农经营主体面临抵押价值评估难、贷款资金监控难等实际问题,为此,政府应扩大产融合作风险补偿金的基金担保对象和范围,相关部门联合成立交易平台,保障抵押物的安全,多渠道为乡村建设经营主体融资增信。

第八章 广东农业企业融资缺口测算及投融资渠道

农业企业投融资渠道可分为间接融资渠道和直接融资渠道两大类,具体包括商业银行融资、中小平台融资、政府基金投入、保险机构支持、资本市场融资、农业供给侧基金融资等。本章首先介绍广东省农业企业基本概况,然后基于问卷调查数据,从多个角度测算农业企业融资缺口,最后详细分析广东省农业企业融资渠道的现状。目前,广东省农业企业融资缺口较大,农业企业的融资渠道仍然维持着间接融资为主、直接融资为辅的态势。

第一节 广东省农业企业基本概况

一、广东省农业基本情况

近年来,广东省第一产业增加值和占比基本呈现上升趋势。根据广东农村统计年鉴资料,2010年广东省第一产业增加值为2 287亿元,占比约为4.97%;2011、2012、2013年增加值分别为2 847亿元、2 977亿元和3 166亿元,占比分别为4.99%、4.77%和4.67%;2015—2018年,第一产业增加值逐年提升,但占比逐年下降;2019年和2020年增加值和占比延续上升;2021年第一产业增加值为5 003.7亿元,占比4.02%;2022年第一产业增加值为5 340.4亿元,占比4.14%。广东省近年来第一产业增加值及占比情况如图8-1。

由图8-1可以看出,2010—2016年,广东省第一产业增加值和占比呈现稳步上升态势,增加值在2017年稍有回落,2018—2022年又上升并超过了之前水平,说明广东省第一产业发展态势良好。

根据国家统计局发布的相关数据,全国GDP总量位居前列的省(区、市)主要有广东省、江苏省和山东省等。表8-1展示了2022年广东、江苏和山东三个省份的GDP总量及三大产业的总产值状况。

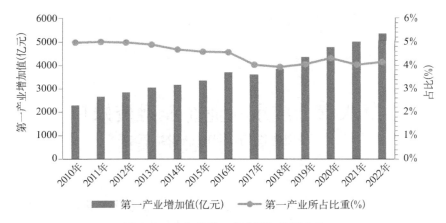

图 8-1 广东省第一产业增加值及占比

数据来源：广东统计年鉴。

表 8-1 广东、江苏、山东 GDP 总量及各产业的对比（2022 年） 单位：亿元

	江苏省	山东省	广东省
GDP 总量	122 875.6	87 435.1	129 118.6
第一产业	4 959.4	6 298.6	5 340.4
第二产业	55 888.7	35 014.2	52 843.5
第三产业	62 027.5	46 122.3	70 934.7

数据来源：2022 年中国统计年鉴。

对比江苏、山东和广东三大产业的总产值状况可以发现，虽然广东省经济总量排名第一，第三产业领先较多，但第一产业比山东省少 958.2 亿元，说明广东第一产业还有较大发展空间。

二、广东省农业企业基本情况

（一）农业企业类型

传统方法一般将农业企业划分为有限公司和股份公司；按照所有制性质的不同可以分为国有农业企业、集体所有制农业企业、联营农业企业、私营农业企业、中外合资农业企业和中外合作经营农业企业；按照是否属于龙头企业可以分为国家级、省级、市级和一般农业企业；随着新型农业经营主体概念的提出，上述农业企业的划分意义逐渐淡化后，从新型农业经营主体的角度进行划分，可以分为农民专业合作社、家庭农场和农业产业化龙头企业。

（二）农业企业行业划分

从行业类型对农业企业进行划分，传统方式一般简单将之分为养殖企业和种植企业两种类型，随着农业产业链的深度拓展，农业企业行业类别的划分不断细化。目前，农业企业的行业类别主要划分为种植业、畜牧业、水产业、林业、农产品批发、生物及食品加工、冷链保鲜及运输流通。广东省农业企业行业分布情况见图8-2。

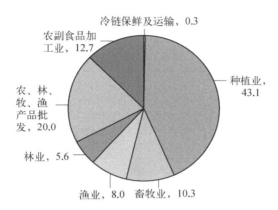

图 8-2　2020 年广东省农业企业行业分类（单位：%）

数据来源：2020年广东统计年鉴。

截至2020年年底，广东省农业企业中种植业企业占比最大，高达43.1%；农产品批发企业占比次之，约为20%；农副食品加工业企业占农业企业总数量的12.7%；畜牧业企业占比10.3%；冷链保鲜及运输流通企业占比最小，约为0.3%。

（三）农业企业规模

根据国家统计局发布的相关标准，按照企业规模大小可以将企业划分为大型企业、中型企业、小型企业、微型企业等四种类型。大型企业营业收入必须超过20 000万元，中型企业营业收入应处于500万元至20 000万元区间，营业收入小于500万元且大于50万元的企业被划分为小型企业，微型企业的营业收入小于50万元。2020年广东省各地市农业企业分布情况见表8-2。

表 8-2　2020 年广东省各地市农业企业分布状况　　　单位：家

地区	大型	中型	小型	微型	合计
广州	1	87	224	2 887	3 199
深圳	0	12	15	290	438

续 表

地 区	大型	中型	小型	微型	合计
珠 海	0	23	77	528	628
汕 头	0	54	157	1 093	1 304
佛 山	2	33	105	1 018	1 158
韶 关	1	43	236	3 438	3 718
河 源	1	38	248	6 153	6 440
梅 州	1	82	367	4 138	4 588
惠 州	0	86	160	2 454	2 700
汕 尾	0	43	210	1 479	1 611
东 莞	1	16	61	596	674
中 山	0	29	112	655	796
江 门	1	33	95	1 811	1 940
阳 江	0	72	163	1 423	1 658
湛 江	1	145	612	3 290	4 048
茂 名	1	84	319	2 361	2 765
肇 庆	0	51	269	2 088	2 408
清 远	0	61	150	4 054	4 265
潮 州	0	38	166	840	1 044
揭 阳	0	40	116	1 676	1 832
云 浮	0	29	148	899	1 076
合 计	10	1 099	4 010	43 171	48 290

数据来源：《广东统计年鉴2020》。

截至2020年年底，广东省农、林、牧、渔业企业法人单位数共计48 290家，已建成161个省级现代农业产业园。总体来看，广东省大型农业企业数量明显偏少，而中型、小型农业企业较多，微型农业企业所占比重最高，省级现代农业产业园数量适中。从农业企业数量来看,广东省农业企业呈现良好的发展态势。

第二节　广东省农业企业融资缺口测算

一、数据来源与测算方法

(一)数据来源

广东省农业企业融资缺口的测算数据来源于广东省农业农村厅。2020年9月,广东省农业农村厅面向广东省农业企业发放电子问卷,共收集问卷477份。有效问卷476份,其中种植企业有197家,占比为41.39%;畜牧业企业有80家,占比为16.81%;水产企业有66家,占比为13.87%;林业企业有3家,占比为0.63%;农产品批发企业有40家,占比为8.4%;生物及食品加工企业有82家,占比为17.23%;冷链保鲜及运输流通企业有8家,占比为1.68%。参与问卷调查的企业以种植业和中小型企业为主,符合广东省目前的农业行业结构比例。

476家企业分布在广东省内19个地市(深圳除外),其中湛江55家,江门48家,佛山47家,阳江44家,清远41家,中山35家,广州33家,韶关29家,潮州26家,揭阳23家,梅州23家,茂名18家,河源12家,肇庆11家,汕头10家,东莞9家,惠州5家,汕尾5家,珠海2家。表8-3展示了这476家农业企业的地区分布和规模大小,从中可以看出问卷数据具有广泛性和代表性。

表8-3　问卷调查企业规模、地区分布情况　　　　单位:家

地区\规模	大型	中型	小型	微型	合计
潮州	7	18	/	1	26
东莞	4	5	/	/	9
佛山	5	37	4	1	47
广州	3	18	9	3	33
河源	/	9	3	/	12

续 表

地区\规模	大型	中型	小型	微型	合计
惠 州	/	4	1	/	5
江 门	2	14	18	14	48
揭 阳	3	4	4	12	23
茂 名	/	9	6	3	18
梅 州	/	16	7	/	23
清 远	2	21	14	4	41
汕 头	5	5	/	/	10
汕 尾	/	4	1	/	5
韶 关	1	16	6	6	29
阳 江	3	27	10	4	44
湛 江	16	39	/	/	55
肇 庆	/	5	4	2	11
中 山	7	27	1	/	35
珠 海	/	2	/	/	2
合 计	58	280	88	50	476

数据来源：调查问卷数据来源于广东省农业农村厅，参考了纳税收入量的大小。

（二）测算方法

为了计算广东省农业企业融资缺口，我们使用如下方法：

$$R_i = \frac{1}{N_i} \sum_{m=1}^{m} C_{i,m} \quad (8.1)$$

其中，R 表示平均缺口；N 表示企业数量；C 表示单个农业企业融资缺口；i 表示企业分类；m 是各自分类标准中企业的具体数量。

$$TR = \sum \pi_i \times R_i \quad (8.2)$$

其中，TR 表示农业企业融资加权平均缺口；π 是某一类型农业企业占总样本的比重。

$$GTR = TR \times NUM \times (1 + rate) \tag{8.3}$$

其中，GTR 是广东省农业企业融资总缺口；NUM 是广东省农业企业总数量；rate 是经济增长率。引入经济增长率是考虑到各类农业企业数量会随着经济发展而增加，融资需求总量也随之扩大。

二、融资缺口测算

（一）按照企业级别测算

农业企业类型划分存在多种方法，首先按照农业企业级别分别计算国家级、省级、市级和其他级别农业企业的融资缺口，然后计算上述 476 家农业企业融资缺口的加权平均值，最后根据广东省目前农业企业的数量估算全省融资总缺口。476 家农业企业中，国家级龙头企业 15 家，占比 3%，资金缺口 4 450 万元；省级龙头企业 157 家，占比 33%，资金缺口 1 966.561 万元；市级龙头企业 160 家，占比 34%，资金缺口 928.125 万元；其他级别的农业企业 144 家，占比 30%，资金缺口 614.583 4 万元。具体结果见图 8-3。

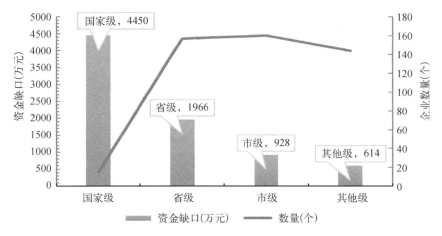

图 8-3　农业企业级别分类和资金缺口

数据来源：整理自问卷调研数据。

根据国家级、省级、市级和其他级别农业企业的资金缺口和占比情况，计算出 476 家农业企业加权的平均资金缺口约为 1 286.76 万元。截至 2020 年年底，广东省农业企业总数量 48 290 个，考虑到经济发展的不确定性，研究对广东省的经济增长设定了不同的经济增长率。具体的分项指标见表 8-4。

表 8-4　各级别农业企业具体分项指标

	国家级	省　级	市　级	其他级
数量(个)	15	157	160	144
平均缺口(万元)	4 450	1 966.561	928.125	614.583 4
占比(%)	3	33	34	30
加权平均缺口(万元)	1 286.764 888			
经济增长率	4%	5%	6%	8%
企业数量(个)	48 290			
总缺口(万元)	64 623 391	65 244 770	65 866 149	67 108 907

数据来源：整理自问卷调研数据。

根据以上各项指标，预测广东省农业企业在不同经济增长水平下的融资缺口。经济增长水平为 3% 时，农业企业融资总缺口约为 6 400 亿元；当经济增长水平分别为 4%、5%、6%、7%、8%、9% 时，融资缺口分别为 6 462 亿元、6 524 亿元、6 587 亿元、6 649 亿元、6 711 亿元、6 773 亿元；当经济增长水平为 10% 时，农业企业融资总缺口约为 6 835 亿元。具体情况见图 8-4。

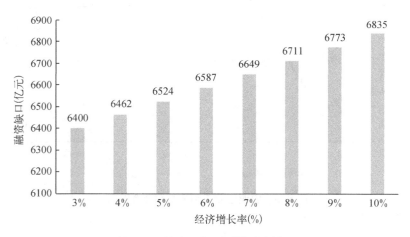

图 8-4　按企业级别测算融资缺口

数据来源：整理自问卷调研数据。

（二）按照企业所属行业类别测算

考虑到使用农业企业级别划分计算的结果可能存在偏误，研究再按照农业企业的类别进行划分,分别计算种植业、畜牧业、水产业、林业、农产品批发业、生物及食品加工业、冷链保鲜运输流通业的融资缺口,然后计算476家农业企业融资缺口的加权平均值,并根据广东省目前的农业企业数量估算融资总缺口。在上述476家农业企业中,种植业企业197家,占比41.39%,资金缺口719.543 2万元;畜牧业企业80家,占比16.81%,资金缺口1 343.75万元;水产业企业66家,占比13.87%,资金缺口1 878.788万元;林业企业3家,占比0.63%,资金缺口250万元;农产品批发业企业40家,占比8.4%,资金缺口1 787.5万元;生物及食品加工业企业82家,占比17.23%,资金缺口1 951.22万元;冷链保鲜运输流通业企业8家,占比1.68%,资金缺口875万元。具体结果见图8-5。

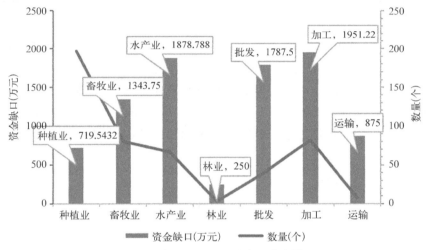

图 8-5　农业企业行业分类和资金缺口

数据来源:整理自问卷调研数据。

根据种植业、畜牧业、水产业、林业、农产品批发业、生物及食品加工业、冷链保鲜运输流通业企业的资金缺口和占比情况,计算出476家农业企业的资金加权平均缺口约为1 286.91万元。具体分项指标见表8-5。

表 8-5　样本中各行业农业企业具体指标

	数量(家)	平均缺口(万元)	占比(%)	加权平均缺口(万元)	经济增长率(%)	企业总数(家)	总缺口(万元)
种植业	197	719.543 2	41.39	1 286.911 4	4	48 290	64 630 750
畜牧	80	1 343.75	16.81				

续 表

	数量（家）	平均缺口（万元）	占比（%）	加权平均缺口（万元）	经济增长率（%）	企业总数（家）	总缺口（万元）
水产	66	1 878.788	13.87		5		65 252 199.44
林业	3	250	0.63				
批发	40	1 787.5	8.4	1 286.911 4	6	48 290	65 873 649
加工	82	1 951.22	17.23				
运输	8	875	1.68		8		67 116 548

数据来源：整理自问卷调研数据。

根据以上各项指标和广东省农业企业48 290家的总数量，研究预测广东省农业企业在不同经济增长水平下的融资缺口。经济增长水平为3%时，农业企业融资总缺口约为6 401亿元；当经济增长水平分别为4%、5%、6%、7%、8%、9%时，融资缺口分别为6 463、6 525、6 587、6 650、6 712、6 774亿元；当经济增长水平为10%时，农业企业融资总缺口约为6 836亿元。具体分项指标见图8-6。

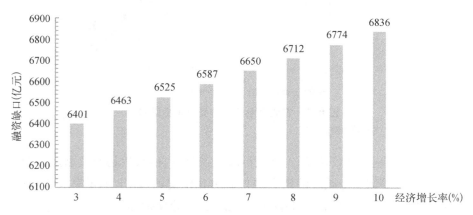

图8-6 按企业所属行业类别测算融资缺口

数据来源：整理自问卷调研数据。

（三）按照融资缺口大小测算

此处进一步按照问卷调查中的融资选项进行划分，分别计算融资缺口在0—500万元、500—1 000万元、1 000—3 000万元、3 000—5 000万元和5 000万元以上农业企业的融资缺口，然后计算476家农业企业融资缺口的加权平均值，并根据广东省目前农业企业数量估算融资总缺口。476家农业企业中,融资缺口在 0—500 万元的农业企业 238 家,占比 50%;融资缺口在 500—1 000 万元的农业企业 96 家,占比 20.17%;融资缺口在 1 000—3 000 万元的农业企业 90 家,占比 18.91%;融资缺口在 3 000—5 000 万元的农业企业 29 家,占比 6.09%;融资缺口在 5 000 万元以上的农业企业 23 家,占比 4.83%。具体结果见图 8-7。

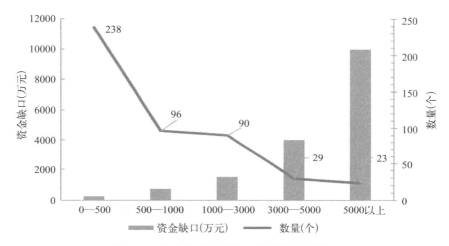

图 8-7　农业企业融资缺口分类和资金缺口

数据来源:整理自问卷调研数据。

根据农业企业融资缺口和占比情况,计算出 476 家农业企业资金的加权平均缺口约 1 286.525 万元。具体的分项指标见表 8-6。

表 8-6　不同融资规模需求农业企业的具体指标

	<500	500—1 000	1 000—3 000	3 000—5 000	>5 000
数量(家)	238	96	90	29	23
平均缺口(万元)	250	750	1 500	4 000	10 000
占比(%)	50	20.17	18.91	6.09	4.83
加权平均缺口(万元)	1 286.525				
经济增长率(%)	4	5	6	8	
企业总数(家)	48 290				
总缺口(万元)	64 611 344	65 232 607	65 853 870	67 096 396	

数据来源:整理自问卷调研数据。

根据以上各项指标,研究预测广东省农业企业在不同经济增长水平下的融资缺口。经济增长水平为3%时,农业企业融资总缺口约为6 399亿元;当经济增长水平分别为4%、5%、6%、7%、8%、9%时,融资缺口分别为6 461、6 523、6 585、6 648、6 710、6 772亿元;当经济增长水平为10%时,农业企业融资总缺口约为6 834亿元。具体的分项指标见图8-8。

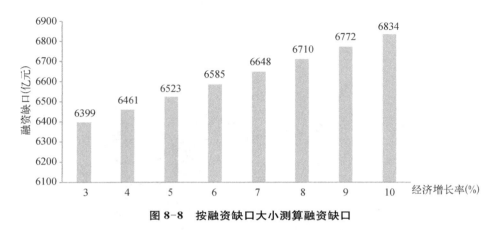

图8-8 按融资缺口大小测算融资缺口

三、融资缺口测算结果汇总

此处按照三种不同分类标准计算476家农业企业的资金平均缺口,计算结果分别为1 286.76万元、1 286.91万元和1 286.525万元,结果之间的差距较小。根据广东省农业企业的总数量,同时考虑经济发展水平,研究又预测了广东省农业企业总资金缺口的状况,具体结果见表8-7。根据测算结果,广东省目前的农业企业的融资缺口基本保持在6 000亿元之上,三种方法计算的结果也基本保持一致。

表8-7 三种方法在不同经济增长率条件下测算出的融资缺口

经济增长率(%)	方法一测算出的缺口(亿元)	方法二测算出的缺口(亿元)	方法三测算出的缺口(亿元)
3	6 400.201	6 400.93	6 399.008
4	6 462.339	6 463.075	6 461.134
5	6 524.477	6 525.22	6 523.261
6	6 586.615	6 587.365	6 585.387

续表

经济增长率(%)	方法一测算出的缺口(亿元)	方法二测算出的缺口(亿元)	方法三测算出的缺口(亿元)
7	6 648.753	6 649.51	6 647.513
8	6 710.891	6 711.655	6 709.64

第三节　广东省农业企业融资渠道

根据农业企业获取资金方式的不同，可以从多个角度对农业企业的融资渠道进行划分（图8-9）。一般来说，外源融资和内源融资是农业企业最主要的两种融资渠道。内源融资主要通过企业内部现金流、内部债券等方式实现。在农业企业发展初期，企业资产规模偏小、信用级别较低，加上资本市场进入壁垒较高，能够选择的融资渠道非常有限，内源融资成为最重要的资金来源。内源融资对农业企业的好处在于自主选择性，农业企业可以根据自身发展的实际状况选择是否进行内源融资，这样不仅减少了外源融资交易成本过高的问题，而且保障了企业的自主选择权。然而内源融资的缺陷就在于资金规模相当有限，无法满足农业企业快速发展带来的更大融资需求，这导致农业企业长期处于融资难的境地，阻碍了农业企业发展。

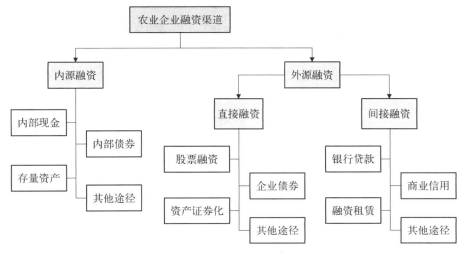

图8-9　农业企业融资渠道

农业企业融资难主要表现在其他融资渠道相同的情况下,获得外源融资的难度远远大于工业企业。农业企业在发展初期主要通过间接融资,比如银行信贷获得资金。随着企业规模增大、实力增强,才有可能在股票市场或债券市场上以股票或债券形式公开向社会筹资。

一、农业企业间接融资渠道

目前广东省农业企业的融资渠道以间接融资为主,其中商业银行是融资渠道主力军。根据中国人民银行广州分行提供的数据,截至 2020 年末,广东农林牧渔业大型企业的贷款余额为 316.9 亿元,中型企业贷款余额为 199.6 亿元,小型企业贷款余额为 140.6 亿元,微型企业贷款余额为 32.3 亿元。

(一)贷款融资情况

在农业企业融资渠道中,抵押贷款不仅数量大、比重高,而且还呈现出多种形式。

1. 贷款数量增加

从近几年贷款数据可以看出,抵押贷款的融资数量仍持续上升。表 8-8 是广东省 2014—2020 年涉农贷款的变化情况。从中可以看出,虽然农林牧渔业贷款在某些年份出现下降,但是广东省涉农贷款各项指标整体呈现出上升态势。2014 年,农林牧渔业贷款、农村贷款、农户贷款和涉农贷款分别为 893 亿元、6 410 亿元、2 013 亿元和 8 983 亿元,到了 2020 年,四项指标分别攀升至 1 199.4 亿元、12 826 亿元、6 381 亿元和 16 134 亿元,增幅明显。

表 8-8 广东涉农贷款变化情况　　　　　　　　　　单位:亿元

时间	农林牧渔业贷款	农村贷款	农户贷款	涉农贷款
2014	893	6 410	2 013	8 983
2015	888	7 240	2 589	9 269
2016	843	7 397	3 140	9 733
2017	857	8 222	3 646	10 840
2018	887	9 321	4 283	12 155
2019	909.86	10 692	5 201	13 689
2020	1 199.44	12 826	6 381	16 134

数据来源:各年度《中国金融年鉴》、广东银保监局。

广东农信社涉农贷款存量最大。截至2020年上半年,广东农信社涉农贷款存量约为4 969.73亿元。在涉农贷款增量方面,农业银行涉农贷款增量最高,2018年中国农业银行广东省分行涉农贷款364.47亿元,2019和2020年上半年分别为434.33亿元、323.11亿元。中国银行涉农贷款增量基本保持在100亿元左右,其余商业银行涉农贷款则增量较少(表8-9)。

表8-9 主要商业银行涉农贷款情况　　　　　　　　单位:亿元

银　行	2018 存量	2018 增量	2019 存量	2019 增量	2020 上半年 存量	2020 上半年 增量
邮政储蓄银行	568	67	582	14	640	58
中国农业银行	1 990.18	364.47	2 424.51	434.33	2 747.63	323.11
广东农信社	4 229.33	98.64	4 618.24	388.91	4 969.73	351.49
中国银行	702.31	97.97	800.28	100.56	900.84	100.56
佛山农商行	89.92	15.23	111.60	21.68	124.47	12.88
东莞农商行	183.96	15.08	248.01	64.04	287.79	39.79
顺德农村商业银行	172.38	31.19	221.83	49.46	243.54	21.71

数据来源:广东省农业农村厅、中国人民银行广州分行。

此外,调研发现农业企业信贷需求旺盛。上述476家农业企业的调查问卷调查了农业企业银行借贷、股权融资、债权融资、知识产权质押融资可转债、公司内部股票、中心融平台信贷和其他等七种类型的融资需求,结果发现在这476家农业企业中,79%的农业企业有银行信贷需求。

2. 贷款形式多样

为解决农业企业贷款难的问题,广东省进行了多轮改革,以致各种形式的抵押贷款应运而生,如林权、农村土地承包经营权和住房财产权等抵押信贷业务不断发展。广东省从2008年开始的林权抵押贷款试点目前已经推广到全部林业县区,农村土地承包经营权抵押贷款在梅州市蕉岭县、清远市阳山县等地开始试点,滩涂承包经营权抵押借款开始在茂名电白试点,农业保单质押贷款也已经在江门等地开展。新会陈皮是江门市农业发展最具代表性的名片,为支持陈皮产业的发展,江门农商银行推出了"陈皮仓单质押贷款"等新型贷款业务,这个产品具有期限长、额度大、放款快等优势,深受当地农业企业青睐。截至2020年年末,江门农商银行陈皮系列贷款余额

3.67亿元,比年初增加1.96亿元,增长115%。东莞农商行推出了"租金贷""莞农贷"等贴近农业企业的金融产品,并在实践中根据实际情况,降低贷款办理门槛,简化业务办理流程。

(二)信用贷款案例

信用贷款完全根据申贷人信用、资信记录等放贷,这种放贷方式固然深受申贷人欢迎,但对放贷人来说存在较大风险。

目前信用贷款分为农户的整村授信和企业的授信贷款。由于农户借贷金额小、期限短,适用于小农户资金需要的贷款方式,对于需要大批资金量的农业企业来说,犹如杯水车薪。因此,农户整村授信的融资方式,不适合较大规模的农业企业。调研发现,针对企业的信用贷款并不多见,即便有,数量也不多,并且利率较高。表8-10展示了调研中发现的纯信用贷款业务中经营较好的个案。

表8-10　金融机构开发的纯信用贷款业务案例

序号	金融机构	纯信用贷款业务内容
1	中国农业银行阳西支行	2021年8月,中国农业银行阳西支行向阳西县润发海洋渔业有限公司发放了农行全省首笔"乡村振兴产业贷"500万元。无须抵押、一周申办,对于急需养殖资金的企业主而言,这笔贷款可谓"及时雨"。针对地方产业特点,农行阳西支行还因地制宜推出了"程村蚝贷""荔枝贷""西瓜贷"等特色产品,积极拓宽融资模式和渠道,助力乡村振兴
2	茂名农业银行	茂名农业银行开发出纯信用贷款产品。其中,国家级农业龙头企业信用贷可达5000万元;省级农业龙头企业3000万元;市级农业龙头企业1000万元。该行还探索建设信用村,现已完成农户建档,并且有1.3万户农户获得每户30万元的信用贷款

资料来源:整理自调研数据。

此外,2021年广发银行为广东省韶关市一家省级龙头企业——广东亚北农副产品有限公司发放了1000万元信用贷款,利率较低,仅为3.85%,较好地满足了该企业的资金需求。调研发现,广东省各市的金融机构均纷纷推出与乡村振兴相关的各种形式贷款,有抵押贷款,亦有信用贷款,由此可见广东省金融机构均在积极探索并大力支持农业企业的融资需求。

(三)"中小融"平台融资

1."中小融"平台介绍

广东省中小企业融资平台(简称"中小融"平台)是在广东省地方金融管理局的指导下于2020年1月正式上线的融资平台。该平台聚焦企业融资难题,引导金融服务重心下沉,有效服务实体经济发展。"中小融"平台相对于传统融资有较多优势(表8-11)。

表8-11 传统融资与中小融平台对比

传 统 融 资	中 小 融 平 台
融资难:至少跑5家银行,递交10份以上的纸质材料	融资易:完成注册、认证、登录后,自动适配金融产品
融资慢:审批时间至少30天	融资快:商流、信息流、资金流、物流"四流合一",简化业务流程
融资贵:找中介融资成本普遍在18%以上	融资贱:去中介化,为企业平均减少3%的融资成本

资料来源:根据相关资料整理。

2."中小融"平台融资情况

"中小融"平台在设立之初制定了不少于30万家企业注册、上线金融机构超200家、金融机构产品上线不少于300款、融资100亿元等目标。通过实地走访、座谈发现,许多农业企业不了解这一平台的存在,即使了解这个平台的农业企业亦很少使用其进行融资,究其原因是手续麻烦、融资金额少,难以满足企业实际需求。以江门市为例,截至2020年9月底,江门市在"中小融"平台注册的企业数量超过1000家,但仅有2笔交易记录。这一方面反映出政府部门的宣传力度不够,同时也说明农业企业获取信息的渠道较为单一,不了解政府部门相关政策。

通过梳理问卷调查数据可以发现,农业企业对接"中小融"平台的意愿较为强烈。476家农业企业中,愿意对接"中小融"平台的有320家,占比67%(表8-12)。从中可见,农业企业对"中小融"平台的融资表现出极大需求,如何充分发挥"中小融"平台的融资功能,需要政府部门、"中小融"平台等主体齐抓共管、落地落实。

表8-12 企业对接"中小融"平台的意愿

地 区	愿意对接		不愿意对接		合计(家)
	数量(家)	占 比	数量(家)	占 比	
潮 州	14	54%	12	46%	26
东 莞	5	56%	4	44%	9

续　表

地　区	愿意对接		不愿意对接		合计(家)
	数量(家)	占　比	数量(家)	占　比	
佛　山	21	45%	26	55%	47
广　州	24	73%	9	27%	33
河　源	9	75%	3	25%	12
惠　州	4	80%	1	20%	5
江　门	37	77%	11	23%	48
揭　阳	15	65%	8	35%	23
茂　名	16	89%	2	11%	18
梅　州	21	91%	2	9%	23
清　远	25	61%	16	39%	41
汕　头	6	60%	4	40%	10
汕　尾	5	100%	0	0%	5
韶　关	20	69%	9	31%	29
阳　江	30	68%	14	32%	44
湛　江	38	69%	17	31%	55
肇　庆	9	82%	2	18%	11
中　山	19	54%	16	46%	35
珠　海	2	100%	0	0%	2
合　计	320	67%	156	33%	476

数据来源：整理自问卷调研数据。

（四）政府基金和担保机构

在以商业银行为主导的间接融资渠道中，政府基金和担保机构的支持起到了推动或撬动的作用。为了加强对农业企业的融资支持，各地政府部门制定了许多措施，包括成立信保基金、风险补偿基金和农业担保公司等，希望撬动更多资金投入农业企业。

1. 信保基金

信保基金属于政策性基金,通过提供信用保证,为农业企业提供融资支持。信保基金主要的服务对象是小微型农业企业,有利于缓解中小微型农业企业面临的融资难、融资慢、融资贵等问题,进而促进金融服务向纵深延伸,实现中小微型农业企业的可持续发展和实体经济的转型升级。中小微企业申请信保基金贷款的操作流程(图8-10)。

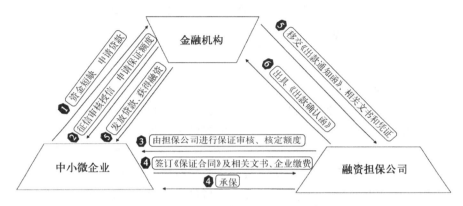

图 8-10 中小微企业申请信保基金贷款的操作流程

信保基金实行政府引导、市场运作、风险共担的经营管理原则,有利于加快推进多元化的中小微企业融资风险共担体系的建设。在防范金融风险集聚、保证信保基金资金安全运行的前提下,各级地方政府要遵循国家法律法规,从本地经济发展实际出发,为符合保证条件的农业企业提供信用保证。实地调查广东省各地市可以发现,有些地市不仅建立了信保基金,而且运行效果还比较良好(表8-13)。

表 8-13　广东省各地市经营管理较好的信保基金的情况

地　市	内　　容	作　　用
汕尾市	2021年上半年,汕尾设立的5亿元"信保基金"和8 000万元"融资专项资金"两项资金业务开始运作,开启"见贷即保""见保即贷"的政银担合作模式	通过深化"政银保"合作,实现融资畅通。具体举措:为小微企业和"三农"主体提供了实实在在的融资增信支持,有效分散合作金融机构风险,构建风险共担生态联盟
茂名市	建立农发基金2.8亿元,茂名市财政出资7 000万元,省财政2.1亿元	为农业企业提供融资需求支持

续表

地市	内 容	作 用
清远市	建立风险补偿基金,属于信保基金,保证贷款单笔为 1 500 万元。成立政策性融资担保机构,该机构与粤财合资,注册资本 1.6 亿元	支持农业企业 180 户次,融资成本 3.85%
河源市	成立 5 000 万元基金用于过桥贷款	解决农业企业到期的再借款难题
佛山市	成立担保基金,但未设农担分支机构	为农业企业提供信用担保贷款

资料来源：整理自调研数据。

2. 风险补偿基金

风险补偿金是由财政部门出资建立起来的"银行贷款＋风险补偿金"模式,具体由商业银行向新型农业经营主体提供无担保、无抵押、低成本、简便快捷的贷款。当出现不良贷款时,政府按约定程序和比例从财政风险补偿金中予以补偿。调研发现,风险补偿基金的运行模式普遍采用"风险补偿基金＋银行模式""风险补偿基金＋担保＋银行模式""风险补偿基金＋保险＋银行模式"等方式。由此可见,风险补偿基金运作模式多元化,政府部门可以根据其自身制定政策特点及资金安排情况进行组合,选择适合当地实际情况的模式,设立农业企业风险补偿金。例如,清远市财政建立风险补偿基金,主要属于信保基金,保证贷款单笔为 1 500 万元；清远还成立了政策性融资担保机构,该机构与粤财合资,注册资本 1.6 亿元。支持农业企业 180 户次,融资成本 3.85%。广东省部分市级财政风险补偿基金规模见表 8-14。

表 8-14　广东省部分市级财政风险补偿基金规模

地市	时 间	财政资金规模	备 注
佛山	2016—2021年 7 月底	502 万元	政银保合作农业贷款市级补贴
清远	—	2 亿元	市财政出资成立企业信用风险资金池,已开展业务 2.3 亿
	截至 2021 年 6 月底	2 708 万元	市级财政出资,用作"两权"抵押贷款的风险补偿
	截至 2021 年 8 月底	1 亿元	市信用担保基金
		2 亿元	企业信用贷款风险资金池
		1 000 万元	知识产权质押融资风险补偿

续 表

地市	时 间	财政资金规模	备 注
湛江	2018年开始	1亿元	中小企业信贷风险补偿
汕尾	截至2021年7月底	1.73亿元	市信保基金
		2 884万元	市融资专项资金

数据来源：整理自调研数据。

3. 政策性担保机构

广东省的政策性担保机构主要是广东省农业融资担保有限责任公司（简称"广东农担"）。该公司于2016年8月成立，是省属国有独资政策性金融企业，注册资本金12亿元。广东农担是全省唯一一家专注从事农业信贷担保业务的省级政策性担保平台。目前，广东农担初步形成业务全省全覆盖、体系基本建成、服务向基层延伸的"粤农担"工作格局，业务实现全省21个地市、14个产粮大县及50个农业大县全覆盖。设立广州、汕头、韶关、河源、梅州、江门、湛江、清远、云浮等9个地市级分公司，25个县级办事处，在全省合作金融机构网点设立129个业务代办处。

广东农担探索"农业担保机构＋银行＋龙头企业＋农户"的"粤农担"融资模式。调研发现，目前农业企业大多采用"公司＋农户""公司＋基地＋农户"等授信方式。在这一融资模式下，当地农业龙头企业为普通农户提供信用担保，这种将农业企业与普通农户联结起来的贷款发放模式，促进了农业产业化的发展和培育了新型农业经营主体。以广东省珠海斗门区的试点为例，广东农担和商业银行合作，广东强竞农业集团参与其中做信用反担保。此举不仅推动了农业企业自身和普通农户获得商业银行信贷资金，而且广东强竞农业集团的参与有效分散了商业银行可能面临的贷款损失风险。广东农担披露数据表明，"粤农担"融资模式发展非常迅速，无论是保金额还是新增担保发生额均呈现不断增加的趋势（表8-15）。截至2020年年底，广东省农业信贷担保业务规模累计达69.34亿元；服务"三农"经营主体达7 441户次，担保户数增长超过10倍；资本金累计放大5.78倍，在保金额放大倍数达3.05倍。2020年2月1日—12月31日，广东农担累计为1 355个农担项目实施优惠或减半费率，涉及金额17.82亿元，减免担保费2 577.49万元。

表 8-15　广东农担业务情况　　　　　　　　　　　　　　　　单位：万元

年份	在保金额	本年新增担保发生额	本年累计担保代偿额	本年累计解除的担保额
2017	45 400	45 580	0	180
2018	240 532.4	214 647.4	0	19 515
2019	288 840.1	178 306	1 487.27	129 998.3
2020	365 995.98	254 876	5 021.26	327 413.42

数据来源：广东省农业融资担保有限责任公司。

4. 农业保险机构

在农业企业间的接融资渠道中，保险机构虽然不直接给企业融资，但对农业企业生产经营起到保障兜底作用，能够承担因为自然灾害给农业企业带来的损失，尤其为商业银行给农业企业的融资起保障作用。

（1）农业保险现状。

农业保险覆盖面逐步扩大，支持力度越来越强。随着新一轮政策性农业保险试点的开展，广东省、市、县三级财政专门安排保费补贴资金，建立工作机制，丰富保险品种，提高风险保障覆盖面。广东省从 2007 年开始，每年安排 2 000 万元政策性渔业保险补助资金为渔民人身、渔船财产、养殖保险提供财政补贴。2008 年后，每年安排 2 000 万元资金，开展水稻保险财政补贴。2013 年，新增玉米、马铃薯、花生、甘蔗、牛奶等 5 个补充项目备选品种。2015 年和 2016 年分别安排政策性保险补贴资金 8.04 亿元，统筹推进家禽、生猪、水果和水产养殖的保险试点工作。从 2015 年开始，在汕头、韶关、梅州、湛江、清远、河源、汕尾、阳江、茂名、云浮等 10 市开展巨灾保险试点工作，与保险机构签订巨灾保险合同。2020 年，广东省农业保险为农业生产提供风险保障首次超过 1 000 亿元，全省农房承保覆盖率高达 100%，水稻承保覆盖率超过 80%，生猪、甘蔗、林木等种类覆盖率超过 70%。

广东保险业不断加大农业保险经营投入，提高承保理赔服务水平。2010 年，广东全省农业保险保费收入 10 915.63 万元，赔款支出 11 289.18 万元，从 2012 年开始保费收入和赔款支出均迅速攀升，但农业保险保费收入高于赔款支出。2020 年，广东（不含深圳）农业保险保费收入 26.67 亿元，同比增长 41.85%，比全国平均增速高 20.67 个百分点，在全国保费规模中排名第 13，比 2019 年上升 1 位。2024 年 1—4 月，农业保险原保险保费收入 33.7 亿元，提供风险保障 775.79 亿元（图 8-11）。

图 8-11　广东农业保险收入赔付水平

数据来源：《广东农村统计年鉴 2020》。

（2）农业保险创新。

① 科技赋能扩大保险覆盖广度。广东农业保险为了适应农业企业需求，运用科技赋能，不断开发出新保险品种，扩大保险覆盖广度。比如在农业保险产品创新方面，广东创新性研发出水产疫病保险和低温指数保险；广州市试点"菜篮子"菜心价格保险；保险公司在江门、汕头、梅州等地，开办肉鹅、番石榴、茶树等 10 余个特色优势农产品保险。表 8-16 展示了运用科技赋能开发新的保险品种，扩大保险覆盖面的典型案例。

表 8-16　运用科技赋能扩大保险覆盖面的保险案例

案　例	内　容
人保财险"粤农保"打造金融业领先的农业农村生态系统	"粤农保"AI 数字农业综合服务平台是人保财险广东省分公司建立的全省金融行业唯一的全省农业农村大数据工程。"粤农保"AI 数字农业综合服务平台使用"3S"、云计算、大数据、移动互联等技术，对广东省 2.5 万个行政农业地块、农险资源分布、农险财政资金监管、大灾实时调度等实施"一张图"管理。推动农业保险数字化、智能化转型
平安财险的"平安溯源保"产品服务	平安财险推出"平安溯源农产品质量责任保险"（简称"平安溯源保"），为消费者和企业提供双重保障：一方面保障食品安全责任，另一方面保障因溯源信息缺陷给农企带来的经济损失。通过智慧产销溯源平台对接平安线上客户平台 APP，构建"金融流量转换成农产品销量"的农产品协销新场景

续 表

案 例	内 容
太平洋产险对水稻区域产量保险服务	太平洋产险积极践行"防大于赔"保险理念,发挥保险科技作用。太平洋产险利用卫星遥感技术精准监测水稻产量,在灾害发生后,利用遥感技术勘查水稻的损失程度,让投保主体在灾后能够快速、方便地获得理赔。此举不仅能够及时恢复生产,而且有助于提高农业经济主体的种粮积极性。政府部门通过遥感技术为农业经营主体提供水稻生长监测、产量预估、天气预测等一系列服务
国寿财险"科技+"赋能农险理赔服务	国寿财险积极推进"科技+"服务模式,加强科技手段,有效提升农险理赔的服务效率和质量。自主研发"国寿i农险",精准绘制受灾范围鸟瞰图,利用无人机技术结合"国寿云测亩"对受灾标的进行高空巡航拍摄,快速查勘定损;与气象部门合作研发"国寿i农险"气象证明功能,在线开具气象部门认证的气象证明文件,缩短理赔资料的提供时间;与第三方农业科技公司合作,在查勘定损环节提高准确性,促进精准理赔

资料来源:整理自实地调研材料。

② 金融创新加强保险模式深度。除了扩大保险覆盖面和不断增加新品种以外,在金融创新的背景下,广东积极推行并深化保险支持农业模式。尤其是"保险+期货"模式,正在有序推进。"保险+期货"模式主要是指农业养殖企业首先向保险公司购买相关保险产品,由保险公司对养殖产品价格和利润进行兜底。同时,保险公司向期货公司买入场外期权进行再保险,期货公司利用期货市场对冲价格波动风险。"保险+期货"模式的推行标志着广东农业保险逐渐从减少农业企业损失向保障农业企业和农民收入转变,从保成本向保收入转型。

在"保险+期货"的模式运作中,中国太平洋保险的工作开展得较好。2019年非洲猪瘟暴发以来,我国生猪养殖行业遭受极大损失。为了应对生猪养殖企业的风险,为我国生猪养殖行业保驾护航,中国太保产险在广东省湛江市试点推行"猪饲料成本指数"保险,将猪饲料成本与期货市场有效结合,取得一定成效后先后在惠州、阳江等地区推广。2020年8月,广东省第一个"蛋鸡饲料成本指数""蛋鸡养殖利润指数"项目在清远市佛冈县、清新区正式落地,广东首个"鸡蛋价格指数"产品在珠海市斗门区落地。

二、农业企业直接融资渠道

农业企业直接融资渠道包括股票、债券及其他工具融资。广东省目前通过直接融资渠道获得资金的农业企业相对较少,占比不高。

(一) 股票上市融资

证券市场为农业企业的资本经营提供强有力支持,证券市场是社会化再生产的产物,是商品经济发展到一定阶段的必然结果,是市场经济走向成熟的重要标志。让龙头农业企业在证券市场上市进行直接融资改变了社会资金的配置方式,有利于克服农业企业发展的资金制约。龙头农业企业在上市之前必须完成股份制改造,组成股东大会、董事会和监事会,建立产权清晰、政企分开、财务规范、管理科学的现代公司治理结构,落实企业产权和委托代理问题。农业企业上市后,由于股票具有流通性和风险性,企业时刻处在股东监督和影响中,这有利于监督企业在经营状况、财务状况等方面建立起规范、透明、及时的信息披露制度。最后,上市融资不仅能够培育大中型农业企业,而且能够启发和引导各类农业企业向规范化、组织化转变,培育具有市场意识、投资意识、管理意识的农业企业家。

1. 农业企业上市概况

优质企业通过资本市场融资不失为一条较好的融资渠道。这不仅能够解决企业融资问题,而且还能为企业带来良性发展。截至 2020 年年底,广东省重点农业龙头企业共 1 183 家、农业企业上市 7 家、新三板挂牌企业 9 家,总产值达万亿元。从上市农业企业的地区分布来看,珠三角地区农业上市企业的数量占比最大,粤西和粤北地区的数量占比较小。从广东省目前农业企业的上市现状看,农业企业利用新三板、区域性股权交易市场进行融资的趋势正在加强。广东股权交易中心设立的"乡村振兴板",农业企业选择在区域股权交易市场进行融资,农业企业进入主板市场上市融资的前景依然不够乐观。2020 年 6 月 12 日,《深圳证券交易所创业板企业发行上市申报及推荐暂行规定》正式发布,明确了行业负面清单制度,其中包括农林牧渔业行业,这将影响农业企业在主板市场的上市融资。

2. 农业企业上市步履维艰

农业企业上市过程异常艰难。以珠海市溢多利生物科技股份有限公司的上市融资为例。作为珠海市唯一一家上市农业企业,溢多利公司的上市融资经历过程艰难。2011 年,溢多利公司第一次申请在创业板上市,闯关 IPO 失败;尔后再次申请上市,在 2012 年 7 月 24 日首发申请获得证监会通过,并最终于 2014 年在深交所创业板挂牌上市(代码:300381),但募资规模由最初的 1.82 亿元调低至 1.66 亿元,募投项目亦从原来的 6 个缩减到 4 个。2017 年,溢多利进行定向增发,向公司控股股东珠海市金大地投资有限公司等不超过 5 名投资者定向增发不超过 6 031.63 万股的股份,共募资

10.86亿元,用于企业发展。尽管溢多利公司的上市融资在一定程度上缓解了农业企业的融资需求,但随着企业生产规模的扩张及并购活动的开展,溢多利公司仍然面临着较大的资金缺口。目前,溢多利公司主要通过银行贷款、信用证和承兑汇票来融资。

3. 企业上市前后融资迥异

农业企业上市前融资均异常艰难,但上市后融资困难得到很大改善。比如2021年4月,河源东瑞食品集团股份有限公司在深圳证券交易所正式敲钟上市,成为河源市首个A股上市企业,也是广东现代农业产业园内首个A股新上市企业。东瑞食品的上市有效地解决了困扰该公司多年的融资问题。该公司负责人声称,上市以前是企业求金融机构融资,上市之后反过来是金融机构求企业向银行贷款。

(二)广东股交中心融资

2020年12月25日,广东股权交易中心设立了广东省农业发展高质量"乡村振兴板",鼓励农业企业在区域股权交易中心挂牌交易。

首先,设立广东乡村振兴板后备企业库。通过逐级申报、组织审核、公示、分批入库等方式,建立广东乡村振兴板动态后备企业库,截至2023年年末已入库企业504家。入库企业均有调研开展及资源对接,从而推动企业挂牌展示、股改、投融资对接等工作。其次,深度服务广东乡村振兴板挂牌企业。组织开展金融服务,以上板企业和入库后备企业为重点,根据企业实际需求,提供孵化培育等金融服务。创设"粤农金融路演中心",挖掘优质农业项目,精准对接私募股权投资机构,拓宽企业融资渠道。强化企业品牌宣传、推进企业股份制改造,针对企业治理结构及财务不规范等问题,开展财务规范、战略规划等深度服务。最后,"一板一会一资金"助力县域特色产业发展。依托广东省金融支农促进会搭建的"政银保担基企六位一体"联动驱动机制,紧紧围绕县域特色产业,打造系列品牌活动,为企业提供政策宣讲、融资对接、上市培训辅导、投融路演等一系列综合性金融服务,在河源、肇庆、茂名等地累计举办了十余场"金融支持土特产助力'百千万工程'"系列品牌活动。

截至2023年年末,广东乡村振兴板挂牌展示企业合计464家,帮助263家企业获得11家银行79.52亿元的融资授信、96家企业实现银行融资15.93亿元、10家企业获得股权融资18.51亿元、1家企业完成股改,推动11家企业启动股份改制、1家企业在广东证监局完成辅导备案。在重点产业方面,涵盖种业、农业设施等重点产业企业127家,帮助各类重点产业企业获得银行融资超2亿元。推动银行金融产品创新,促使更多信贷资金投入农业领域,创新"惠·百千万"整村授信、"知识产权质押+期权保险"等多项产品和服务模式。

广东乡村振兴板的创立有利于拓宽广东省农业企业的融资渠道,落实资金下乡,实现资源配置政府引导与市场主导的有机结合。广东股权交易中心还将通过股份制改造、股权激励、引进各类战略投资者等方式辅助企业规范发展,并通过股权、债券等融资方式缓解企业融资难问题,为农业企业提供多样化的专属服务,丰富农业投融资渠道,促进农业投融资精准对接。

(三)企业债券融资

随着乡村振兴战略的推进,国内用于支持农业相关产业的企业债券数量有所增长。从募集资金的用途看,2019年以来全国用于农业发展的企业债券有16只,其中11只用于种植养殖园区建设,5只用于农业产业园建设。2021年9月,中国农业银行作为主承销商,成功为广州越秀集团股份有限公司发行2021年度第二期绿色中期票据,发行规模6亿元,期限5年。这是全国第一只同时贴标革命老区振兴发展、乡村振兴和绿色农业的"三标"债券。广东省作为改革开放排头兵,广东省金融机构也积极探索发行集合式农业企业债券,将若干优质农业企业打包捆绑,作为联合发行人,按照"联合冠名、统一担保、各自负债、集合发行"的模式发行农业企业债券。总体来说,农业企业通过发行企业债券的融资模式进行融资比较困难。一是发债企业自身条件很难达到公司法和证券法所规定的要求;二是融资成本比银行贷款的成本要高,企业难以承受还本付息的成本;三是在目前证券市场低迷的状况下,投资者投资企业债券的意愿不强。

(四)农业供给侧基金融资

农业供给侧基金是政府主导成立的旨在为农业企业解决融资难问题的母基金。广东省农业供给侧结构性改革基金由广东省农业农村厅牵头组建、广东恒健投资控股有限公司受托管理。基金遵循"市场化、法治化、专业化"原则,通过新增财政支农资金,围绕广东省农业供给侧结构性改革的目标任务,多层次、全方位吸引社会资本和地方闲散资金助力农业实现跨越式发展。广东省农业供给侧结构性改革基金主要支持广东省内的农林渔业企业,尤其是具有一定规模和收益的现代化、规模化农业企业,具体投资方向和目标见表8-17。

表8-17 供给侧基金投资方向和目标

投资方向	目标
新型农业经营主体和农业服务主体	培育龙头企业发展壮大,支持企业上市
农林渔业现代种业建设	支持新品种选育、良种繁育基地建设

续表

投 资 方 向	目 标
农林渔业设施装备	扶持农业装备产能提升与示范推广
农林渔业绿色发展	支持农产品质量安全、森林资源培育
农林渔业新业态新产业	支持建设现代农业园区、美丽田园综合体等

资料来源：整理自实地调研材料。

截至2021年11月，广东省农业供给侧结构性改革基金累计完成签约认缴总规模208.36亿元，其中引导基金认缴70.62亿元、社会资本认缴137.74亿元。基金已落地投资项目51个，投资覆盖广东省省内14个地市，涉及畜禽牧、水产、粮食、果蔬、花卉、南药等农业全产业链，及农资、农产品加工、农业生产服务和信息化、供应链和冷链、休闲农旅康养"三产融合"等农业新业态。实际调研发现，农业供给侧基金收受到许多条件限制，影响其效能发挥。

韶关市政府在2021年9月成立了农业投资基金，这是与省农业供给侧基金合作的子基金，基金规模共计3亿元，其中，广东省出资1.49亿元，市财政1.5亿元，另有公司出资100万元。农业企业想获得该资金支持并不容易且成本不低，该基金年化利率较高，达到7.5%。目前，韶关市农业投资基金已经完成对广东詹氏蜂业生物科技股份有限公司的投资，投资额2 000万元，用于打造即溶型天然蜂蜜水饮品生产基地一期的建设。目前该基金正在推进的投资项目见表8-18。

表8-18 韶关市农业投资基金投资项目

公 司 名 称	投 资 金 额	投 资 进 展
韶州现代农业发展有限公司	计划投资金额6 000万元	完成商业计划书填报，向省农业基金申报入库
广东伯克生物医药有限公司	计划投资金额6 000万元	完成调研及相关资料收集，向省农业基金申请入库
青云山药业有限公司	计划投资金额6 000万元	完成投资意向书签订、立项、调查、投资条件谈判等前期准备工作
新丰双胞胎弘安畜牧有限公司	计划投资金额6 000万元	完成项目前期调研工作，提交省农业基金入库，向省农业基金申请立项
星河生物科技股份公司	计划投资金额6 000万元	完成项目前期调研工作，提交省农业基金入库，向省农业基金申请立项

综上所述,广东省农业企业融资的实际状况呈现出以间接融资渠道为主、直接融资渠道为辅的局面。在间接融资渠道中,商业银行是农业企业融资的主力军,"中小融"平台融资规模较小,政府基金和担保公司起到关键的支农融资作用,农业保险机构起到融资兜底及安全保障作用。在直接融资渠道中,农业企业股票上市融资的比重较小,农业企业的债券融资更少,农业供给侧基金起到一定的支农融资作用,但效能发挥有限。至于其他一些直接融资工具,如资产证券化等,农业企业融资时暂未涉及,未来可在这方面作长远规划。

第九章　广东农业企业投融资渠道问题及障碍

目前广东省农业企业投融资渠道存在一系列问题,主要表现在金融顶层设计与政府管理层面存在不足,金融机构产品与服务创新仍然较为滞后。本章首先对广东省农业企业投融资渠道存在的一系列问题进行全面性、系统性梳理;然后基于文献资料与调研走访,对隐藏在问题背后的原因进行分析,探究制约农业企业拓宽融资渠道的深层次因素。

第一节　广东农业企业投融资渠道问题

本书通过对由广东省农业农村厅发放的问卷进行整理及分析,全方位、多角度测算了476家农业企业的资金缺口,并结合广东省经济发展的实际情况及其可能趋势,测算出农业企业融资缺口约6 000亿元。根据测算结果,广东省农业企业目前还存在较大融资缺口,融资不足制约着农业企业的高质量发展。融资不足及融资缺口与间接融资渠道和直接融资渠道是否畅通密切相关,而间接融资渠道和直接融资渠道是否畅通又与金融顶层设计、政府管理、金融机构创新及农业企业本身有着不可分割的联系。

一、金融顶层设计与政府管理问题

调研发现,广东农业企业投融资的宏观层面存在着金融顶层设计理念未能与时俱进、数字金融缺乏系统性监管机制、政府基金和政府担保门槛太高、农业基础设施和公共产品投入不够等问题。

(一)金融顶层设计理念与机制未能与时俱进

理念是一切事物和行动的灵魂,金融顶层设计理念决定着金融管理行为的规则,决定着金融未来发展的方向。然而,社会变化发展迅速,尤其进入万物互联的大数据时代后,金融顶层设计的滞后性开始显现,其理念与机制未能及时更新,造成农业企业投融资渠道受到一定程度的影响。

1. 金融顶层设计理念未能与时俱进

金融管理部门制定的贷款规则都是基于传统理念,各家商业银行总行都是按照工业贷款规则对农业企业进行贷款。一方面,金融机构尤其是银行对农业企业的支持,基本上都采用贷款形式,而贷款又是按照工业企业的标准执行。由于农业企业天生属于生产周期长、风险高的弱势企业,农业企业按照工业企业标准进行贷款自然多有不便。另一方面,当今社会已经发展成为互联网、大数据、信息共享的时代,银行等金融机构依然按照以往人工操作的方式对目标企业进行数据采集、核对、监控等工作,效率低下。因此,对农业企业融资支持,需要金融机构理念更新、与时俱进。

2. 金融机制过于僵化

金融机构的体制机制过于僵化主要表现在:在大数据背景下,金融机构的顶层设计未能及时进行相应调整,依然沿袭原有法则,导致一线金融从业人员放不开手脚。尽管金融监管机构对商业银行支持乡村振兴农业企业发展有各项考核任务,但商业银行出于自身利益考量,应付工作的情况较多,实际支持力度不大,或者仅完成考核任务,或者将所有涉农业务都归口于涉农贷款,这些将造成商业银行对农业企业的信贷支持力度大打折扣。

(二) 金融监管未能实施有效管理

数字金融及金融创新是未来金融行业高质量的发展趋势,但在金融监管方面目前存在一些问题。主要表现在以下方面。

1. 监管机构缺乏前瞻性

随着移动互联网技术的飞速发展,金融服务与数字技术的结合愈发紧密。数字金融凭借其广覆盖、低成本等战略优势,突破了金融服务的时间与空间限制,给居民和企业带来了极大便利。但是随着数字金融平台的发展壮大,尤其是互联网金融公司的崛起,网络金融诈骗、非法融资等违法事件频发,这给现行的金融监管制度带来了挑战。目前金融监管部门对数字金融产品、数字金融平台和数字金融业务的了解不够充分,缺乏前瞻性。加之我国金融监管职责由国家金融监督管理总局、证监会等众多部门履行,而数字金融平台从事信贷、基金、理财等多种类型的金融服务,目前对此方面的监管存在缺位,相关法律法规不够健全,金融监管体系不能完全适应数字金融迅速发展的趋势。

2. 监管机构未能差异化管理

我国金融监管面临的问题是"一抓就死、一放就乱",在数字金融发展初期,政府和金融监管机构给予其宽松的政策空间,数字金融平台的规模和实力逐渐壮大。随着数字金融的迅速发展,数字金融平台背后的互联网巨头企业开始出现资本无序扩张的倾向,互联网金融领域违法行为频发。针对数字金融违法行为,监管机构普遍采取较为严厉的监管手段,甚至对一些金融创新采取"一刀切"政策,在某种程度上抑制了数字金融的发展。此外,普通农户和小微型农业企业决策者金融素养普遍较低,容易跟风参与数字金融领域的相关非法服务,例如 P2P 等。这不仅损害了农业经营主体的合法权益,而且加剧了农业经营主体对数字金融的不信任,不利于数字金融的进一步发展。

以上问题表明传统金融监管体制和监管手段已不适应或无法应对金融科技的创新活动。监管机构在人员编制、专业知识储备和监管工具等诸多方面存在不足,导致监管策略不能及时高效地适应新型金融风险类别。监管的滞后效应致使金融机构越界概率增加、市场不稳定性增大。农村数字金融的混业经营趋势不断增强导致监管越来越困难,大型金融科技公司拥有多个金融牌照,在农村开展业务的范围较为广泛,这也对目前的分业监管机制提出了现实挑战。

(三)政府基金和政府担保门槛太高

政府成立供给侧基金、风险补偿基金、农业担保机构等主体,旨在通过导入政府基金,撬动更多商业资金和社会资本支持农业企业的融资需求。但政府基金或担保机构在设计和运作过程中还存在一些问题,以至于支持农业企业投融资的效果并未充分发挥。

1. 供给侧基金问题

供给侧基金是由广东省财政设立的支持农业企业发展的母基金,但在实际运行中,农业企业融资获得的资金支持并不多。一方面,农业企业对这种支持融资的工具不太了解;另一方面,许多农业企业的经营状况不符合供给侧基金所支持的融资条件。因此,供给侧基金门槛较高,实施效果不佳。调研发现,目前许多企业对供给侧基金的需求甚旺,他们希望供给侧基金降低门槛,根据农业企业的实际情况设定融资条件,切实满足农业企业的融资需求。

2. 风险补偿基金问题

风险补偿金是由财政出资建立的借以鼓励商业银行向农业企业放款的补偿金。但根据对金融机构的调研情况,金融机构积极性并不高。商业银行认为针对农业企业的信贷融资支持即使出于社会责任驱使,不考虑资金收益回报率高低,却期待本金回收的保障,因此,金融机构希望获得足额的风险补偿金,弥补融资本金的损失,但目前风险补偿获得的额度非常有限,以致造成金融机构积极性并不高。目前广东省财政涉农支出比重较低,未能发挥财政资金对金融资源配置倾向农业企业的引领和示范作用。2019年,广东省一般预算支出为17 297.85亿元,而农林水事务支出仅为957.68亿元,占比5.5%。这一指标在东部沿海省市中排名落后,不仅小于江苏省的8.2%,也落后于上海的6.4%(图9-1)。

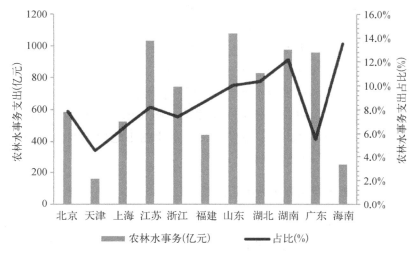

图9-1 农林水事务支出水平

数据来源:EPS。

3.农业担保公司问题

农业担保机构业务依附于金融机构贷款业务,对广东农业企业的高质量发展起到了积极推动作用。目前,农业担保机构数量少,担保金额有限,担保费用高。广东农业担保公司的条件较为严苛,为农业企业担保时收取的手续费用也偏高。例如,广东农担规定:"家庭农场、种养大户、农民合作社、农业社会化服务组织、小微农业企业等农业适度规模经营主体,以及国有农(团)场中符合条件的农业适度规模经营主体,单户在保余额控制在10万—200万元,对适合大规模农业机械化作业的地区可适当放宽限额,但最高不超过300万元;农业产业化龙头企业单个经营主体在保余额不得超过1 000万元,并严格控制担保额度和业务规模。"与其他行业相比,农业天然的弱质性导致农业企业规模较小,且大部分农业企业盈利水平较低,它们急需资金投入,但又满足不了银行的贷款条件和担保公司的担保条件,公司股东个人只能用自有财产进行抵押或反担保,才能得到有限的贷款资金。

(四)基础建设与公共产品平台不足

农村基础建设落后与公共产品平台不足主要表现在:

1. 网络信息技术基础建设落后

在数字经济时代,企业供应链和消费链均与网络信息技术密切相关,但农村有些比较偏远的地区,网络信息技术基础设施落后,妨碍了数字金融支撑起农业企业的融资需求。2020 年,党中央和国务院在中央一号文件中明确提出,要在全国范围内选择一些地区开展"数字乡村"试点工作,推动乡村地区和偏远地区的网络基础设施建设,不断提升数字化水平,推动数字金融服务进一步下沉乡村。因此,政府在今后一段时期内,要持续加大网络信息基础设施建设的投入力度,不断提升涉农金融业务的数字化水平。

2. 金融发展相关平台建设不足

农业企业综合信息平台不够完善,农业企业资产托管体系与权属资产流转体系暂未建立。农业企业资产往往是一些农用设施或活体资产,需要专门的资产托管体系来承接。此外,农业企业的土地使用权、承包权或林权,需要相应平台机构进行确权与流转。

二、金融机构产品与服务创新问题

在拓宽农业企业投融资渠道的过程中,金融机构作为主力军,理应发挥积极重要作用。但商业银行创新工具不足、农业保险机构在保险的广度与深度方面创新不够、直接融资工具亦未能有效利用,这就导致农业企业在拓宽投融资渠道时遇到许多困难。主要表现在以下方面。

(一)商业银行创新工具与手段不足

商业银行创新工具与手段不足的问题主要在于金融产品不足、金融服务滞后、未实行差异化的抵押贷款标准、对产业链各环节金融支持不尽合理、金融供给与金融需求不匹配、小型商业银行数字化程度不高、大型商业银行业务流程烦琐等方面。

1. 金融产品不足

商业银行为农业企业提供的信贷产品过于单一,创新明显不足。调研访谈农业企业发现,相关人员谈及商业银行产品时,仅仅知道贷款类产品,贷款需要抵押品,而抵押品又必须是厂房或住房或机器设备。商业银行给农业企业的融资扶持只有抵押贷款这一种产品,而且要按照工业企业的贷款模式进行抵押贷款。这说明银行在服务农业企业的融资需求时,未能开发出适合于农业企业融资需求的产品。农业企业迫切需要有针对性的银行信贷产品,比如完全信用类的产品,或用农作物、活体牲畜、农用设施、渔船等生产资料作为抵押的贷款产品。农业企业呼吁金融机构放宽贷款条件,尤其是在农业企业发展的前期阶段进行投入,期盼商业银行信贷产品在支持农业企业的发展过程中能起到雪中送炭的作用。

2. 金融服务滞后

商业银行为农业企业提供金融服务依然按照其以往的规范模式运作，对于数字经济时代的金融产品的开发明显滞后，这主要表现在数字金融的创新落后于农业企业高质量发展的融资需求。随着乡村振兴战略的不断推进，农业企业数量亦不断增加，各种新型农业经营主体如雨后春笋般出现，甚至许多公务员辞职后也选择参与乡村振兴、创办农业企业。截至2020年年底，广东省农、林、牧、渔业企业法人单位数共计48 290家。农业企业数量上升的同时，金融机构尤其是商业银行的服务网点却在减少，在20世纪八九十年代以前，大型商业银行有县域支行，且有贷款审批权限。自20世纪末至21世纪初，我国金融机构进行大规模改革，商业银行也进行股份制改造，为追求利润开始收缩基层服务网点，尤其是收缩乡村地区网点，商业银行出现"离乡进城"的现象。商业银行收缩基层网点的同时，基层金融机构的权限也在缩减，商业银行出于安全性考虑，收回了一些贷款的审批权限，涉农贷款审批流程更加冗长。现实中，农业企业分布在乡镇较多，随着农村金融机构的网点收缩与审批权限上移，农业企业能获取的金融服务逐渐受限。此外，信用社作为农村基层地区的主要金融机构开始转型改制成农商行，涉农业务亦逐渐走向边缘化，针对农业企业的金融服务更加滞后。

3. 未实行差异化抵押贷款标准

农业企业资产主要类型包括农地、农业设施或活体资产等，这些资产投入时资金需求量大，且易于损或变质，不符合商业银行传统的抵押标准，亦没有一个合适的托管机构托管这些资产，对这些资产进行处置变现也更难。因此，金融机构按照传统标准或工业企业贷款标准进行贷款，缺乏相应评估体系与平台服务功能，难以将其非标抵押物处置变现，也无法满足其融资需求。

4. 对产业链各环节的支持不尽合理

金融机构融资往往是对农业企业产业链后端的深加工环节进行支持，而对农业企业产业链前端比如种植、养殖等初级产品的生产的融资支持偏少。这是因为农业企业产业链前端基本上为净投入，且投入时间长，金融机构难以评估其产业链前端的前景从而不愿加以融资支持。例如，梅州市五华汉光超顺公司、梅州市稻丰公司的产品主要是水稻和大米加工，但前期种植阶段投入大，收成靠天吃饭，具有很大不确定性。根据梅州市稻丰公司测算，仅种水稻每亩地会亏损300元，故在种植阶段，银行不愿意进行融资支持；大米深加工阶段，因加工大米存在高附加值，有丰厚利润，金融机构反而积极进行融资支持这种产业链后端的深加工环节。

5. 金融供给与金融需求不匹配

金融机构融资支持农业企业主要是流动资金贷款,且融资金额不大、期限较短、贷款利率较高。而农业企业生产周期较长、回报率较低、资金需求量大,造成金融机构提供的融资支持与农业企业的融资需求不相匹配。按照银行信贷规定,贷款到期后一定要还清旧贷款后才能申请新贷款,但农业企业生产周期较长,贷款到期后缺乏资金周转,只能希望政府通过划拨财政资金作为企业过桥资金用于短期贷款到期的偿还续贷,从而减轻企业自身筹集资金应对短贷到期续贷的压力。广东河源的做法可供借鉴,河源政府设立了5 000万元过桥资金,帮助农业企业到期偿还银行债务,以便赓续新贷款,这缓解了农业企业生产周期较长、贷款周期较短的供需矛盾。

6. 小型商业银行数字化程度不高

农村小型商业银行的金融科技基础较为薄弱,数字化转型所需的人才和资金投入不足,数字化转型竞争压力较大。一是国有大型商业银行的数字金融业务向县域下沉,农村中小银行技术劣势渐显。从网点智能化率看,截至2020年4月末,广东省国有六大行的县域网点智能化率高达69.96%,农商行县域网点智能化率仅为34.73%,比国有六大行低35.23个百分点,而村镇银行的43个县域网点均为传统人工服务网点,农商行和村镇银行等中小银行的数字化水平明显低于国有大行。国有大行在农村存贷款市场的竞争力明显超过农商行和村镇银行。二是以蚂蚁金服为代表的大型互联网金融公司凭借其数字技术优势,将金融服务下沉到乡村,直接参与涉农金融竞争,更加剧了农村存贷款业务的竞争。以阿里巴巴的"花呗"、京东公司的"京东白条"等为代表的网络金融科技公司依靠其大数据建设和科技能力,及其快捷、方便的融资服务,对农村中青年人具有很强的吸引力。本地农村小型商业银行的消费贷款市场份额受到极大影响一定程度上可以归结为数字化程度不高。

7. 大型商业银行业务流程烦琐

大型商业银行在数字金融业务上虽然有所突破,但其基层服务网点数字化程度明显偏低,基层服务人员仍然以线下服务为主,这导致大型商业银行的涉农信贷业务流程冗长、审批程序复杂,在乡村地区并没有发挥出数字技术与大数据的应有作用。究其原因:第一,涉农金融机构到农村实地调研不足,无法充分挖掘农业企业金融需求的特征,从而无法有针对性地设计产品和服务;第二,大型银行的总行与基层网点之间联动不足,基层网点难以将农业企业的资金需求信息传递给总行负责产品开发的技术人员,从而无法有效整合资源、充分发挥各自优势。

（二）保险机构创新广度与深度不够

保险机构虽然不能直接支持农业企业融资，但为农业企业的安全生产及商业银行的农业企业融资提供了安全保障。近年来，农业保险机构推出了一些产品和举措，然而在这个数字经济迅速发展的时代，其创新仍显不足，这主要表现在农业保险未能全面推广、保险产品未能深度创新及农业保险数字化程度偏低。

1. 农业保险未能全面推广

目前，保险公司开发的农业保险产品未能全覆盖到乡村地区。比如因缺少山区气象指数而无法进行保险业务的问题，气象信息发布只关注城市及其附近，山区因垂直落差较大气象保险难以实现。再者，活体保险、收入保险、价格保险等亦在探索之中。此外，农业巨灾保险产品也缺失，当发生巨大自然灾害时，农业企业将损失惨重，其也期待保险公司开发农业巨灾保险产品。

农业企业产品生产周期较长，农产品价格存在一定的周期波动，农业企业受自然灾害和市场价格波动风险的双重约束影响。农业保险不仅是一种预防灾害的有效风险分散和缓冲机制，而且亦是市场主体在竞争中一种抵御市场波动风险的有效保障方式。因此，在农业企业当中应用和推广农业保险显得尤为重要。调研发现，保险公司虽然对农业企业的发展给予了大力支持，但并没有在全省大范围铺开。中小型农业企业多以个体户形式或者以家庭为单位进行企业管理及运营，农户生产规模较小，管理者受制于自身知识水平和生活经验，缺乏科学有效管理的决策能力和金融专业知识，尚未充分意识到农业保险的重要性。

2. 保险产品未能深度创新

广东农业保险虽已有较大幅度增长，但产品创新仍不足。如农业企业的许多资产不能在保险公司投保，活体牲畜业务只有个别保险公司愿意承保，并非所有保险公司都愿意开展这项业务。保险公司需适时开发符合农业企业特质的保险产品。一方面，农业保险推广困难；另一方面，农业企业又找不到适合自身发展的农业保险产品，这种困境的出现正是保险产品缺乏创新设计动力、保险市场没有充分发挥作用的体现。

3. 农业保险数字化程度偏低

数字技术给保险业带来了巨大变化。与传统保险相比，数字保险利用互联网长尾效应，不断创新消费市场的增量险种。数字保险的可得性拓展了普惠金融的覆盖广度和使用深度，因此，数字技术引导保险业普惠发展是对传统保险的革命性创新,但数字保险产品却面临同质化倾向、产品和服务信息披露不充分、信息安全风险加大、线上和线下资源整合能力不足、售后服务不到位等问题。具体到农业领域的数字保险,最突出问题表现为数字保险产品创新不足、数字技术占比较少、人力投入较多。农业保险的投保、审批流程可在线进行,但是勘查定损等后续理赔程序则需要大量人力,难以通过线上服务推进。大型保险公司基于实力可以推动自身数字化转型,但小型保险公司开展线上服务进行数字化转型需要投入巨额成本,线上服务所能吸纳的新客户也有限,这亦造成农业保险数字化程度偏低。

(三)直接融资渠道未得到有效利用

直接融资包括股票、债券、基金等方面的融资。目前,农业企业融资渠道聚焦在以银行贷款为主的间接融资,直接融资渠道未被有效利用,这主要是股票、债券融资等直接渠道拓展困难。深交所创业板和上交所科创板规定不接受农业企业上市,即使农业企业在主板上市,也是利用其非农业主营业务上市。比如珠海溢多利公司,上市前属于农业企业,上市后属于医药生物行业,其主营业务是饲用酶制剂的研发生产和销售。中小型农业企业在寻求融资方式的时候倾向于选择银行借贷这一传统方式,对银行贷款形成了惯性依赖,很少能突破银行信贷融资,拓展其他融资方式,如进行股份制改造、引进社会资金和民间资本等。

第二节 农业企业投融资渠道障碍

广东作为改革开放的先行地和排头兵,率先进行了金融支持农业企业发展的探索。随着乡村振兴战略推进,农业企业未来的发展前景将变得更加美好,广东省的金融机构在政府政策指导下也出台了一系列措施来支持农业企业发展,但广东省农业企业的发展目前仍然面临较强的金融约束。这需要从不同角度深入分析,在广东省经济社会发展进程中,无论是金融服务还是农业企业,均有其特殊的时空发展背景。

一、资本逐利性与农业弱质性的矛盾

金融支持农业为何难以发挥作用?这与金融资本和农业生产的特性有关。金融服务是资本依托服务追求利润的一种表现形式,金融服务背后体现的是资本逐利性,从本质上看,金融服务并不是免费服务,获取金融服务必须付出成本和利息,提供金融服务亦同样追求利润。从金融机构的角度

来说,在法律许可范围内不管服务对象是何种企业,只要能获取利润,金融机构就会提供服务。农业具有天然的弱质性,农业企业盈利水平相对较低,大部分农业企业规模较小、利润较低。资本逐利性与农业企业弱质性之间的矛盾是客观现实,这从根本上阐释了农业企业发展始终面临较强金融约束的原因。从另一个角度来说,农业企业的金融约束主要体现在获取金融服务的门槛较高,金融机构不愿意主动为农业企业提供金融服务,其根本原因是担心提供金融服务无法得到相应收益,基于对利润损失的考量,金融机构不愿意为农业企业提供金融服务,转而倾向于为能够带来更多收益且风险性较小的其他行业企业提供金融服务。

二、金融机构理念滞后

我国金融市场以间接融资为主,银行在我国金融系统中长期处于绝对优势,尤其大型商业银行话语权较大。金融机构普遍遵循"二八定律",重点关注大企业和大客户,导致金融机构在市场理念、服务理念和创新理念等方面较为落后。

(一)市场理念方面重工轻农

在市场理念方面,无论是商业银行还是保险公司的市场理念均存在重视工业企业而忽视农业企业的现象。根据"二八定理",金融机构20%的大客户能够贡献80%的利润。因此,传统金融机构高度重视大企业、大客户的开发与维护,忽视80%的小微型企业和农业企业。加之农业天然弱质性与农业企业盈利水平的影响,商业银行不愿意积极拓展涉农金融服务,农业保险机构开拓市场积极性更低。国家金融监督管理总局发布的数据表明,我国农业保险平均综合赔付率远远高于120%,保险公司盈利性要求与农业保险高赔付之间的冲突日益加剧,加上政府财政补贴不能够及时到位,导致保险机构不愿意开拓农业保险市场。因为农业弱质性的存在,其他类型金融机构大多不愿意开拓农村市场,农业企业上市条件苛刻,服务于资本市场的金融机构一般不愿意主动联系农业企业。以溢多利公司为代表的广东省农业企业在上市前已经转型为科技型企业,转型之后相关金融机构才愿意主动提供服务。

(二)服务理念方面重大轻小

在服务理念方面,金融机构对大客户和农业企业的服务态度迥异。为了向大客户和工业企业贷款,商业银行往往主动上门拜访,想尽一切办法与企业建立联系,甚至不惜花费一定成本进行公关,整体服务态度诚恳。但是针对小微农业企业,商业银行没有服务大企业的耐心和诚意,甚至对主动上门寻求金融服务的农业企业也不热心。保险公司对待客户同样存在重大轻小问题,对大型工业企业,保险公司服务态度较为热情,因为大型企业保险标遭受损失的可能性较小,但是农业企业易受自然灾害影响,保险标遭受损失的可能性较大,过高赔付率导致保险机构无利可图,这进一步加剧了保险公司服务理念的差异。资本逐利性决定了金融机构服务以赚取利润为目的,资本市场的金融机构更是如此,企业参与资本市场不外乎股票上市和发行债券两种方式,但是农业企业的利润水平制约了这两种融资方式,资本市场的金融机构将服务重点放在大型企业身上,而农业企业多以小微企业为主,上市、发行债券的可能性微乎其微,所以这些金融机构不愿意提供金融服务。

(三)创新理念方面重仿制轻原创

在创新理念方面,金融机构一般都是仿制较多,研发和原创较少,商业银行缺乏在市场经济条件下主动创新的理念。目前,广东省商业银行产品和服务创新主要是模仿、引进国外或国内金融产品,甚至直接复制同业相关产品,缺乏适应广东农业发展现状和特点的创新型金融服务与产品。广东省各地市商业银行向农业企业提供金融服务与金融产品的同质化程度较高,金融服务创新性不够、层次较低,不能满足各地区农业企业的金融需求。保险公司创新理念也不明显。由于广东省不同地区之间差异较大,每个城市都有自己独特的优质农产品,但是保险机构相关产品创新明显滞后,很难根据本地特色开发出针对性的保险产品。目前推出的特色保险产品数量较少,很难真正满足当地农业企业的发展需要。其他类型金融机构本着稳健经营原则,一般不会为农业企业开发创新金融产品或服务,即使在政府号召下推出一些金融产品,也基本上是从其他地区复制过来,很难真正在本地区落实推行。创新理念缺乏在本质上体现出金融机构缺乏市场经济条件下的危机感和客户至上经营理念。

三、支农配套政策不健全

政府出台了一系列支持农业企业的发展政策,但相关配套政策不够健全及政策之间缺乏有效协调,导致金融支持农业的作用没能充分有效发挥,支农配套政策不健全是金融机构难以支农的制度原因。

(一)财政补贴政策存在结构失衡

广东省支持农业企业发展主要依靠金融和财政两大手段,其中财政发挥着引导性作用。但是目前广东省财政涉农资金在投入规模、分配结构和使用效率等方面存在一些问题,不仅降低了财政支农效率,更不利于引导金融资金流向农业企业。首先,财政支农资金规模较小。根据广东省财政厅公布的数据显示,2019年广东省地方财政农林水事务支出为957.68亿元,占地方财政一般预算支出的比重仅为5.54%。而2019年江苏省这一指标为8.21%,浙江省和山东省分别为7.4%和10.02%。具体数据见图9-2。其次,财政涉农资金分配结构不合理。广东省财政涉农资金主要投向农业流通领域,投向农业企业的比例较少,资金分配结构亟须调整。最后,财政资金使用效率不高。虽然财政涉农资金主要由各级财政部门负责,但是涉农资金的分配、管理与发放涉及农业管理部门、金融监管机构等众多部门,而各个部门之间仍然存在沟通困难,缺乏联席协作机制,在涉农资金的分配、发放、使用和管理等方面缺乏配合,财政资金使用效率不高。财政涉农资金容易对金融机构产生示范效应,目前广东省财政涉农资金存在的问题不利于引导金融机构将资金向农业领域尤其是农业企业投放,这进一步加剧了资金结构失衡。

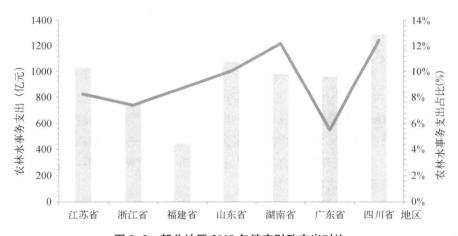

图9-2 部分地区2019年涉农财政支出对比

数据来源:EPS。

此外,财政资金在各地市之间的分配不均抑制了农业保险的发展。广东省地方特色农产品较多,针对地方特色农产品的险种亦较多,但是中央财政对地方特色险种没有保费补贴,省级财政补贴同样存在差异。根据广东省人民政府公布的信息,广东省安排省级财政对粤东、粤西和粤北地区农业保险给予30%的保费补贴,对江门的开平市、台山市给予21%的保费补贴,而珠三角地区不享受保费补贴①,这就导致珠三角地区农业企业保险的需求

---

① 数据来源:广东省人民政府公报。

满足存在缺位。

（二）供给侧基金运行机制缺陷

供给侧基金运行涉及广东省农业农村厅、广东省财政厅和广东省国资委等三个政府部门。广东省农业农村厅主要关注农业企业的健康发展，财政厅在关注基金对农业企业的扶持力度的同时，还关心基金的安全性，而国资委则重点关心国有资本的保值增值，这三个政府部门在监管目标上存在较大差异。为了平衡三个监管主体的政策目标，农业供给侧结构性改革基金只能设计复杂的运行机制和过高的准入门槛，基金对申请融资的企业严格审核，除一般性要求外，农业供给侧结构性改革基金还对企业规模、经营状况、发展前景等方面有具体要求，如企业须为市级农业龙头企业、产业基础相对较好、具备一定规模及收益、具备良好退出通道保障等。

（三）担保机构存在问题

广东省虽然建立了农业担保机构，但是目前农业担保机构的体制机制仍然不够健全，信用担保体系建设仍然存在较大改善空间。目前，广东省金融机构涉农信用评价体系不够健全，银行使用工业企业信用评价方法对农业企业进行评价，国家、省、市级农业企业信用评价和一般农业企业没有较大的区分度，银行也没有考虑农业生产的周期性和长期性，没有按照农业企业经营管理所处的不同阶段进行动态评价。商业银行对农业企业进行信用评价过度重视财务指标而忽视非财务指标，农业企业产业链上游从业者多为普通农民，企业和农民之间的资金往来多采取现金，这一点很难从农业企业的银行账户流水中得到充分反映，造成农业担保机构很难评判其信用等级。

（四）政策工具之间缺乏协调

政策工具缺乏协调是制约金融支农作用发挥的另一个重要原因。金融能够支持农业企业发展，但金融作用的发挥离不开其他相关政策的协调与配合，从各种政策的内在运行机制来看，目前广东省政策协调在协作方式和信息共享等方面仍然不够完善。首先，银行机构对财政依赖较强，政府引导商业银行对农业企业发放贷款时，财政必须为银行提供风险补偿和贴息等配套措施，两个主体之间的协作加重了财政负担。其次，政策出台部门和支持农业企业的发展机构间缺乏有效的信息共享机制。广东省财政部门和农业农村部门及金融监管部门在支农信息共享上尚未形成常态化机制，银行和保险公司之间亦缺乏有效沟通和协作。

四、金融生态环境落后

金融生态环境主要包括信用征信体系、担保体系、风险控制体系及监管体系等,而金融生态环境落后则会严重影响金融支农效果的发挥。

(一) 征信体系不完善

金融支持农业企业发展离不开土地制度、投资环境、司法环境、信用环境改革。目前,广东省土地制度改革尚在试点,土地流转工作进行得较为缓慢,尤其是涉农担保体系不完善,金融机构出于防范不良贷款需要不愿意拓展涉农金融业务,慎贷、惜贷理念盛行。此外,农业企业金融知识缺乏,金融意识不强,部分农业企业负责人恶意逃避银行债务,经营亏损后逃、废、赖债行为较为普遍,严重影响了农村融资环境,损害了金融信贷部门发放贷款的积极性。农业企业跑路现象的发生,也加强了金融机构的惜贷、慎贷心理。再者,当农业企业拖欠贷款时,金融机构依法追讨贷款不顺畅,即使依靠司法手段也难以完全追回损失,这不利于推动金融机构进一步扩展涉农业务。

(二) 担保体系不健全

信用担保体系不健全成为制约金融生态环境建设的障碍。目前,广东省担保机构数量较少,开展涉农担保的机构数量更少,且担保机构实力偏弱,为农业企业提供的担保融资额不高。涉农担保公司在开展担保业务时设置了较为严苛条件,在农业企业注册资本、盈利水平等方面有较高要求,且必须引入反担保,此举不仅不利于涉农担保业务的创新发展,而且不利于拓宽农业企业融资渠道。受信用担保体系不健全、商业银行追求利润的双重因素影响,农业企业尤其是小微型农业企业很难从商业银行获得足够的信贷支持,这加大了农业企业的生产成本,直接制约农业企业的发展壮大。

五、农企治理不规范

农业企业治理结构不规范成为制约金融机构作用发挥的另一重要原因。农业产业具有天然弱质性,受自然因素和市场价格因素的影响较大,自然灾害暴发和市场价格波动将导致农业减产,商业银行涉农信贷可能遭受一定损失。农业企业的生产经营大多采取家庭小作坊或者家族式方式,在创业初期的投入也主要来源于个人资产或者家庭资产,因而部分以家庭为单位经营的民营企业无法用企业资产进行抵押而只能抵押个人资产获得银行的贷款融资。

调研发现,相当一部分农业企业,甚至一些国家级重点农业企业,采取松散的家族式管理,企业内部管理人员大多存在亲戚关系,这种以家族为经营主体的农业企业没有完善的科学现代化管理体系,缺乏风险管理和内控制度,企业会计财务信息不准确,导致其抵御自然风险和市场风险的能力较差。但是商业银行经营以安全性为第一原则,随着银行内部治理体系和内控制度的完善,银行信贷逐渐制度化、规范化。农业企业家族管理的粗放性与银行信贷管理的规范性形成冲突,商业银行在充分考虑安全性、流动性、收益性的原则下,必然会提高农业企业的贷款门槛,这在一定程度上制约了商业银行的作用发挥。农业企业治理规范性的不足主要体现在经营决策缺乏科学性、财务管理不规范、风险控制机制缺失和人才缺乏。

(一)经营管理欠科学

农业企业规模比较小、运营相对比较简单,主要以个人和家庭形式经营,这就导致了农业企业的经营决策以家庭内部协商为主,缺乏科学性。广东省乡村地区宗族观念浓厚,尤其是潮汕地区的农业企业普遍是家族企业,一些农业企业基于自身财务状况会推动科学的经营决策,然而大部分农业企业仍然以家庭协商、个人决策为主,虽然内部协商决策效率快,但是不可避免存在一些缺陷。首先,农业企业决策者基于自身经验的判断不一定具有科学性,决策失误会给企业带来严重打击;其次,家庭内部协商方式不利于调动员工积极性。

中小型农业企业在经营决策方面的局限性还体现在过于注重当前的生产经营问题而缺乏对企业长期生产发展的规划。大部分农业企业缺少产业链思维和集约化生产思维,对企业长期的生产规划缺乏行之有效的策略和方案。四会市砂糖橘产业及江门市新会区陈皮产业都面临着地区生产规划不足的问题,因此,这种地域性特征浓厚的地方特色农业产业存在较为严重的产品同质化问题。一方面,当地农户和农业企业只是简单地聚集在一起进行生产,容易产生跟风行为,并且未对产品进行标准量化,也没能建立起统一的行业标准。另一方面,地域性农业产业需要农业企业与当地农户进行生产合作,知识产权归属企业,但土地主要采取租赁,土地租约期为20年,使用期限较短,而工业用地指标也难以获得,土地产权归属和使用问题也就成为这种地域性极为浓厚的农业产业在长期生产过程中需要解决的难题,这也是农业企业生产规划不足的体现。

(二)财务管理不规范

调研也发现一些中小型农业企业的财务管理不规范问题。农业企业缺乏专业财务人员,相当一部分农业企业老板直接负责财务工作,或者安排自己的宗族亲属从事财务工作。这些负责财务的工作人员不仅没有财务、会计领域的专业知识,而且相当一部分受教育程度也不高。农业企业没有建立规范、严格的现代财务制度。一些农业企业的管理体系主要通过血缘关系或者乡邻关系来维持,这种家族管理体系虽然能够增强企业凝聚力,但其建立在家族和同乡关系基础之上的管理模式不利于现代化企业管理体系的发展。农业企业财务管理制度的不规范、农业企业账目的不清晰,不仅妨碍农业企业自身的健康发展,而且导致商业银行产生畏贷心理。

（三）风控机制基本缺失

农业企业的经营管理者自身文化水平不高,他们将主要精力放在开拓市场和利润增长等方面,往往高估自身实力,欠缺对企业合规风险的重视,风险管理意识非常薄弱。农业企业不重视自身信用的积累,逃债等行为频发,商业银行涉农信贷不良率明显偏高,这导致以银行为主的金融机构在对农业企业特别是中小型农业企业和农户进行贷款授信时尤为谨慎。根据广东省农业企业的问卷调查数据可知,在有意愿参加与企业运营及管理相关的专业知识培训的农业企业中,有市场拓展课程培训需求和企业管理课程培训需求的农业企业,数量占比较多,均为322家农业企业;合规风控管理方面的培训需求比例最小。

（四）技术人才严重不足

农业企业的生存发展不仅需要技术层面的人才,还需要管理层面的人才。农业生产技术的研发突破需要大量技术人才,但中小农业企业很难吸引农业技术方面的高素质人才。中小型农业企业的生产和管理模式普遍较为单一,农业企业负责人往往较多是农民出身,对农业生产技术的钻研力不从心,且农业企业的从业人员也主要是农民,对科技掌握程度不高,这些都导致农业企业的创新发展潜力不足。农业企业竞争重自然资源获取,轻人才储备和技术研发,以致农业企业的研发投入和专利产出非常有限。调查发现,截至2024年10份,广东省农业龙头企业共1508家,其中国家重点龙头企业87家,拥有专利的龙头企业有1051家,仍有接近三分之一的龙头企业缺乏专利技术。无疑,农业企业技术人才的不足制约了其高质量发展和融资需求的满足。

第十章　广东农业企业融资风险转移新模式

后疫情时代,农业生产经营面临新风险,农产品价格波动进一步增大,放大了农业经营主体所面临的不确定性。单纯依靠农业保险,很难转移农业企业的融资风险,农业保险与期货市场的结合将成为农业企业转移融资风险的新路径。本章介绍中华财险公司在广东创新推出的"保险+期货"模式,阐述其在农产品价格风险分散和转移过程中的模式优势、运行路径及成效;并总结现有模式存在的不足,针对性地提出相关建议。

第一节　农产品价格风险管理

一、农产品价格风险分析

(一) 农产品价格的风险特征

俗话说"民以食为天",任何一个国家的生产和生活都离不开农产品,除了极少数例外,大多数国家对本国的农业生产都极为重视,如果农业生产不稳定,则易产生社会性危机。在农业生产中,农产品价格风险是永远绕不开的坎,其与工业品价格风险有着显著差异。

首先,农产品价格波动难以预见。农产品生产长期面临极端天气环境、自然灾害、疫病等风险,所谓"看天吃饭",丰年与灾年对农业生产的影响显而易见,尤其是一些生产周期较短的农作物,受季节性自然灾害或极端天气的影响更大,通常在极端天气频发或疫病暴发时期,农产品供给将出现较大问题,从而大幅影响农产品价格。极端天气、自然灾害及疫病发生可能造成的损失都是难以预判的,因此,农产品价格波动具有偶发性和随机性。

其次,农产品价格波动具有季节性和长期性。与工业产品的生产不同,农产品特别是种植业产品的生产存在很强的季节性,像水稻、小麦、玉米等农作物及各类水果从播种到收获都有固定季节。养殖业方面，禽畜、水产等养殖出栏周期也较短。大部分农产品特别是水产、蔬菜、水果等保鲜期极短，经过处理后保质期也有限。农产品生长期长、收获期短、季节性消费等特点决定了农产品供求将长期不平衡。因此，价格波动长期存在。

最后，农产品价格波动传导性强、差异性大。不同农产品产业链长短不一，不同农产品之间季节性、地域性差异较大，价格风险传导链条存在较大差异。产业链上游如育种、肥料、饲料、生产工具等，产业链下游如农产品销售、加工、消费等，各个环节都可能影响农产品价格，而农产品价格如果存在较大波动，对上、下游特别是下游企业的生产经营将产生极大影响，价格波动时间、空间亦是千差万别。

（二）影响农产品价格的因素

1. 生产成本

农产品生产成本包括种苗费、饲料费、肥料费、农机具购买及折旧费、用水用电费用、生产工人工资等各类服务于农业生产和经营管理而产生的费用。生产成本是影响农产品价格的最重要因素。

2. 市场供求

与一般商品的价格波动类似，农产品价格波动与市场供求情况紧密相关。在农产品供给方面，如果某类农产品种植面积、养殖规模或者生产规模扩大，在好气候、环境下，其产量将大幅度上升，市场供应量大增，往往造成价格下跌；反之，受各种风险因素影响，供应量越少，其价格就会越高。在农产品消费方面，如果短期内出现爆发式消费或者受到外部环境影响消费低迷，则农产品价格将随之大幅度上下波动。同时，国际国内农产品市场密切相关，国际农产品市场价格对国内农产品市场价格的影响正日益增大，如某类农产品的国际市场价格明显较低，进口成本远低于国内购买，这会刺激国际进口贸易，从而导致国内同类农产品的消费需求降低，对国内同类农产品的价格形成打压，反之亦然。

3. 农户收入

农产品生产有季节性，农户如果从农业生产上获得收入较低，而在非生产季节从事非农工作时获益较高，就会反向抑制农户从事农业生产的积极性，导致主观减产、减收的恶性循环，从而影响供给数量和质量，最终影响农产品价格。

4. 政府干预

政府干预主要体现在粮食和生猪的商品价格上，政府干预尽管是影响农产品价格的因素，但其目的则是化解价格风险。政府通过实施最低收购价格政策，确保农户收入不出现明显下降，同时通过国家收购加大粮食储备。一旦灾年出现或者异常市场行为导致农产品价格大幅度波动，超出农产品消费者的正常承受能力，政府同样会采取行政干预手段如限价、抛售储备物资等来平抑物价，防止通货膨胀。

（三）农产品价格的风险成因

1. 自然灾害

自然灾害影响农产品供给。我国地形地貌多样、幅员辽阔、自然灾害频发，洪水、台风、暴雨、暴雪、冰雹、干旱均是常见灾害。在沿海地区，暴雨、台风灾害影响极大；在内陆地区，洪涝、干旱、霜冻等灾害时常发生。农业生产尤其是种植业生产受自然灾害影响极大，一次灾害事故往往能造成大面积减产甚至对农业基础设施造成永久性破坏，从而导致农产品产量和质量受到严重损害，农产品供给遭受沉重打击，进而造成农产品价格大幅波动，产生巨大风险。

2. 病虫害及疫病

病虫害及疫病同样影响农产品供给，进而引发价格风险。种植业主要受病虫害影响，养殖业则最怕疫病。我国数千年以来积累的农业生产经验在病虫害防治方面有了相对较多的手段，病虫害威胁已大大减弱，风险有所降低。疫病与自然灾害类似，往往在短时间大面积暴发，如2021年菲律宾非洲猪瘟大暴发时，生猪减产超过300万头，导致当地猪肉价格飞速上涨。

3. 生产成本变化

生产成本变化引起的价格风险分为三个方面：一是原材料、基础生产资料的成本变化，如饲料、化肥、农药、种子、禽畜苗等市场价格涨跌；二是生产性、经营型费用支出，如农业劳动力的成本（工资）、用地用水用电费用、农机具维保费用等；三是农产品流通成本，如物流、保鲜、储存等。任何一个环节生产成本的变化都会引起最终产出的农产品的价格变化，从而导致价格风险。

4. 替代品供给及价格变化

替代品主要影响农产品需求，农产品及其替代品在需求端为负相关，在价格风险上则为正相关。当某类农产品的替代品大量供给且价格相对较低的时候，替代品消费量上升，该农产品需求下降，其价格就会下压。反之，替代品稀少且价格高昂时，农产品价格相对坚挺。例如，鸡、牛、羊肉的消费量会随猪肉供应量及猪肉价格的波动而变化，猪肉供应充足且价格较低时，鸡、牛、羊肉的消费量减少，供大于求造成价格下跌。非洲猪瘟暴发时，猪肉供应量大幅下降、价格上涨，鸡、牛、羊肉的消费量及价格就会随之上涨。

5. 突发公共事件影响

突发公共事件可能既影响供给，又影响需求，同时还影响成本，进而造成价格波动幅度增大、频次增加。餐饮业是农产品终端消费的重要支撑,新冠疫情及其瘢痕效应对餐饮业造成了重大影响,人们减少聚餐、宴请等活动,农产品需求量特别是海鲜水产类消费量随之下降,造成农产品积压及价格受挫。

6. 国际农产品市场价格波动

我国是农产品进口大国,特别是大豆消费严重依赖进口,其市场价格直接接轨国际价格。此外,棉花、小麦、牛肉等的价格与国际市场价格形成较为明显的倒挂,国内价格较高时会刺激进口消费,而大量进口则会打压国内市场价格。因此,进口依赖度较高或者进口替代供应量较大的国内农产品同时面临着国际农产品市场价格波动的风险。

二、农产品价格风险的管理机制

(一)常见农产品价格风险的管理机制

1. 政府实施农产品价格保护及补贴政策管理价格风险

政府对农产品价格的保护及补贴政策有两类。一类是托市收购,我国从2004年开始实施主要粮食最低收购价格政策,目前受到价格保护的农产品主要为稻谷和小麦,托市收购的目的是保护粮食价格,通过政府托市收购,合理调节市场供求,避免农民遭受价格下跌、收入受损的风险。另一类是价格直补,国家制定农产品的目标价格,一旦市场价格低于目标价格,政府将对市场价格高于目标价格的部分进行直接补贴,以保障农业生产者、农户的收入,减少价格波动对农业生产者的影响。

2. 直接通过期货市场转移与分散农产品的价格风险

国外通过期货市场转移与分散农产品价格风险是常用手段。期货市场可以运用的工具包括期货合约和期权合约。期货合约是交易双方事先签署在未来某个确定时间点按确定价格买入或卖出某项标的资产合约,是直接入场交易,属于标准化合约。期权合约则是赋予其购买者在规定期限内按双方约定价格购买或出售一定数量某种标的资产权利的合约,既有直接入场交易的标准化产品,也有场外交易的个性化产品,套期保值作用更为明显。

3. 通过订单农业来规避价格风险

农产品生产者可以与农产品购买者(含销售中介机构)事先签订购销合同(订单),订单中明确规定农产品的购买数量及最低收购价格,同时一般也对农产品质量作明确约定。农产品生产者可以依据订单开展生产,这样可以避免一窝蜂式的盲目生产或扩大生产,供求将相对平衡,价格受到保护,从而规避生产经营风险。

4. 通过农产品价格保险及收入保险转移价格风险

农产品价格保险是农业生产者及经营者为避免农产品价格风险导致的收入损失，向保险公司投保并缴纳保费险，从而在市场价格低于投保目标价格时获得的差额补偿保险。政府通过保费补贴鼓励农业生产者投保，相较于政府的直接价格补贴，保费补贴大幅降低了财政压力，杠杆作用明显。农产品收入保险不仅保价格，而且保产量。既能转移价格风险，又能转移各种因素所导致的农产品减产带来的收入损失风险。

（二）农产品价格风险管理机制存在的不足

1. 政府托市收购和价格直补模式

财政资金有限，该模式无法覆盖大量农产品，受惠农产品范围较为狭窄，而且补贴部分有时无法完全覆盖损失。

2. 期货市场转移与分散风险模式

绝大多数普通农户并不了解期货市场，特别是大量小散农户不具备直接的入场能力及市场风险识别能力，该模式一般只运用在大型农业生产企业，对广大农民来说门槛过高。

3. 订单农业模式

订单签订到履约中间隔着一个生产期，在下订到生产再到交付的过程中，合同双方都有可能遇到一些不可预料事件，从而导致交付风险或者收货风险。例如因突发大灾，生产方无法如期足额交付，或者收购方因经济原因无法履约等。

4. 价格保险及收入保险模式

这种模式对农业生产经营者来说是较好的模式，但对于保险企业来说，单纯价格指数保险存在定价难、风险高、爆发集中的特点，同时没有再保险合约的支持，风险一旦集中爆发，保险企业将面临巨额赔偿，引发经营不稳定甚至其破产。在此情况下，保险企业愿意接受小范围试点，但对于大范围业务的拓展，其积极性并不高。

第二节 农产品价格风险管理"保险＋期货"新模式

一、"保险＋期货"新模式的运行条件

（一）保险公司应具备的条件

第一，农业保险经营基础。保险公司应当具备长期且较为完善的政策性农业保险经营基础，具备一定农业保险的业务规模及参保农户。

第二,快速创新产品。保险公司要不断快速进行产品创新,开发更多农产品价格指数保险,以适应不同市场的需要。

第三。灵活制定投保条件。保险公司应打通区域投保通道,降低投保门槛,不拘泥于单个农户规模,最大范围将分散性农户集中起来,实现风险集中管理。

(二)期货公司应具备的条件

第一,创新产品。期货公司应当具备对已上市农产品期货进行创新设计的能力,必要时与交易所一起研究和推动新的农产品期货上市。我国三大期货交易所上市交易的农产品期货共有25个品种,具体见表10-1。

表10-1　三大期货交易所上市的农产品期货品种

期货交易所	上市农产品期货品种
大商所	玉米、玉米淀粉、黄大豆1号、黄大豆2号、豆粕、豆油、棕榈油、鸡蛋、粳米、生猪
郑商所	强麦、普麦、棉花、白糖、菜籽油、早籼稻、油菜籽、菜籽粕、粳稻、晚籼稻、棉纱、苹果、红枣、花生
上期所	天然橡胶

第二,精简流程。期货公司应当尽可能简化交易流程,创造流畅的交易场景。

第三,适度补贴。期货公司一方面可以通过降低交易税费来降低交易成本,另一方面可以通过适度补贴保费以提升农户投保积极性。

(三)农户或其他方应具备的条件

农户应具备一定的风险意识,并且愿意尝试新模式。地方金融监管环境应当秉持开放包容态度,允许先行先试。

二、中华财险公司鸡蛋价格"保险+期货"案例

(一)参与方基本情况

1. 保险方:中华财险公司广东分公司

中华财险公司广东分公司自2003年进入广东财险市场,已扎根广东20多年,历年在广东财险行业均排名前五,高峰时期曾位列市场第三。2020年农业保险收入3.3亿元,农业保险规模在广东省内排名第二。该公司在广东省内20个地市(不含深圳)均开设有分支机构,各级营业网点超过200

个,拥有 2 500 多人的高素质员工队伍。公司经营范围及可经营险种产品与其总部一致。20 多年来,中华财险公司为广东社会各界提供了超过 45 万亿元的风险保障,累计上缴给广东省的利税高达 28 亿元。中华财险公司广东分公司响应集团公司、财险总部的号召,在落实"做强农险"战略中进一步把创新作为核心内涵之一;中华财险公司在财险行业中较早成立农业保险部门,后改革为农村保险事业部,集承保、风控、精算、理赔、产品推动于一体,全方位推进农业保险的发展。目前,中华财险公司广东分公司的农业保险部门共有 11 名员工,7 名员工拥有农业类硕士研究生学历,高学历人员在所有广东省财险公司的农业保险部门中占比最高,员工平均年龄在 30 岁,极富创新力及市场洞察力,又精力充沛。员工学历、年龄、经历均十分适合推动创新产品和创新模式。同时,各地市机构均设立了农业保险部门,对接地方农业保险的发展需要。

2. 期货方:华泰期货

华泰期货是国内第一批期货企业,1994 年 3 月成立,在全国共有各级营业机构 30 家,分布在 17 个省级行政区。该公司的注册资本金超过 8 亿元,在大商所、郑商所、上期所均具备会员资格,同时属于中国金交所全面结算会员,具备的经营资质包括商品及金融期货经纪资质、期货投资咨询资质、资产管理资质。其中,期货投资资质和资产管理资质均属于中国证监会第一批授权的资质。

3. 交易所:大连商品交易所

大连商品交易所是我国成立较早的期货商品交易所,1993 年 2 月成立于辽宁大连,是东北三省中仅有的 1 家期货商品交易所。大商所是全球最大的农产品、铁矿石、油脂、塑料、煤炭期货商品交易市场,也是国内最大的期货商品交易市场,在中国证监会批准下,大连商品交易所上市交易的期货品种多达 16 种,另外还上市了豆粕期权。

4. 投保方:珠海市斗门区全区蛋企

珠海市斗门区全区蛋企主要包括珠海市鸿福隆蛋品有限公司、珠海新春成蛋品加工有限公司斗门分公司、珠海威升蛋品有限公司、珠海市洋博食品有限公司等企业;这些企业分布在斗门区不同地点,从事蛋品加工和生产,企业获得了监督检查结果公示,表明它们符合或通过相关的食品安全和生产标准。

(二) 案例情况

1. 案例场景

2019 年,受猪肉价格推动,鸡蛋价格不断攀升,蛋鸡养殖利润大幅上升,养殖户被高额利润吸引,盲目扩张养殖规模,不断补栏,为 2020 年鸡蛋价格的低迷埋下伏笔。2019 年年末,鸡蛋供应量不断上升,特别是在 2019 年 11 月后持续数月的蛋价上涨趋势开始跳水。2020 年初,受新冠疫情影响,市场需求低迷,鸡蛋价格被进一步压制,持续走低。尔后新冠疫情在各地多点暴发,疫情防控使得餐饮业纷纷闭门谢客,鸡蛋消费需求大幅度下降。此外,各地物流交通运输受阻,鸡蛋价格陷入混乱,部分地区出现明显供应过剩,同时拟淘汰的蛋鸡也无处可销,存栏量一直无法减少。2020 年上半年,存栏在产蛋鸡数量更是达到历史最高位,鸡蛋大量供应过剩压制了鸡蛋价格,叠加疫情导致的物流不畅、需求下降等因素,鲜蛋产能严重过剩,蛋企日子十分难过。

2020 年 7 月份,新冠疫情影响逐渐减弱,鸡蛋消费传统旺季也强势到来,鸡蛋单价终于出现小幅度回升。但由于供应量充足甚至过剩,蛋价即使在旺季依然没能持续上涨,对应盘面涨幅十分有限,市场呈现旺季不旺的局面。由于养殖成本不断上升,养殖户一方面减少了补栏,另一方面加大了蛋鸡淘汰速度,鸡蛋供需陷入了僵持阶段,2020 年下半年价格波动不大。但三季度淘汰减产后,市场供应压力明显下降,蛋价自底部开始逐步小幅回升。可以说在 2020 年全年,鸡蛋价格都处于低迷震荡期。

受供应量大幅提升、需求量大幅下降、新冠疫情持续散点冲击等多重因素的叠加影响,2020 年鸡蛋的价格波动极为频繁,蛋企所面临的价格风险显而易见。短期内鸡蛋价格的下跌形势使蛋企经营受到直接冲击,企业经营者忧心忡忡,迫切需要对冲价格风险,提前锁定收益。2020 年 9 月,中华财险公司广东分公司连同华泰期货在广东省农业农村厅、大商所、银保监局、证监局的指导和支持下,成功推出了广东省内首个鸡蛋价格"保险+期货"项目。

2. 承保方案

鸡蛋价格"保险+期货"项目共分为四期,保险期限为 4 个月,每期 1 个月,2020 年 8 月开始到 11 月结束,总保费 63.09 万元,由珠海市斗门区全区蛋企参保,保险公司为斗门区投保农户的 2 000 吨鸡蛋提供了超过 1 500 万元的价格风险保障,采用期权方案为欧式(到期日收盘价)加保底赔付。

蛋企向保险公司购买鸡蛋价格指数保险,保险公司依照约定的合同条件提供保险保障。同时,保险公司向期货公司购买场外看跌期权以转移价格风险。在保险期间内,如果鸡蛋价格下跌造成蛋企的营业收入损失,保险公司可以根据鸡蛋实际结算价格和合同约定目标价格之间的差额给予蛋企赔偿金；同时对期权合约行权，获得价格补偿。期货公司则通过大量期权复制、快速操作在期货市场上对冲风险并从中获益。

3. 运行机制

鸡蛋价格"保险＋期货"运行机制如图 10-1 所示。

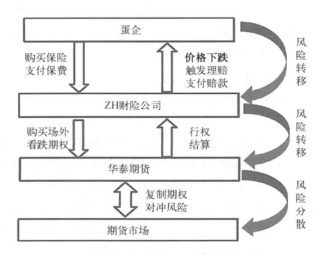

图 10-1　鸡蛋价格"保险＋期货"运行机制

4. 保费构成

具体的保费构成如表 10-2 所示。

表 10-2　鸡蛋价格保险的保费来源及其金额与占比

保 费 来 源	比 例	金额(万元)
大商所补贴	60%	37.85
农户	32%	20.19
珠海市斗门区金融服务中心	8%	5.05

（三）案例效果

鸡蛋价格"保险＋期货"项目申报入围 2020 年大连商品交易所推行的"农民收入保障计划"，并顺利通过结项答辩，获得了大连商品交易所的保费补贴。项目总保费收入 63.09 万元，其中，农户自缴部分保费仅为 20.19 万元，其余为大连商品交易所及当地政府的补贴。最终赔付金额为 58.70 万元，蛋企实现了 38.53 万元的总收益，有效补偿了鸡蛋价格下跌所导致的利润缩减问题。

该项目在广东省内的首次成功落地,实现传统农业保险单一承保减产风险(如蛋鸡养殖死亡成本风险)向创新承保收入风险(如鸡蛋价格波动风险)的转型升级,保险公司、期货公司联合通过"保险+期货"的运作模式,以市场化手段有效帮助了禽蛋企业规避农产品价格下跌的风险(表10-3)。

表10-3 鸡蛋价格保险赔付情况

期 数	保险起期	保险止期	数量(吨)	目标价格(元/半吨)	结算价格(元/半吨)	保费(万元)	赔付(万元)
第一期	2020/8/28	2020/9/28	500	3 926	4 023	15.47	1.85
第二期	2020/9/22	2020/10/22	500	3 987	3 993	15.71	1.87
第三期	2020/10/16	2020/11/16	500	4 020	3 800	15.84	22
第四期	2020/10/29	2020/11/30	500	4 080	3 750	16.08	33
合计	2020/8/28	2020/11/30	2 000	—	—	63.09	58.72

三、中华财险公司花生价格"保险+期货"案例

(一)参与方基本情况

1. 保险方:中华财险公司广东分公司

前文已详述(P233),此处不再赘述。

2. 期货方:广发期货

广发期货有限公司是国内较早成立的大型专业期货企业,1993年3月在广州成立,注册资本金人民币11亿元,属于广发证券旗下的全资子公司。广发期货公司在香港设有全资子公司,在境内多地也设有分支机构。广发期货以珠三角地区为核心,业务几乎覆盖全国各主要城市,并通过在香港地区开展业务,构建参与全球期货市场的业务经营网络。广发期货拥有商品期货、金融期货等经纪资质。

3. 交易所:郑州商品交易所

郑州商品交易所是我国第一家期货市场,最早是郑州农副产品集散市场。1990年10月,郑州经国务院批准正式挂牌试点现货交易;1993年5月28日,郑州商品交易所正式向社会推出期货商品交易。郑州商品交易所由

中国证监会垂直管理,是五大期交所之一。

4. 投保方:广东漠阳花粮油有限公司

广东漠阳花粮油有限公司于 2015 年 11 月 03 日在广东省阳江市成立。公司坐落于阳江高新区,是一家主营粮油食品生产的大型农业企业。企业每年生产加工花生 4 万吨,生产花生油 3 万吨、花生粕 2 万吨,并在生产基础上不断延伸产业链。

(二)案例情况

1. 案例场景

我国是花生生产大国,花生产量及种植面积全球领先,同时我国也是全球最大的花生进口国,国内对花生的消费需求逐年快速增长,但自 2019 年末以来,国内的花生消费需求受到新冠疫情的冲击,消费量较以往增加不少变数,花生价格因此出现较大幅度波动,这一状况不仅对花生种植户的收入造成较大影响,同时给花生加工企业带来采购的成本风险。广东漠阳花粮油有限公司作为一家大型粮油生产加工企业,榨油所需花生量较大,原料成本是最大成本,花生采购价格的波动将对其生产成本造成极大威胁。新冠疫情发生后,受到市场供需变化的影响,花生原料等各项成本持续增加,该公司经营压力倍增,如何提前锁定采购成本、有效规避花生市场的价格波动风险,成为其较为头痛的事宜。

2021 年 2 月,郑州商品交易所挂牌上市了花生期货。在花生期货挂牌交易的第一时间,中华财险广东分公司联合广发期货,在阳江银保监局、阳江农业局、阳江金融局的支持与指导下,向广东漠阳花粮油有限公司出具了花生价格"保险+期货"保单,承保其花生原料的采购成本,这是全省首个花生价格保险。

2. 承保方案

该保单以 PK2110 上市首日的开盘价(9 866 元/吨)作为保险价格,采取期权方案为 10% 的亚式价差看涨期权加保底赔付;承保花生 170 吨,保险期间 1 个月,总保费收入 6.37 万元,保额达到 167.72 万元。其中,企业仅自付 1.37 万元保费,其余保费由广发期货补贴。

当粮油企业投保花生价格保险后,在保险保障周期内,如果花生结算价格高于投保时约定的目标价格,保险公司可以快速启动赔付。

3. 运行机制

花生价格"保险+期货"的运行机制如图 10-2 所示。

(三)案例效果

2021 年 2 月 1 日,花生期货的上市首日高开高走,花生主力 2110 合约

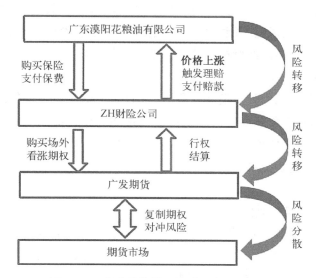

图 10-2 花生价格"保险＋期货"运行机制

最高价达到 10 630 元/吨。因春节长假期间花生种植行业处于停产停工状态,花生现货市场出现紧俏行情,带动了花生期货指数的震荡走强。根据保险合同,在这种情况下统计保险期内各交易日的收盘价,以收盘价平均值计算理赔结算价格,中华财险共赔付广东漠阳花粮油有限公司 13.03 万元(表 10-4),投保企业实现净收益 11.66 万元,赔付率高达 205%。

表 10-4 花生价格保险赔付情况

数量(吨)	目标价(元/吨)	结算价(元/吨)	赔付(万元)
170	9 866	10 532.75	13.03

第三节 农产品价格"保险＋期货"管理模式的风险

一、农户或农业企业所面临的风险

(一)购买保险覆盖不全的风险

农产品价格高低直接影响经营收益,但购买保险需要支付一定比例保费,农户基于节约成本心态,只对其所生产的部分农产品进行投保,风险保障覆盖不全,价格风险不能完全转移或分散,在市场价格波动大的情况下,农户或农业企业生产经营稳定性就会受到巨大冲击。

(二)基差风险

我国期货市场尚处于发展阶段,期货商品价格存在与现货价格相背离的风险状况,进而影响期货市场的价格发现和套期保值功能的发挥。当期货商品、现货商品的价格出现背离导致基差风险时,可能出现客户投保价格不足以覆盖其现货交易损失的风险,这极大影响了客户对产品的认识及后续投保的积极性。

(三)成本增加风险

尽管有交易所、期货公司甚至政府补贴,但农户仍需要自担一部分比例保费,如果没有发生赔付,或者赔付金额低于农户的自担保费,那么农户成本将增加;如果期货公司场外复制期权的对冲成本上升,传导到权利金上升,进而造成保费上升,会使得农户的经营成本增加。

(四)违约风险

保险公司到期不履行合同赔付义务,出现信用违约风险,将导致农户出险无法获得赔款。

二、保险公司所面临的风险

(一)保费不充足风险

保险公司在拟定价格保险费率时,未充分覆盖权利金支出成本,或仅考虑权利金支出成本,未考虑经营成本,导致收取的保费不足以覆盖权利金支出及各项经营成本支出,出现核算亏损。

(二)保底赔付风险

政府为体现其补贴保费所产生的效果,促使保险公司不得不对投保人实行"保底赔付"承诺,在增加该项条款后,即使没有触发赔付条件,即农户没有出现价格差额损失,保险公司也要保底赔给被保险人一定的金额。保险公司对该部分赔款无法通过期权合约行权获得补偿的,只能自行垫付。

(三)交易操作风险

交易操作失误造成买入方向错误,比如应买入看涨期权,但操作成了看跌期权,或者买入合约与原定的不一致,导致风险无法得到对冲,最终发生保险赔付时无法从期货公司获得补偿的现象。

（四）违约风险

期货公司出现重大信用风险而无法履约,将导致保险公司发生赔付后无法获得补偿。

三、期货公司所面临的风险

（一）定价风险

场外期权定价非常复杂,不仅需要考虑对冲交易的成本影响,而且也要将资金占用成本等因素考虑在内。一般场外期权复制成本较高,期货公司在收取保险公司权利金的时候,期货公司如定价不充分,导致自身经营成本高于收取的权利金,将出现亏损情况。

（二）对冲失效风险

期货公司在期货市场上对产品进行对冲时,可能面临资金周转不开、农产品期货巨幅价格波动、保证金未及时追加等一系列突发情况,从而导致对冲交易失败,造成严重损失。

（三）交易操作风险

交易流程存在不当操作风险导致风险未分散或无法对冲,从而造成经营损失。

四、各参与方的风险对冲

（一）农户或农业企业

农户或农业企业在政府或者交易所（期货公司）给予部分保费补贴的情况下,通过投保价格指数保险,锁定农产品的销售或购买价格,当市场价格低于目标价格（如鸡蛋案例）或高于目标价格（如花生案例）,出现收入下降或者成本上升风险时,保险公司履行赔付义务,农户获得差额补偿,从而实现风险对冲,花小钱赚大钱。

（二）保险公司

保险公司通过合理定价收到农户交付保险费及第三方补贴保费后,在预留锁定利润空间的情况下,支付权利金购买场外期权,在发生保险赔付后,可以到期行权结算获得期货公司支付的目标价格差额补偿,从而实现风险对冲,并获得预期利润。

（三）期货公司

期货公司收到保险公司交付的期权权利金,向资本市场卖出手中期货合约。只要通过合理定价和风险管控,就可以使得期权权利金覆盖正常价格波动风险敞口,实现风险对冲,避免损失乃至实现盈利。

第四节 农产品价格"保险＋期货"管理模式的实施效果

一、农产品价格"保险＋期货"管理模式的经济效益

（一）农业生产者的经济效益

在鸡蛋价格"保险＋期货"案例中，农户自缴保费仅为20.19万元，却获得共计58.72万元的赔款，净收益38.53万元，收益率高达191%，有效补偿了鸡蛋价格下跌导致的利润缩减。

在花生价格案例中，投保人广东漠阳花粮油有限公司只支付了1.37万元保费，而保险公司共赔付了13.03万元，该企业实现净收益11.66万元，收益率高达851%。

从两个案例来看，"保险＋期货"模式的价格保险机制让企业或农户的收益有所保障。

（二）保险公司的经济效益

保险公司在向农户报出保险费率前，事先已让期货公司提供了期权权利金的报价，行权金额与保险合同的保障金额定在相同价位，保险赔付风险完全转移给期货公司，一旦发生赔付，期权结算金正好覆盖保险赔款。根据权利金报价情况，再追加考虑保险公司的经营成本后，保险公司才向农户出具报价书，在此情况下，保险费充分覆盖了权利金支出及公司经营成本。

在实际操作中，期权费率和保险费率的比例大概在85%—90%，确保保险公司经营不亏损或者保本微利；极端情况下，该比例可能会到达100%，即收到的保险费仅够支出权利金，无法分摊其他经营成本，此时所考虑的就不仅仅是经济效益，而要兼顾社会效益。

对于保险公司来说，在大多数情况下，"保险＋期货"模式一方面能够增加营业收入，另一方面在一定范围内能够获利及摊薄经营成本，实现经济效益。

（三）期货公司的经济效益

案例中的两家期货公司接受了保险公司所转移的农产品价格风险，收取了期权权利金，在鸡蛋价格下跌或花生价格上涨造成损失时，为保险公司提供了保障。为了避免自身损失，期货公司根据价格波动情况及时调整仓位，高抛低吸，成功在期货市场分散转移风险，通过在期货市场的频繁操作，

期货公司的盈利完全弥补了期权结算的损失。同时,通过参与交易所的"保险＋期货"模式,期货公司实现了多元化经营。

二、农产品价格"保险＋期货"管理模式的社会效益

(一) 助力农业生产和乡村振兴,巩固脱贫攻坚成果

"保险＋期货"模式尽管存在缺陷,但在短期价格波动中能够帮助农业生产者和经营转移价格风险,避免对农户造成严重伤害并挫伤其生产积极性。同时,通过保费损失补偿功能,可以避免农户的丰产减收风险,配合农业保险一起,能够为巩固脱贫攻坚成果作出实质性的贡献。

(二) 促进农产品价格形成完善机制

农业保险企业参与农产品定价体系,可以利用保险主体手中大量的农产品保险承保理赔数据,进行深度挖掘和数据分析,从而有针对性地面向市场推出相关保险产品。在"保险＋期货"模式下,保险公司同期货公司有效地转移分散了农产品价格风险,促进了农产品的精准合理定价,农产品价格形成机制因为多了一方的参与,价格将更趋于稳定,不断丰富的保险产品供给增加了农业生产者和经营者的选择权,实现了保险产品的供给侧改革。"保险＋期货"模式的扩大试点,能让农户、农业生产企业及经营企业提升金融意识、强化经营管理能力,促进农业生产经营理念升级,实现产业化、智慧化、多元化经营,促进农业产业供给侧的结构性改革。

(三) 完善农村金融体系,活跃农村期货市场

"保险＋期货"模式同时拓宽了保险业务边界和期货业务边界,完善了金融体系尤其是农村金融体系,让金融回归服务于实体经济的初心。"保险＋期货"模式同时促进了农产品期货市场的快速发展,当挂牌上市交易的农产品不断丰富、参与保险主体及期货公司越来越多时,农产品期货市场的交易活跃度将显著增强,市场规模将进一步扩大,这也有利于降低供求关系造成的价格波动和市场风险。

(四) 优化农业保险的保费补贴形式,提升政策的公平与效率

"保险＋期货"模式具有较大的低成本优势,能实现降成本、增效益的目的。相比于政府运用托市收购、直接价格补贴等财政支持方式给予农业生产者以价格风险保障,"保险＋期货"模式成本低但保障范围大,在产生互利共赢模式的同时还能增加投保积极性。不但减轻了政府的财政负担,而且通过少量保费补贴发挥杠杆作用,实现了政府干预与市场调节两方面的同时发力,效果更好,也基本没有负面影响,财政支出的节余部分亦可投入到其他更亟须的方面以发挥效益。

第五节 农产品价格"保险+期货"管理模式缺陷及改进措施

一、农产品价格"保险+期货"管理模式的缺陷

（一）客户投保积极性不高，市场推动主体较少

相较于传统农业保险，"保险+期货"类价格保险产品对于大多数农业生产者来说较为陌生，在缺乏充分宣传、干部动员、集体购买及熟悉案例证明的情况下，农民对此类保险产品认知度不够，将极大影响其投保积极性。此外，市面上大部分保险公司和期货公司都缺乏"保险+期货"项目运营经验，不具备专业人员或团队以支持项目开展，缺乏主观能动性，这导致目前国内推动此类项目的主体较少。

（二）期货市场交易品种有限，影响覆盖度

"保险+期货"项目中涉及的农产品价格保险当前需要与期货市场的相应农产品期货（期权）挂钩，否则无法定价。然而目前国内三大交易所上市的农产品品种有限，一些产量高、流动性大的农产品由于没有期货（期权）产品，无法通过"保险+期货"模式保障生产者收入，限制了此类模式的推广。

（三）政策支持体系不完善，农户参保负担较重

2014年起，国家在政策性农业保险方面的推广力度逐步加大，保险费的补贴额度增大，但截至目前"保险+期货"类产品暂未纳入国家统一补贴的险种范围内，许多地市试点的此类项目，保费部分虽然由交易所或政府补贴，但农业生产者仍需承担较重的参保负担。当赔付效果达不到预期时，很容易使投保农户产生保险没有保障还损失保费的感受，影响其投保积极性，从而限制了该模式推广。当前"保险+期货"资金总量小，保险公司不能直接入场交易，只能购买场外期权。保险公司在上述两个案例中体现的是资金通道作用，资金聚集效应和投资能力均未体现，仍有较多待完善空间。

（四）农户缺乏期货知识，易引发投诉风险

农产品"保险+期货"项目的投保主体是农民，他们对投保标的的期货价格走势判断能力有限，需要保险机构协助其进行投保和索赔申请，部分保险条款支持投保人根据行情判断提前提出索赔申请，若保险机构协助投保人做出提前索赔的决定，而后续市场行情呈现收益扩大情况时，易引发客户投诉风险。

(五）保险期货双方介入，分业监管难度较大

"保险＋期货"模式既需要保险公司根据客户需要设计保险产品，为客户提供保障需求，同时需要期货公司在期货市场大量复制期权，利用对手盘进行风险分散对冲。保险业务由国家金融监督管理总局监管，期货业务由中国证监会监管，因此，保险公司和期货公司的合作将面临交叉监管问题。

二、农产品价格"保险＋期货"管理模式的改进措施

（一）期货市场需多元化的农产品期货

首先，期货市场应当快速增加可交易的农产品期货种类。当前在我国三大期货交易所上市的农产品期货种类，相对于全部期货商品来说，只是极少一部分，占全部农产品的比重较低，无法满足农产品价格风险转移和分散的需求，需要增加相应期货产品的供给。

其次，期货市场应当推出标准化的农产品场内期权。期权权利金是"保险＋期货"模式有效运作的重要内容，期货市场加快推出农产品场内期权，有利于期货公司降低风险对冲成本，成本降低可以有效降低保险公司购买期权所花费的权利金，同时间接降低投保农户所要缴纳的保险费。整个交易成本的降低能有效吸引更多农户和保险主体参与该模式。

（二）保险公司应进一步完善产品创新和风险管理机制

首先，保险公司应当进一步完善产品创新机制。保险公司应当不断研发和创新更加贴合农户需要的价格指数保险产品，使得保险理赔周期与期货市场助理合约能够更加契合，从而更加充分地抵御农产品的价格风险，减少期限错配的不确定性。其次，保险公司应当进一步完善风险管理机制，加强对期货市场的研究和分析，完善价格指数保险产品的精算定价机制，并与期货公司建立直接沟通的对话平台，强化学习和交流机制，不断提升相关专业人员的期货理论知识水平和数据分析能力。最后，农业生产者和经营者需要提升参保意识，应当意识到传统农业保险只能保障基本生产成本和经营成本，完全的成本保障需要更进一步的保险产品加以补充以转移风险。

（三）"保险＋期货"的销售推广模式需完善

首先，期货市场及期货公司应当更加主动向所有农户或农业生产者、经营者宣传推广农产品期货，提升终端客户层面的认知，同时可以采取保费补贴、降低交易税费等方式，多措并举推动这些终端客户积极寻求价格风险分散路径，创造机会让终端客户与保险主体更广泛地利用期货市场来转移和分散价格风险。

其次，保险公司应当加强"保险＋期货"的营销推广。保险公司在宣传

和推动方面,一方面应当对自身已有的政策性农险客户强化宣传推动;另一方面还应加大社会宣传,吸引更多商业化客户加入"保险+期货"机制。

最后,政府要加大对农村地区的教育投入,帮助农业生产者全面了解经营风险及可以采取的预防措施。同时,保险机构可以协助政府加大对农村地区的宣传,帮助农户充分了解保险产品的风险防范作用,引导农户树立正确的保险意识,提高风险管理能力。

(四)需引入更多方的合作,创新服务机制,构建有效金融工具

在"保险+期货"模式的基础上,保险公司、期货公司要联合包括银行、科技企业及其他行业等有志于服务乡村振兴的经营主体,共同创新产品及工具,衍生出"保险+期货+银行+……"等多元化的金融工具,满足农村经济的融资、信贷需求,建立起更有效的金融支持农业生产服务机制,鼓励更多金融机构参与乡村振兴和脱贫攻坚战略,构建和完善符合中国特色、有效提升农民收入的保障性农业资金支持体系和风险管理体系,促进农村经济高效发展。

(五)政府层面需要有实质性政策支持

首先,政府层面可以学习和借鉴国外成熟市场经验,结合国内市场特征,进一步优化营商环境,完善相关法律及监管制度,为"保险+期货"模式提供稳定的发展环境,确保市场更加有序运转。

其次,保险及期货监管层面可以探索联合保险公司直接参与期货市场进行风险对冲的可行性,在健全监管制度和风控制度的基础上,试点放宽市场准入标准,让更多金融主体参与进来,降低中间成本。

再次,地方政府层面要加大引导力度,加强政策扶持、培训教育和宣传推动,积极发动农户及地方农业企业参与"保险+期货"的模式推广,并通过一定比例的财政补贴来减轻农户及农业企业的保费支付压力,从而提升其参保积极性。

最后,政府相关部门还应当建立信息共享机制,定期分析"保险+期货"的经营数据,公开保险主体、期货主体及参保农户或农业企业的经营情况,避免信息不对称情况,建立三方互信互通的基础。

第十一章 金融支农政策设计

农业企业的融资需求与有效的资金供给之间存在较为显著的矛盾,一方面,在资金供给端,政府财政投入逐年增加,金融机构也有大量资金;另一方面,农业企业对资金需求较为迫切。然而目前资金供给与农业企业需求之间衔接不足,存在供求失衡错位等一系列矛盾。本章针对全书的研究与分析,在借鉴国内外金融支农先进模式的基础上,结合广东省实际情况,针对性地提出拓宽农业企业投融资渠道的政策建议。

第一节 完善顶层制度设计

一、短期内要优化调整财政补贴政策

广东省不仅要提高财政涉农支出比重,充分发挥财政资金对金融资源的引领和示范作用,优化调整现有财政补贴政策,提高财政支农效率。具体来说,包括以下三点。

(一)平衡大型农业企业和中小型农业企业间补贴分配

广东省财政补贴政策要有针对性,对于大型上市农业企业要鼓励其通过多层次金融市场融资,逐步摆脱对财政补贴依赖。而对于中小型农业企业,则要引导财政补贴向其中成长性好、有发展前景、专精特新的企业倾斜。

(二)弱化财政补贴的营利补充作用,强化政策激励效应

对于农业企业而言,拓宽融资渠道应该从提升企业自身盈利水平着手,提高企业对金融资源的吸引力,而一些农业企业对财政补贴依赖性较强,政府资金扶持形成了对企业盈利动机的替代。因此,政府应该推动财政补贴项目化,增加科技创新类项目的补贴力度,削减收入类补贴的比例。

(三)发挥财政补贴的引领示范作用

政府要切实发挥财政补贴的引领示范作用,用财政资金引导社会资本

和信贷资金流向农业企业。政府和金融机构要加强财政资金与信贷资金的配合,发挥两者之间的协同作用,不断满足农业企业的融资需求。

二、建立跨部门沟通协作的长效机制

一方面,广东省应该在重视效率、兼顾公平的基础上制定农业企业整体发展规划,营造稳定、持续、清晰的政策环境,让农业企业有明确的政策感知,增强其持续经营的动力和信心。另一方面,在政府内部,要加强农业、财政、金融、税务等部门间的沟通与协作,建立跨部门联席会议制度。此外,在联系政府与社会主体方面,广东省各级政府应该积极主动加强与广东金融支农联盟的联系,强化政府指引在金融支农联盟中的作用,进一步凝聚政府、金融和其他社会主体的合力。

三、加强金融监管的制度创新

金融业是拓宽农业企业投融资渠道的重点和难点,目前相关金融监管制度存在一些无法适应农业企业发展的制度约束,仍然存在较大的改善空间。

(一) 强化基层协作,拓展科技监管

广东省各层级金融监管机构之间应该加强业务沟通与协作,建立涉农金融业务的联席交流制度,定期沟通涉农金融业务的监管指标,促进涉农金融监管走向系统化。此外,针对数字金融加速发展的趋势,金融监管部门要切实加强人员培训,定期开展金融监管讲座,提升监管人员的能力和水平。同时,在农村金融监管中应拓展监管科技的使用。利用数字技术,有效加强监管部门与金融机构之间的联系,第一时间捕捉和剖析金融机构、农业企业、农户的交易数据,有效实现对金融机构和金融风险的全方位、多角度深度监管。再者,必须大力推进网络基础设施建设,加快建立金融数据共享平台,金融监管部门可以利用互联网、大数据等技术不断优化事前、事中、事后的金融监管。

(二) 推进分类化、差异化监管模式

2021年5月25日,中国人民银行联合财政部、银保监会等多个部门联合发布《关于金融支持新型农业经营主体发展的意见》,该意见提出金融监管部门和商业银行要适当提高涉农不良贷款的风险容忍度,农业企业贷款不良率高于总贷款不良率目标3个百分点(含)以内的,在商业银行内部考核评价时不扣分。2016年发布的《中国农村金融服务报告》中也提到,允许支农再贷款发放的涉农贷款和"三农"金融专项债所对应的涉农贷款不纳入存贷比分子计算范围,并对农村中小金融机构给予差别化的流动性覆盖率考核和涉农不良贷款率容忍度。

广东省各地区的经济社会发展存在较大差异,珠三角和粤东、粤西、粤北地区涉农金融业务同样存在差异。因此,广东省涉农金融监管不能采用"一刀切"的方式,各地市应该根据本地涉农金融业务的发展实际,因地制宜地优化调整金融监管方式。广东省可以从两个方面作出适当调整,一是实施差异化的农业企业不良贷款容忍度。对于具有天然弱质性的农业企业,金融监管部门可以适当提高农业企业不良贷款容忍度及责任追究容忍度。尤其是那些自然灾害或者其他不可抗力等因素造成的农业企业贷款不能按期归还的情况,金融机构和监管部门可以主动延期,暂时不计入不良贷款。二是实施差异化的存贷比监管指标。当前监管部门规定金融机构的存贷款比值不得超过75%,监管部门可以允许一些金融机构在风险可控范围内,将某些涉农贷款不纳入存贷比中,或者按照一定比例计入其中。

四、改革政府基金的运行模式

(一)改革供给侧基金的运行模式

首先,应该针对地级市重点项目开设快速审批通道,加快审批进度,推动相关项目快速落地;其次,要扩大地级市子基金投资业务方向和领域,在一定投资限额内给予子基金自主审批权,将地级市重点扶持涉农项目纳入基金投资范围;最后,可适当降低基金的投资标准要求和投资条件,把对项目的收益要求调整为目前银行5年期贷款的基准利率水平,同时适当降低抵押担保比例至1∶1。

(二)加大风险补偿基金的补偿力度

应加大政府扶持力度,提高风险补偿水平,按照1∶10的比例撬动社会资本投入。尤其是关系到生产基础性的农产品企业,政府应实行最后的保底支持。水稻、玉米、小麦等三大粮食作物属于基础性农产品,对于生产这类产品的农业企业,政府可通过保险公司实行完全成本保险和种植收入保险。政府财政补贴保险公司,由保险公司对这类农业企业进行成本和收入的兜底。有了保险公司的托底,就会更好地撬动和引导金融社会资本投向农业农村。未来,地级市政府可以加大财政支持力度,逐步扩大风险补偿基金的资金池,优化业务流程。

(三)建立信用保证基金,改革农担公司运作模式

建立信用保证基金可以有效解除金融机构对融资安全的担忧。信保基金、担保基金和风险补偿基金,都属于政府出资的资金。信用保基金的建立,可有效缓解金融机构对农业企业融资风险的担忧程度,并进一步引导金融机构对农业企业的投入。

要改革省农担公司的运作模式,农担公司根据企业资信状况、行业内评级,比如是否是国家级龙头企业或省级龙头企业,对其进行担保,或利用大数据了解企业供应链各阶段的运作状况和资金使用情况,从而对其进行相应担保。此外,根据农业企业的融资需求,适当提高担保额度,降低担保费用,切实为农业企业减负。

五、加强公共平台基础建设

(一)推进网络信息技术建设

虽然珠三角地区的网络信息技术较为发达,但是非珠三角地区的网络信息技术仍然相对落后。未来广东省要通过网络基站建设、光纤铺设等方式推进网络信息技术建设,为涉农金融业务优化提供技术手段。一是鼓励县域地区的政府部门与电信部门共同合作,降低费用,提供补贴,为农民提供优惠的网络套餐和低价的智能手机,大力提升农村地区的数字操作能力。二是鼓励当地传统涉农金融机构积极开发数字化平台,发掘创新多元化功能,除实现线上资金存取、转账等基础服务外,更要拓展线上资信评估、小额信贷等多功能服务。

(二)搭建农业企业综合信息平台

首先,由金融监管部门牵头,运用技术手段,搭建农业企业综合信息平台。整合农业农村、财税、社保、市场监管、林业、气象、土地流转、农业保险等相关数据,数据不仅包括农业企业原材料采购、生产、培育、收获、加工、销售等各个环节的信息,而且还包括农业企业高管人员在各酒楼、娱乐场所等的各种消费支出信息,以便金融机构的信息共享。其次,建立涉农信用评价体系。各地区金融机构要根据本地实际建立农业企业信用评价体系,基于农业企业的行业属性对准确、客观评估其财务信息。最后,建立资产处置平台。无论是农业承包权、经营权,还是林权,抑或是宅基地、农用设备及活体资产等,当借款人不能履约时,贷款人可在此平台对这些资产进行处置。

(三)建立资产托管体系与权属资产流转体系

农业企业资产主要是实物资产和权属资产,实物资产又包括农用设施、附着物和经营活体。因此,为解决金融机构的融资风险问题,有必要建立资产托管体系,完善资产拍卖与资产处置等业务。关于权属资产的抵押融资问题,应完善土地经营权与林权流转体系,确保金融机构在农业供应链各环节对土地经营权与林权的评估、流转与处置。首先要完成土地经营权与林权的确权工作;其次要建立土地经营权与林权的评估体系;最后要建立土地经营权与林权的流转体系。

（四）建立统一数字化征信平台

随着移动智能手机的普及，居民越来越多开始使用智能手机享受金融服务。随着数字金融的下沉，农村居民越来越多使用移动支付、网络小额信贷、互联网理财等功能。互联网金融机构在提供金融服务的同时，掌握了居民和农业企业的信用信息，但是大量信用信息并没有与央行征信系统对接。因此，政府必须建立统一的数字化征信平台，汇总农村居民和农业企业的各类信用信息，为涉农金融风险管理提供良好基础。

六、成立金融支农智库，开办金融支农大讲堂

我国农业农村正处于全面深化改革、高速发展的重要时期，新出台的政策多。目前，农业企业普遍缺乏对金融政策和金融工具等金融知识的了解，风险把控能力低，因而在运营中容易遇到融资等困难。成立金融支农智库，有利于汇聚金融领域各方面的专家学者，及时深入开展涉农金融政策、农业发展现状、未来发展趋势等方面的研究，把握金融支农工作的理论及规律，加强对农业企业发展的实践指导和服务支持。同时，通过专家学者加强对农业企业的调研，让双方深入交流，可以帮助农业企业家更深入了解现代金融对企业发展的重要作用，用好现代金融服务，规避风险，更好发展。

要扩大农业金融服务市场，强化金融服务农业的效率，充分发挥金融支农的动力引擎作用和目的，必须提升农业企业对现代金融知识学习水平。通过开办金融支农大讲堂，组织农业投资和涉农金融领域的高、精、尖专业代表开展现场授课，为农业企业、农民专业合作社、家庭农场、农业大户等提供乡村振兴及金融政策解读、金融知识普及、金融实操训练及路演能力培训，提升农业经营主体的金融知识和金融素养，培育农业金融服务市场需求，促进金融资源与农业农村农民发展的深度融合，让金融支农更加便捷与高效，从而促进农业企业发展。

第二节　完善金融市场，推动金融创新

一、商业银行需要提升服务与质量

（一）开发多元化金融产品

在农业企业发展的不同阶段，需要采用与之相适应融资模式。对于初创农业企业，可根据农业企业的立项批复、土地使用权文件、自有资金投入、

保险支持、产业发展是否符合财政支持以及企业高管人员征信等各种信息，综合评估判断是否可以发放纯信用贷款。金融机构自身也可适当提高风险容忍度。对于较为成熟且经营正常的农业企业，金融机构可根据其订单状况，设计纯信用贷款产品，实现"信息流＋资金流＋物流"三流合一。

1. 通过信用村建设打造农户信息大数据平台

针对普通农户和新型农业经营主体的融资需求，基层政府可以和金融机构深度对接，在信息采集、评分授信和资金发放等方面实现信息共享、互通，逐步建立新型农业经营主体信息大数据平台。对用户授信额度采取"一次核定、随用随贷、余额控制、循环支用、动态调整"的方式，简化贷款手续，提高贷款效率。

2. 金融机构加强信用类贷款产品开发

根据企业和负责人信用、资信记录等状况，以借款人的信誉发放贷款，借款人不需要提供担保。一般通过大数据对老客户的信贷信息、客户经营状况、房产所有权信息、客户纳税信息、邮购信息等信息的收集以及通过对行业协会的走访调研等，最后确定是否对涉农客户进行授信。

目前，金融机构提供法人保证类贷款，一般通过引入担保公司、保险公司、人社部门、农业农村部门、扶贫部门等合作机构，对借款人提供保证金保证、信用保证等方式。省农担虽然为农业企业提供担保融资，但担保额度和业务规模受到严格控制，往往需要反担保或符合严格条件，这对于需要雪中送炭的初创农业企业来说简直望尘莫及。据国家龙头企业岭南大地公司反映，省农担有关人员找过该企业，但由于反担保及企业治理规范、资信良好等条件，该企业认为条件十分苛刻而放弃贷款。因此，建议降低门槛，根据市级龙头企业、省级龙头企业和国家级龙头企业等类型划分，辅以行业协会认可或证明，就获得省农担的担保融资。

（二）扩大抵押贷款范围

在认定抵押物的传统基础之上，金融机构可以根据抵押物性质，并结合农业企业发展状况，适当灵活地扩大抵押物的范围，发展抵押类信贷产品。

进一步发展扩大标准抵押物范围的金融产品。金融机构除了居住用房、配套车库车位、商业用房或办公用房、工业用房等传统抵押物，应适当扩大非房产抵押物范围，如经营性质车辆、渔船与经营项目高度相关的设备用具都可以作为抵押物。可尝试在湛江、阳江、茂名、江门等沿海地区重点发展渔船抵押贷款业务。

适当扩大非标准抵押物金融产品。一是将集体土地、耕地、宅基地等"三地"作为抵押物进行融资活动。二是将农村土地承包经营权、农房财产权、林权等"三权"作为抵押物进行贷款融资。三是采用"活体抵押+保险"模式向银行贷款,即用畜禽养殖类动产活体作为抵押物加上保险公司保单进行融资活动。四是采用适当灵活的抵押模式,可采用库存或存货抵押、应收账款质押或预期收入现金流作为质押担保进行融资活动。

盘活经营主体非标准抵押资产。通过新农主体"社群联动",盘活经营主体的非标抵押资产。金融机构可结合农民专业合作社、村委、村民等多方合作,运用合作社对社员"民间征信"评价、村委对社员信用评价等多层把关,强化农村信用评价机制,让合作社系上结实纽带,促使农户由"单打独斗"向"抱团发展"转变。目前,部分金融机构将借款人的标准房产通过民间契约方式抵押给合作社,再由合作社提供担保向金融机构申请贷款。这种"社群联动"试点,也可间接盘活经营主体的非标抵押资产。

（三）运用新技术优化金融服务

信贷产品线上化服务是金融市场的发展趋势,金融机构一般基于客户良好的线上数据信息和信用状况,采取业务流程全线上方式提供线上化贷款。通过网络营销、电话及短信营销、客户经理营销等多种营销方式,由借款人在手机银行、网银等电子渠道申请办理贷款,通过后台建立风控模型系统,由系统根据客户提交的申请,自动进行贷款额度审批决策。额度生效后,客户可通过手机银行在线签署借款合同,自主在线办理额度支用,由系统自动对贷款用途进行审核,并进行贷款发放。该模式大幅提高了业务流程效率,简化了传统线下模式的人工流程,提升了客户体验。

在传统线下产品与新兴全线上产品之间,金融机构提供"半线上"信贷产品。抵押类贷款,将除抵押之外的环节全都纳入线上流程;非抵押类贷款,将除贷中审批之外的环节全都纳入线上流程。丰富线上及线下产品的融合发展模式,形成了"半线上"贷款产品。如可对拥有抵押物的客群开放线上申贷—审批—签约—放款环节,仅抵押环节在线下办理。也有部分产品通过对接外部合作机构（如政府机构、核心企业）的数据平台,由合作机构通过数据平台推送贷款客户,客户在平台上通过线上申贷,转入银行线下审批,客户获批后在平台上可线上签约、放款。

二、农业保险需要创新模式与工具

保险作为金融支农的重要力量,各级政府都在积极推动农业保险高质量发展,不断健全农业保险政策支持体系,优化农业保险运行机制。保险支持农业企业的健康发展应采取如下对策。

（一）丰富农业保险品种

广东省特色农业品种多，水稻、生猪等农产品占比高，建议在已有农业保险基础上，针对不同地区不同品种的风险特性，定制广东特色的创新农业保险产品，包括家禽、蔬菜等价格保险，甘蔗、水稻等收入保险，生猪、蛋鸡等收益保险，水产养殖、特色水果等气象指数保险，天然橡胶"保险＋期货"等新模式，丰富农业保险产品种类，为农企农户的收益提供多种风险保障。

随着农业现代化进程加快，农业生产经营向规模化、集约化转变，建议农业保险政策适当向农业企业等新型经营主体倾斜，重点提高农业企业、家庭农场等新型农业经营主体的保障水平，在大灾保险基础上提供高保障成本保险、收入保险，同时针对新型农业经营主体实施无赔款优待，通过提标降费促进新型农业经营主体的孕育和发展。

（二）保险服务创新

保险公司开始利用新型科技服务业务开展，但在农业保险领域，保险服务创新水平仍然不高、科技水平较低。随着移动互联网技术发展及卫星遥感技术成熟，保险公司开展涉农保险业务时可以积极引入先进科技，利用互联网大数据进行承保，使用卫星遥感技术进行灾害监测与查勘定损。新型科技手段的使用不仅能够显著降低保险公司的经营成本，提升经营效率，而且可以提高农业保险服务"三农"的水平。

未来涉农保险服务可以从以下四个方面进行深度创新。

第一，运用数字农业综合服务平台，向农户提供分散性农险业务投保理赔自助化服务，进行农业保险数字化及地图化管理。第二，采取产品溯源保险服务，主要是保障因溯源信息缺陷给农企带来的经济赔偿损失，实现生产过程管理、产地追溯认证、产品品质保障。第三，通过遥感技术在水稻生产区域提供稻谷产量保险服务，帮助投保农户或农企实现从种到收的农业全流程管理和风险预警管理，全面达成保产量、保收入的目标。第四，运用"科技＋"优势，赋能农险理赔服务。利用无人机、云端验标、远程查勘等科技手段，快速查勘定损，另外还与气象部门合作，在线开具气象部门认证的气象证明文件，缩短理赔资料提供时间，提高理赔效率。

（三）运用智能数字化工具，提供保险增值服务

伴随着科技发展，农业产业正发生颠覆性变革，农业生产经营主体规模化趋势明显，农业场景和需求也变得更加多元。因此，保险公司应丰富农业保险的服务场景，拓展服务内容，为农企农户提供产前、产中和产后的全流程增值服务。

针对农业行业信贷数据薄弱、融资难的痛点，保险公司应推动政银保模

式,聚焦解决涉农小微企业的融资难问题。通过"信用险＋贴息"与政府、银行风险共担,降低涉农小微企业的融资成本。同时,通过区块链扶贫项目线上化管理系统,对项目开展过程中的现金流、商品流等经营情况进行线上化记录、分析,监控惠农资源的精准到户,完善农业产业的信贷风控体系。

保险公司应通过"卫星＋无人机＋物联网"的防灾减灾模式,建立广东省农作物、林木的卫星遥感长势监测、干旱监测、病虫害监测等风险监测体系。同时,还应采取智慧种植的广东智慧农业模式,构建种植全周期的智慧农业种植管理决策体系,运用高效智能的数字化工具赋能农业产业链,服务农企农户的降本、增效、增收。

保险公司可通过"区块链＋物联网"技术,建立智慧产销溯源平台,实现农产品从土地到餐桌各环节的端到端信息记录及监测,从而帮助政府提升农业产业发展及产业品质管理效能,帮助企业优化运营生产管理标准,向消费者提供有品质认证的放心农产品。

(四) 拓展"保险＋期货"模式

保险公司要发挥农业保险的增信功能,必须结合涉农小额信贷保证保险,开展"银行＋保险""政银保""订单农业＋保险＋期货""银行＋保险＋期货"等多种模式。一方面,为农企农户提供生产风险保障和价格风险保障;另一方面,利用"保险＋期货"手段,为农户提供价格保险,即当价格低于某一数值时,保险机构提供理赔服务,农企或农户获得资金,保险机构的风险则通过期货市场的对冲来处理,逐步从"保成本"向"保价格"和"保收入"转型。未来,广东省以农业保险作为支撑,可以撬动更多金融资源向农业倾斜。

三、拓展直接融资渠道

(一) 利用广东"农业专板",开展股权融资

股权融资是一条很好的融资渠道,但有较高的资质要求,这对于很多农业企业来说可望而不可即。广东股权交易中心开设的农业高质量发展专板("农业专板")却能有效地解决了这一问题,"农业专板"的设立可以引导各类资源流入农业企业。因此,广东股权交易中心通过设立"农业专板",制定配套扶持政策,为广东省农业企业打造专属的金融服务板块,这不仅为挂牌农业企业提供了宣传展示、投融资等综合金融服务,而且还引导了农业企业实施股份制改造、建立健全现代企业制度、提升经营管理水平,借力资本市场做大做强。此外,广东股权交易中心以"农业专板"为载体,整理各地区挂牌农业企业的经营数据和财务数据,建立农业企业信息数据库;然后由省农业农村管理部门将"农业专板"的信息数据与各类金融机构对接,以便有效减少企业融资信息的不对称性,降低金融机构获取信息的成本,加快中小企业融资速度,减少企业融资成本。

(二)由农担机构担保,发行农业企业债券

企业债券融资,是农业企业获得融资的直接渠道。早在2012年3月,在国务院发布的《关于支持农业产业化龙头企业发展的意见》中就推出一系列支持农业企业发展的政策。意见提出要大力支持符合条件的农业龙头企业上市融资和发行债券;鼓励商业银行等商业性金融机构根据农业企业的生产经营特点,扩大合格抵押品范围,不断推出具有当地特色的涉农金融产品与服务,切实满足农业企业的融资需求。由于资产和行业的特殊性,农业企业如果没有担保,很难通过企业债券融资。因此,金融机构或省农担根据龙头企业类型、龙头级别、经营状况、发展前景及龙头企业在行业协会情况,为龙头企业提供企业债券融资担保。

(三)将农企项目整体打包,实行资产证券化

鉴于农业企业生产周期长、有效资产不足等属性,可采用项目整体打包,实行资产证券化方式进行融资。利用资产证券化将未来产生稳定现金流的项目、应收账款或整体项目等打包到一起,形成资产组合,进行结构化设计,然后发行以资产组合产生现金流为支持的债务工具。规模太小的小微农业企业,不能独立构成一个项目,可由政策性机构如省农担或农业发展银行成立专门的实体来收购这些项目,将大量的小额应收账款汇集起来,形成一个大项目,达到统一发行资产证券化产品的规模,从而使小微农业企业可以获得发展所需资金。较大型的农业企业项目,可由金融机构背书进行增信,以保证该项目的信用增级,然后对该项目进行资产证券化,通过市场化出售获得资金。也可根据当地资源特点,来设计农业项目进行打包,可发展的项目有观光农业、田园综合体、循环农业、特色农业、现代农业、药食同源等。例如,珠海市斗门岭南大地田园综合体项目、珠海台湾农民创业园项目都可以考虑采用项目整体打包的方式实行资产证券化方式融资。

(四)对前景好、管理佳的项目,引入股权投资

对于农业企业尤其是龙头企业,可以筛选一批有良好发展前景、公司治理规范的项目,引入股权投资基金。2020年4月15日,农业农村部发布《社会资本投资农业农村指引》,这标志着我国引导社会资本服务"三农"进入一个新阶段。指引紧紧围绕农业供给侧结构性改革这一核心,主要关注重点产业和重点领域两大关键,聚焦乡村振兴宏伟目标的实现。农业企业发展需要多种力量支持,也需要多种模式经营。引入股权投资的企业,应该具备

以下基本条件：一是有较好的主营业务利润和连续增长性，二是有一定市场地位和竞争优势，三是有成熟商业模式，四是有稳定优秀的管理团队。

第三节　强化农企治理，提升融资资质条件

农业企业自身也是引发融资难、融资慢、融资贵等问题的重要原因，所以应该从农业企业自身入手，引导建立规范的财务管理制度，提高农业企业的信用等级，以此增强农业企业的融资能力。农业企业加强公司治理，不断提高公司治理水平，为获得金融机构的融资创造条件。因此，农业企业应该按照现代公司治理结构进行规范。

一、科学公司治理

许多农业企业基本上以家族为经营主体，采取松散的家族式管理，企业内部管理人员大多存在亲戚关系。因此，农业企业应从成立开始就按照现代公司治理制度进行规范，建立现代化企业管理体系，并按照公司法要求建立相应股东大会、董事会和监事会及经营管理机构。

二、规范财务管理

财务指标是银行判断农业企业信用状况的重要依据，是降低银行和农业企业之间信息不对称的重要工具，然而当前农业企业缺乏规范的财务信息，导致商业银行无法准确对其进行评价。很多中小型农业企业的财务人员由公司实际控制人或经营人亲属担任，存在明显裙带关联，财务管理很不规范甚至混乱。因此，农业企业规范财务管理：一是要由专业的财务人员出任财务经理，二是要建立规范的财务制度，三是要通过财务制度来加强企业的规范经营管理。

三、建立完善风控机制

中国农业企业的信用评级普遍较低，农业企业信用意识淡薄，履约能力普遍较低，较高的信用风险导致金融机构对其缺乏信心和动力。这是因为农业企业经营者更关心市场拓展和业务能力提升，忽略了风险控制，也缺少企业内部风险管理制度。因此，农业企业要建立完善的风险控制机制，企业经营者要具有风险管理意识，重视风险规避和化解措施，提升企业自身信用。

四、引进优秀专业人才

许多农业企业的生产和管理模式较为单一,这说明农业企业缺乏优秀人才。因此,农业企业要从长远规划考虑,积极引进优秀的技术和管理人才。鼓励有条件的企业通过校企联合、产学研结合等途径培养新型农业人才,如组织师生到企业参观学习、邀请企业家到学校开办讲座等方式。一方面利用学校和企业资源培养人才,另一方面也提高师生参与农业发展的热情。

五、推进股份制改革

目前,许多农业企业的经营仍不够规范,家族色彩非常明显。鉴于公司产权关系不够清晰、股权规范意识薄弱等问题,农业企业应该按照现代企业制度,明确产权,优化利益分配,保证公司法人财产的独立性。农业企业应大力推进股份制改革,建立符合现代规范的公司治理体系,提升企业形象和市场竞争力,不断适应市场经济的发展要求。

结 束 语

乡村振兴是实现中华民族伟大复兴的一项重大任务,党的十八大以来,在以习近平同志为核心的党中央的高度重视下,乡村振兴逐渐成为各级政府的重点工作。产业兴旺是乡村振兴的首要前提,推动乡村地区的产业发展离不开农业企业。农业企业作为社会主义市场经济的微观主体,在吸纳乡村劳动力就业、增加居民收入、推动乡村经济发展等方面发挥着重要作用。然而长期以来,受农业天然弱质性的影响,农业企业普遍处于融资难、融资慢和融资贵等困境中,融资约束成为制约农业企业健康发展的首要难题。因此,本书从金融角度出发,研究如何拓宽农业企业的投融资渠道,具有一定的理论参考价值与实际应用意义。

研究基于我国"三农"事业的发展历程,系统梳理改革开放以来,中央和广东省金融支农政策的演变历程,总结了不同历史时期金融支农政策的特点。拓宽农业企业投融资渠道离不开金融系统的大力支持,从各国金融支农的实际情况来看,金融系统主要包括政策性金融、商业性金融两大类,从金融系统内部来看,金融系统可以划分为银行、证券、保险、基金等不同部门,政策性金融与商业性金融相结合成为拓宽中国农业企业投融资渠道的必然选择。无疑,农村金融是农村经济的核心,无论是以欧美为代表的发达国家还是广大的发展中国家,都高度重视农村金融基础设施的建设与金融体系的完善,而农业企业的金融支持问题与农村金融理论高度相关,为此,本书简要总结了农业信贷补贴理论、农村金融市场理论、不完全市场理论、小额信贷理论和普惠金融理论。从近年我国农业企业的投融资实际情况看,与发达国家的金融支持模式相比,我国金融支持农业的力度相对较弱,但国内一些地区探索出的"政银担"、"政银保"、"银行贷款+风险补偿金"、"政银企"、股权融资、投资基金、"保险+期货"等金融支持"三农"模式,为金融支持农业的开展积累了推广经验。在农村金融服务体系中,大力发展普惠金融,推进农村金融机构数字化转型,以数字金融拓展农业企业投融资渠道,可以有效增加乡村振兴的金融供给,缓解农业企业的融资难、融资贵、融资慢等问题,让农业企业有效的融资需求得到一定程度的满足,提升农业经营主体的信贷可获得性。金融发展与信息化建设均能够显著促进乡村农业产业振兴,信息化建设在促进乡村振兴的同时,可以有效缓解金融参与乡村农业产业振兴所面临的逆向选择和道德风险等问题;同时,深入引导金融服务乡村农业产业振兴,应该加强乡村地区的信息化建设,凝聚金融和信息化的合力参与乡村农业产业振兴。源于精准扶贫阶段的证据证明了企业投资农业产业振兴亦具有同群效应,即企业的模仿行为有利于获得更多的政府补贴、降低债务成本、增加销售,最终提升企业业绩,实现企业与乡村农业产业振兴的协作共赢。金融发展对乡村振兴存在显著正向的空间溢出效应,注重金融机构和农业企业之间供给与需求的衔接,加强各政策工具的协调性,可以为我国农业企业提供新的投融资渠道。

党的十九大报告提出了乡村振兴战略,乡村振兴离不开金融的大力支持,如何扩大农业企业投融资渠道也是乡村振兴的关键。本书针对广东省乡村振兴的举措,通过文献梳理和实际调研等方式,研究了广东省农业和农业企业基本情况,整理了广东省农业企业投融资渠道基本资料,并按照农业企业的所有制类型、所属行业类别、融资规模大小测算出了广东省农业企业的融资缺口额度,从间接融资渠道和直接融资渠道剖析了广东省农业企业的实际融资情况。

此外,研究还总结了金融顶层设计与政府管理、金融机构产品与服务创新、农业企业经营管理与公司治理等方面存在的一些问题。首先,在金融顶层设计与政府管理方面,存在金融顶层设计理念与机制未能与时俱进、金融监管未能有效管理、政府基金和政府担保门槛太高、基础设施建设与公共产品投入不足等问题;其次,在金融机构产品与服务创新方面,存在商业银行创新工具与手段不足、保险机构创新广度与深度不够、直接融资工具基本缺失等问题;最后,在农业企业经营管理与公司治理方面,还存在经营管理欠科学、财务管理不规范、风控机制不完善、技术人才严重不足等制约农业企业投融资渠道畅通的问题。

2020年以来,农业企业的生产经营面临新的风险,农产品价格风险与以往相比增加了新的风险因素,疫情进一步放大了农产品价格的不稳定性。为此,本书研究了农产品价格风险管理的"保险+期货"新模式,选取了中华财险公司在广东省内具有开创性的鸡蛋价格"保险+期货"和花生价格"保险+期货"两个案例,研究其农产品价格风险转移分散管理模式及实施效果,探讨了相应的管理模式缺陷及改进措施。

本书通过分析金融支持农业企业发展中存在的问题,发现金融机构和农业企业之间存在供给和需求衔接不足的矛盾。一方面,金融机构有充足的资金供给,并且还有财政资金、供给侧基金和农业担保公司的支持;另一方面,农业企业有大量的资金需求,尤其是初创企业需要壮大发展,成熟的企业需要做大做强,都急需大量的资金。然而,现实却难以形成有效匹配和成功交易。这就涉及我国传统融资制度与农业企业现实发展之间的矛盾。因此,本书借鉴国内外金融支农的典型模式,根据中央与广东省对乡村振兴的各项政策,结合广东省农业企业发展的实际情况,提出了拓宽农业企业投融资渠道的政策建议,主要包括:第一,完善顶层设计,要优化调整财政补贴政策、加强金融监管创新,推进分类差异化监管模式、改革政府基金运行模式,加大风险补偿力度、加强公共平台基础建设,建立统一数字化征信平台。第二,完善金融市场,商业银行要提升服务质量,农业保险要创新品种服务模式,资本市场要充分利用融资工具拓展直接融资渠道。第三,强化农企治理,农业企业要强化治理,引进优秀专业人才,提升融资资质条件。

参 考 文 献

[1] 鲁钊阳.金融服务创新促进新型农业经营主体发展研究[M].北京：中国社会科学出版社,2019.

[2] 马立珍.农业发展的金融支持体系研究[D].北京：中国人民大学,2010.

[3] 黄可权.新型农业经营主体金融服务体系创新研究[D].哈尔滨：东北农业大学,2017.

[4] 阎枭元.我国农村金融对农业现代化影响研究[D].辽宁大学,2013.

[5] 杨明洪.农业产业化龙头企业：扶持理论与政策分析[M].北京：经济科学出版社,2009.

[6] Bester H. The Role of Collateral in Credit Markets with Imperfect Information[J].European Economic Review,1987,31(4)：887-899.

[7] 李志辉,崔光华.基于开发性金融的政策性银行转型——论中国农业发展银行的改革[J].金融研究,2008(8)：1-12.

[8] 白钦先.政策性金融论[J].经济学家,1998(3)：80-88,127.

[9] 白钦先.国内外政策性金融理论与实践若干问题的思考[J].广东金融学院学报,2005(1)：3-10.

[10] 周良伟,杨绿,彭大衡,等.农业政策性金融：理论解构、实践进展与启示——基于中国农业发展银行广东省分行的调研分析[J].财政科学,2017(5)：74-89.

[11] 周庭煜,周智立,姜天鹰,等.从需求角度重造农村政策性金融[J].上海金融,2006(3)：28-31.

[12] 李劲松,邓永良.从新型农村金融发展看农村金融的重构[J].经济问题探索,2012(9)：93-96.

[13] 何广文.从农村居民资金借贷行为看农村金融抑制与金融深化[J].中国农村经济,1999(10)：42-48.

[14] 高帆.我国农村中的需求型金融抑制及其解除[J].中国农村经济,2002(12)：68-72.

[15] 陈松林.重构农村经济发展的金融支撑新体系研究[J].农业经济问题,2000(5):29-32.

[16] 牛荣.陕西省农户借贷行为研究[D].咸阳:西北农林科技大学,2012.

[17] 张应良,高静,张建峰.创业农户正规金融信贷约束研究——基于939份农户创业调查的实证分析[J].农业技术经济,2015(1):64-74.

[18] 孟樱,王静.农户信贷需求和融资选择偏好的影响因素分析——基于陕西省324户农户的调查[J].农村经济,2017(3):80-85.

[19] Yaron J. What Makes Rural Finance Institutions Successful? [J]. The World Bank Research Observer, 1994, 9(1): 49-70.

[20] Mohieldin M S, Wright P W. Formal and Informal Credit Markets in Egypt[J]. Economic development and cultural change, 2000, 48(3): 657-670.

[21] Duong P B, Izumida Y. Rural Development Finance in Vietnam: A Microeconometric Analysis of Household Surveys[J]. World Development, 2002, 30(2): 319-335.

[22] 朱喜,马晓青,史清华.信誉、财富与农村信贷配给——欠发达地区不同农村金融机构的供给行为研究[J].财经研究,2009,35(8):4-14,36.

[23] 仝爱华,姜丽丽,乔心阳.创业农户信贷需求及正规信贷约束影响因素——基于宿迁市C村53户创业农户的实证分析[J].江苏农业科学,2017,45(13):286-290.

[24] Kochar A. An Empirical Investigation of Rationing Constraints in Rural Credit Markets in India[J]. Journal of Development Economics, 1997, 53(2): 339-371.

[25] Bose P. Formal-informal Sector Interaction in Rural Credit Markets[J]. Journal of Development Economics, 1998, 56(2): 265-280.

[26] Swain B R. Demand, Segmentation and Rationing in the Rural Credit Markets of Puri[D]. Uppsala: Uppsala Universitet, 2001.

[27] Seibel H D, Khadka S. SHG Banking: A Financial Technology for Very Poor Microentrepreneurs[J]. Savings and Development, 2002, 26(2): 133-150.

[28] World Bank. World Development Report 1989[M]. Oxford University Press, 1989.

[29] Varghese A. Bank-money Lender Linkage as an Alternative to Bank Competition in Rural Credit Markets[J]. Oxford Economic Papers,

2005, 57(2): 315-335.

[30] Bell C. Interactions between Institutional and Informal Credit Agencies in Rural India[J]. The World Bank Economic Review, 1990, 4(3): 297-327.

[31] Ghate P. Informal Finance: Some Findings from Asia[M]. Oxford University Press, 1992.

[32] 蔡卫星.分支机构市场准入放松、跨区域经营与银行绩效[J].金融研究,2016(6):127-141.

[33] 刘锡良.我们应如何解除农村金融压抑[J].中国金融,2006(14):71.

[34] 粟芳,方蕾.中国农村金融排斥的区域差异:供给不足还是需求不足?——银行、保险和互联网金融的比较分析[J].管理世界,2016(9):70-83.

[35] Stiglitz J E, Weiss A. Credit Rationing in Markets with Imperfect Information[J]. The American Economic Review, 1981, 71(3): 393-410.

[36] Iqbal M, Ahmad M, Abbas K, et al. The Impact of Institutional Credit on Agricultural Production in Pakistan [with Comments][J]. The Pakistan Development Review, 2003, 42(4): 469-485.

[37] Schaefer-Kehnert W, Von Pischke J D. Agricultural Credit Policy in Developing Countries/Politique De Crédit Agricole Dans Les Pays En Développement[J]. Savings and Development, 1986, 10(1): 5-29.

[38] Udry C. Risk and Insurance in a Rural Credit Market: An Empirical Investigation in Northern Nigeria[J]. The Review of Economic Studies, 1994, 61(3): 495-526.

[39] 刘艳华,王家传.信贷配给:均衡与非均衡理论研究述评[J].生产力研究,2009(7):173-176.

[40] 张龙耀,江春.中国农村金融市场中非价格信贷配给的理论和实证分析[J].金融研究,2011(7):98-113.

[41] 王书华,杨有振,苏剑.农户信贷约束与收入差距的动态影响机制:基于面板联立系统的估计[J].经济经纬,2014,31(1):26-31.

[42] 顾宁,范振宇.农户信贷需求结构分析[J].农业经济问题,2012,33(8):73-78.

[43] Akerlof G A. The Market for "Lemons": Quality Uncertainty and the Market Mechanism[J]. The Quarterly Journal of Economics,

1970，84(3)：488-500.

[44] Besanko D, Thakor A V. Collateral and Rationing: Sorting Equilibria in Monopolistic and Competitive Credit Markets[J]. International Economic Review，1987，28(3)：671-689.

[45] Banerjee A V, Besley T, Guinnane T W. The Neighbor's Keeper: The Design of a Credit Cooperative with Theory and a Test[J]. The Quarterly Journal of Economics，1994，109(2)：491-515.

[46] Berger A N, Udell G F. A More Complete Conceptual Framework for SME Finance[J]. Journal of Banking & Finance，2006，30(11)：2945-2966.

[47] 兰日旭.中国农村金融制度演化60年回顾[J].华东经济管理,2009,23(11)：22-24.

[48] Tsai K S. Imperfect Substitutes: The Local Political Economy of Informal Finance and Microfinance in Rural China and India[J]. World Development，2004，32(9)：1487-1507.

[49] Gonzalez-Vega C. Deepening rural financial markets: Macroeconomic, policy and political dimensions[C]//Paving the Way Forward for Rural Finance: An International Conference on Best Practices, Washington, DC. 2003：2-4.

[50] 黄惠春,陈强.抵押风险对农地抵押贷款需求的影响——基于原始承包户和经营户的比较[J].中央财经大学学报,2017(4)：38-46.

[51] 刘卫柏,陈柳钦,李中.农村土地流转问题新思索[J].理论探索,2012(2)：96-99.

[52] Hoppe R A, Banker D E. Structure and Finances of US Farms[J]. US Department of Agriculture, Economic Research Service. EIB-66, July, 2010.

[53] 陈鸣,刘增金.金融支持对家庭农场经营绩效的影响研究[J].资源开发与市场,2018,34(6)：819-824,867.

[54] 吴成浩.乡村振兴战略背景下河南省农村产业融合的问题与对策[J].粮食科技与经济,2019,44(8)：128-132.

[55] 林毅夫,孙希芳.信息、非正规金融与中小企业融资[J].经济研究,2005(7)：35-44.

[56] Tesfamariam S K. Saving Behaviour and Determinants of Saving Mobilization by Rural Financial Co-operators in Tigrai Region,

Ethiopia[J]. Journal of Agribusiness and Rural Development, 2012, 26(4): 129-146.

[57] Drabenstott M, Meeker L. Financing Rural America: A Conference Summary[J]. Economic Review, 1997, 82(2): 89.

[58] Klose S L, Outlaw J L. Financial and Risk Management Assistance: Decision Support for Agriculture[J]. Journal of Agricultural and Applied Economics, 2005, 37(2): 415-423.

[59] Mazūre G. Financial Support for Agriculture and Rural Development: Credits, Credit Guarantees, and Investments[C] Economic Science for Rural Development Conference Proceedings, 2007 (14).

[60] Yusuf H O, Ishaiah P, Yusuf O, et al. The Role of Informal Credit on Agriculture: An Assessment of Small Scale Maize Farmers Utilization of Credit in Jema'a Local Government Area of Kaduna State, Nigeria[J]. American Journal of Experimental Agriculture, 2015, 5(1): 36-43.

[61] Kropp J D, Whitaker J B. The Impact of Decoupled Payments on the Cost of Operating Capital[J]. Agricultural Finance Review, 2009, 71 (May): 25-40.

[62] Park C Y, Mercado R V. Does Financial Inclusion Reduce Poverty and Income Inequality in Developing Asia?[M]. London: Palgrave Macmillan, 2016.

[63] 谢绚丽,沈艳,张皓星,等.数字金融能促进创业吗?——来自中国的证据[J].经济学(季刊),2018,17(4):1557-1580.

[64] 张勋,万广华,张佳佳,等.数字经济、普惠金融与包容性增长[J].经济研究,2019,54(8):71-86.

[65] 尹雪瑞,夏咏.农村普惠金融测度及减贫效应——基于新疆82个县(市)面板数据的实证研究[J].商业经济研究,2019(18):161-165.

[66] 汪邹霞,黎红梅.金融支持农业现代化发展实证研究?——基于湖南省宏观数据分析[J].农业现代化研究,2016,37(5):856-862.

[67] Gray A W, Boehlje M. The Industrialization of Agriculture: Implications for Future Policy[R]. 2007.

[68] 孟秋菊.农村产业融合的内涵研究[J].四川理工学院学报(社会科学版),2018,33(2):76-83.

[69] 姚樊.重庆农业产业化的金融支持研究[D].成都:成都理工大学,2016.

[70] 崔艳娟,孙刚.金融发展是贫困减缓的原因吗?——来自中国的证据[J].金融研究,2012(11):116-127.

[71] Marsden J, Nileshwar A. Financial Inclusion and Poverty Alleviation[J]. Journal of Social Business, 2013, 3(4):56-83.

[72] 张栋浩,尹志超.金融普惠、风险应对与农村家庭贫困脆弱性[J].中国农村经济,2018(4):54-73.

[73] Claessens S, Feijen E. Finance and Hunger: Empirical Evidence of the Agricultural Productivity Channel[M]. World Bank Publications, 2006.

[74] 张荣.我国农村金融发展对农民收入增长的影响研究——基于2003—2014年数据的实证分析[J].技术经济与管理研究,2017(2):119-123.

[75] 郑秀峰,朱一鸣.普惠金融、经济机会与减贫增收[J].世界经济文汇,2019(1):101-120.

[76] Rayner A J, Cowling K. Demand for Farm Tractors in the United States and the United Kingdom[J]. American Journal of Agricultural Economics, 1968, 50(4):896-912.

[77] 周立.中国农村金融体系的政治经济逻辑(1949—2019年)[J].中国农村经济,2020(4):78-100.

[78] 朱一鸣,王伟.普惠金融如何实现精准扶贫?[J].财经研究,2017,43(10):43-54.

[79] 杨艳琳,付晨玉.中国农村普惠金融发展对农村劳动年龄人口多维贫困的改善效应分析[J].中国农村经济,2019(3):19-35.

[80] 何田."地下经济"与管制效率:民间信用合法性问题实证研究[J].金融研究,2002(11):100-106.

[81] 郭斌,刘曼路.民间金融与中小企业发展:对温州的实证分析[J].经济研究,2002(10):40-46,95.

[82] 孙健.金融支持、新型农村金融机构创新与三农发展[D].济南:山东大学,2012.

[83] 陈玉梅.当前农机专业合作社发展的障碍与建议[J].黑龙江金融,2014(3):29-31.

[84] 吕忠伟.我国金融支持农业产业化发展的历史经验与启示[J].调研世界,2014(6):23-28.

[85] 马九杰.台湾合作金融制度构建对供销合作金融顶层设计的借鉴[J].中国合作经济,2016(10):29-32.

[86] 王凤羽.金融助力合作社发展——澳大利亚金融支持农民合作社发展的经验与启示[J].中国合作经济,2017(5):52-54.

[87] 雷蕾.张掖市农业发展的金融支持研究[D].兰州:西北民族大学,2020.

[88] 隋希钊.农业政策性金融支持农业经济发展存在的问题及对策[J].江西农业,2020(8):127-128.

[89] Namboodiri N. Agricultural Credit and Indebtedness [J]. Indian Journal of Agricultural Economics, 2005, 60(3):544-560.

[90] Lamb G. Community Supported Agriculture [J]. Threefold Review, 1994, 11(1):39-43.

[91] Martin S. Clapp J. Finance for Agriculture or Agriculture for Finance? [J]. Journal of Agrarian Chance, 2015, 15(4):549-559.

[92] 夏伟.凉山州农业政策性金融支持农业产业化龙头企业发展研究[D].成都:四川农业大学,2013.

[93] 朱雁春,黎磊,龚映梅,等.云南省农业企业金融支持体系研究——基于微观融资的视角[J].农村金融研究,2017(10):72-76.

[94] 杜云晗,吴军,黄涛.新型农业经营主体金融支持对策研究[J].中国西部,2019(6):80-85.

[95] 王贺丽.农村金融支持新型农业经营主体的供给分析——以河南省为例[J].湖南工业职业技术学院学报,2020,20(3):41-45.

[96] Diana F, Catherin G, Steve B. Risk. Credit Constraints and Financial Efficiency in Peruvian Agriculture [J]. The Journal of Development Studies, 2010, 46(6):981-1002.

[97] 晏磊,池泽新.江西农业龙头企业金融支持问题及对策探析[J].金融与经济,2015(12):83-85.

[98] 范琳,王怀明,沈建新.互联网金融破解农业中小企业融资困难研究[J].江苏农业科学,2015,43(10):541-543.

[99] 戴志勇,戴俊玉,陈冰清,等.农业供应链金融助力民营小微企业发展[J].农业发展与金融,2019(10):56-58.

[100] McKinnon R I. Money and Capital in Economic Development[M]. Washington, D.C.: The Brookings Institution, 1973.

[101] Shaw E S. Financial Deepening in Economic Development [M]. Oxford: Oxford University Press, 1973.

[102] Summit M. Declaration and Plan of Action [J]. http://www.

microcreditsummit.org/declaration.html,1997.

[103] Morduch J, Armendariz B. The Economics of Microfinance[M]. Cambridge Mass: MIT Press, 2005.

[104] Mehrteab H T. Adverse Selection and Moral Hazard in Group-based Lending: Evidence from Eritrea[D]. Groningen: University of Groningen, 2005.

[105] Stiglitz J E. Peer Monitoring and Credit Markets[J]. The World Bank Economic Review, 1990, 4(3): 351-366.

[106] Morduch J. The Microfinance Schism[J]. World Development, 2000, 28(4): 617-629.

[107] Kempson H E, Whyley C M. Understanding and Combating Financial Exclusin[J]. Insurance Trends, 1999(21): 18-22.

[108] Galor O, Zeira J. Income Distribution and Macroeconomics[J]. The Review of Economic Studies, 1993, 60(1): 35-52.

[109] Banerjee A V, Newman A F. Occupational Choice and the Process of Development[J]. Journal of Political Economy, 1993, 101(2): 274-298.

[110] 焦瑾璞.构建普惠金融体系的重要性[J].中国金融,2010(10):12-13.

[111] Declaration M. Alliance for Financial Inclusion (AFI)[J]. URL: https://www.afi-global.org/(date accessed: 10.03.2019), 2011.

[112] Nanda K, Kaur M. Financial Inclusion and Human Development: A Cross-country Evidence[J]. Management and Labour Studies, 2016, 41(2): 127-153.

[113] Sarma M, Pais J. Financial Inclusion and Development[J]. Journal of International Development, 2011, 23(5): 613-628.

[114] Helms B. Access for All: Building Inclusive Financial Systems[M]. World Bank Publications, 2006.

[115] 杜晓山.小额信贷的发展与普惠性金融体系框架[J].中国农村经济,2006(8):70-73,78.

[116] 王睿,明悦,蒲勇健.普惠性金融体系下中国农村小额信贷机构的研究分析[J].重庆大学学报(社会科学版),2008(5):28-34.

[117] 周孟亮,张国政.基于普惠金融视角的我国农村金融改革新方法[J].中央财经大学学报,2009(6):37-42.

[118] Beck T, De La Torre A. The Basic Analytics of Access to Financial

Services[J]. Financial Markets, Institutions & Instruments, 2007, 16(2): 79-117.

[119] Sarma M. Index of Financial Inclusion[R]. Working Paper, No.125, ICRIER, 2008.

[120] Chakravarty S R, Pal R. Financial Inclusion in India: An Axiomatic Approach[J]. Journal of Policy Modeling, 2013, 35(5): 813-837.

[121] Rowlingson K, McKay S. Financial Inclusion Annual Monitoring Report 2014[R]. Birmingham: University of Birmingham, 2014.

[122] Ndung'u N. Understanding and Expanding Financial Inclusion in Kenya[J]. Keynote Speech, Governor, 2014.

[123] 李明贤,谭思超.我国中部五省农村普惠金融发展水平及其影响因素分析[J].武汉金融,2018(4):30-35.

[124] 封思贤,王伟.农村金融排斥对城乡收入差距的影响——基于中国省域面板数据的分析[J].统计与信息论坛,2014,29(9):44-50.

[125] 孙嚣,李凌云.我国农村金融服务覆盖面状况分析——基于层次分析法的经验研究[J].经济问题探索,2011(4):131-137.

[126] 肖翔,洪欣.普惠金融指数的编制研究[J].武汉金融,2014(9):7-11.

[127] 焦瑾璞,黄亭亭,汪天都,等.中国普惠金融发展进程及实证研究[J].上海金融,2015(4):12-22.

[128] Allen F, Demirguc-Kunt A, Klapper L, et al. The Foundations of Financial Inclusion: Understanding Ownership and Use of Formal Accounts[J]. Journal of Financial Intermediation, 2016(27): 1-30.

[129] Zhan M, Anderson S, Zhang S. Utilization of Formal and Informal Financial Services among Immigrants in the United States[J]. ACR Asia-Pacific Advances, 2011.

[130] Bester H, Chamberlain D, De Koker L, et al. Implementing FATF Standards in Developing Countries and Financial Inclusion: Findings and Guidelines[D]. FIRST Initiative (World Bank), 2008.

[131] Fungácová Z, Weill L. Understanding Financial Inclusion in China [J]. BOFIT Discussion Papers, 2014(10): 1.

[132] De Koker L, Jentzsch N. Financial Inclusion and Financial Integrity: Aligned Incentives?[J]. World Development, 2013(44): 267-280.

[133] Kama U, Adigun M. Financial Inclusion in Nigeria: The Journey so Far[J]. Available at SSRN 2365209, 2013.

[134] Diniz E, Birochi R, Pozzebon M. Triggers and Barriers to Financial Inclusion: The Use of ICT-based Branchless Banking in an Amazon County[J]. Electronic Commerce Research and Applications, 2012, 11(1-6): 484-494.

[135] Bihari S C. Financial Inclusion for Indian Scene[J]. SCMS Journal of Indian Management, 2011, 8(3): 7.

[136] Kundu A. An Evaluation of Financial Inclusion through Mahatma Gandhi National Rural Employment Guarantee Programme[J]. MPRA Paper, 2013.

[137] Mitra S K. Exploitative Microfinance Interest Rates[J]. Asian Social Science, 2009, 5(5): 87-93.

[138] Klapper L, Lusardi A, Panos G A. Financial Literacy and its Consequences: Evidence from Russia during the Financial Crisis[J]. Journal of Banking & Finance, 2013, 37(10): 3904-3923.

[139] 戎承法,李舜.美国、西班牙农业合作社融资的经验对中国农民专业合作社融资的启示[J].世界农业,2011(4): 62-66.

[140] 李洪侠.乡村振兴视角下财政金融支农协同作用研究——基于DEA-Malmquist和Tobit模型[J].西南金融,2021(7): 14-26.

[141] 陈石娟."政银保"融资助力顺德农业[J].海洋与渔业,2015(4): 24-25.

[142] 倪冰莉.乡村振兴进程中产业投资基金运行的经济效应及政策建议——以河南为案例分析[J].河南社会科学,2019,27(10): 57-63.

[143] 吴金旺,顾洲一.数字金融文献综述[J].财会月刊,2018(19): 123-129.

[144] 邹新月,王旺.中国数字金融与科技创新耦合协调发展的时空演变及其交互影响[J].广东财经大学学报,2021,36(3): 4-17.

[145] 孟令国,陈烜.农村金融发展和乡村振兴的时空耦合及空间溢出效应[J].广东财经大学学报,2022,37(5): 100-112.

[146] 张岳,周应恒.数字金融发展对农村金融机构经营风险的影响——基于金融监管强度调节效应的分析[J].中国农村经济,2022(4): 64-82.

[147] 郭品,沈悦.互联网金融对商业银行风险承担的影响：理论解读与实证检验[J].财贸经济,2015(10): 102-116.

[148] 朱太辉,张彧通.农村中小银行数字化转型研究[J].金融监管研究,2021(4): 36-58.

[149] 李明贤,陈艳.金融科技、授信方式改进与涉农金融机构普惠能力提

升[J].经济体制改革,2021(2):88-94.

[150] 梁伟军.产业融合视角下的中国农业与相关产业融合发展研究[J].科学·经济·社会,2011,29(4):12-17,24.

[151] 郭晓杰.环首都贫困带贫困治理路径分析:一个产业融合的视角[J].中国市场,2013(12):70-72.

[152] 郭军,张效榕,孔祥智.农村一二三产业融合与农民增收——基于河南省农村一二三产业融合案例[J].农业经济问题,2019(3):135-144.

[153] 姜长云.推进农村一二三产业融合发展的路径和着力点[J].中州学刊,2016(5):43-49.

[154] 何立胜,李世新.产业融合与产业竞争力相关研究[J].商丘师范学院学报,2005(3):81-84.

[155] 孙中叶.农业产业化的路径转换:产业融合与产业集聚[J].经济经纬,2005(4):37-39.

[156] 许伟,赵熙玲.安徽休闲农业产业联动的黏合剂[J].农村工作通讯,2015(6):59-60.

[157] 赵海.论农村一二三产业融合发展[J].中国乡村发现,2015(4):107-114.

[158] 赵趁.城乡融合背景下农村一二三产业融合发展新模式及实现路径[J].农业经济,2019(11):9-11.

[159] 黄花.我国农村一二三产业融合发展的理论探讨[J].中国石油大学学报(社会科学版),2019,35(2):22-27.

[160] 江泽林.农村一二三产业融合发展再探索[J].农业经济问题,2021(6):8-18.

[161] 李继尊.关于互联网金融的思考[J].管理世界,2015(7):1-7,16.

[162] 任晓怡.数字普惠金融发展能否缓解企业融资约束[J].现代经济探讨,2020(10):65-75.

[163] 张碧琼,吴琬婷.数字普惠金融、创业与收入分配——基于中国城乡差异视角的实证研究[J].金融评论,2021,13(2):31-44,124.

[164] 文红星.数字金融破解中小企业融资困境的理论逻辑与实践路径[J].当代经济研究,2021(12):103-111.

[165] 童娇娇.数字金融对企业融资约束的影响研究[D].上海:上海外国语大学,2021.

[166] 谢进城,张家峰.论抵押担保在不对称信息信贷市场中的作用[J].经

济评论,2003(6):99-103.

[167] 黄亮,付伟,倪克勤.逆向选择与信用配给:中小企业融资难根源分析[J].中央财经大学学报,2005(1):39-43.

[168] 徐光顺.乡村振兴下信息通信技术与普惠金融的增收效应研究[M].北京:经济科学出版社,2020.

[169] 陈舜,席小炎.贷款行为中的逆向选择和道德风险与信贷配给[J].江西社会科学,2005(10):136-138.

[170] 邹新月,王旺.金融发展、信息化建设与乡村振兴[J].金融论坛,2022,27(9):6-16.

[171] 星焱.农村数字金融的"红利"与"鸿沟"[J].经济学家,2021(2):102-111.

[172] 廖志明.Fintech如何打通农村金融的"最后一公里"?[J].金融市场研究,2018(10):27-32.

[173] 陈康,叶明华,王同江.数字金融服务如何影响农业保险的发展?——来自24个主要农业省份的经验证据[J].兰州学刊,2022(4):64-78.

[174] 李梦博.数字金融与小微企业发展[J].合作经济与科技,2021(13):54-55.

[175] 孟庆海.数字金融服务"乡村振兴"探究[J].广东蚕业,2019,53(6):48-49.

[176] 孙萌.我国农村地区数字金融发展研究[J].农村经济与科技,2021,32(13):109-110.

[177] 王华.数字金融助力欠发达地区乡村振兴研究——以河南、云南和西藏三省(区)为例[J].黑龙江金融,2021(3):62-64.

[178] 郭家丽,徐奥辉,农凤金.湖北省武陵山片区普惠金融的发展评价[J].中国市场,2021(24):29-30.

[179] 唐伟.绥化市农村普惠金融服务问题及对策研究[D].长春:长春工业大学,2021.

[180] 林强.产融结合新思维[M].北京:知识产权出版社,2017.

[181] 何德旭,郑联盛.新常态下产融结合的规范与发展[J].中国发展观察,2017(17):24-26.

[182] 庄仲乔,郭立宏.产融结合促进我国供给侧结构性改革深化的因素与路径[J].西北大学学报(哲学社会科学版),2019,49(1):97-102.

[183] 李扬,王国刚,王军,等.产融结合:发达国家的历史和对我国的启示[J].财贸经济,1997(9):3-10.

[184] 张鹏,杨珩昱.产融结合的理论分歧、发展特征与实现基础[J].产经评论,2020,11(5):152-160.

[185] 周卉,谭跃.产业政策、产融结合与企业融资约束[J].华东经济管理,2018,32(11):83-89.

[186] 谭小芳,范静.产融结合对农业上市公司融资能力的影响研究？[J].农业经济问题,2016,37(6):50-60.

[187] 范静.产融结合对农业上市公司融资能力的影响研究[D].大连:大连海事大学,2015.

[188] 严志.论我国企业集团产融结合路径的选择[D].苏州:苏州大学,2007.

[189] 张敏之,古丽娜尔·麦麦提.农业多元化企业产融结合发展思考[J].合作经济与科技,2022(8):7-9.

[190] 胡凡,邹新月,武瑶瑶.宋敏.企业参与乡村振兴中的同群效应研究——来自精准扶贫阶段的证据[J].南方经济,2023,409(10):161-176.